本书由中央高校建设世界一流大学（学科）和特色发展引导专项资金资助。

应望江 ◎ 主编

JOURNAL OF HIGHER EDUCATION
OF FINANCE AND ECONOMICS

财经高教研究

(第三卷)

中国社会科学出版社

图书在版编目(CIP)数据

财经高教研究.第3卷/应望江主编.—北京：中国社会科学出版社,2020.5
ISBN 978-7-5203-6246-7

Ⅰ.①财… Ⅱ.①应… Ⅲ.①财政经济—高等教育—教学研究—中国 Ⅳ.①F8-4

中国版本图书馆CIP数据核字(2020)第059241号

出版人	赵剑英
责任编辑	任 明
责任校对	李 莉
责任印制	郝美娜

出　　版	中国社会科学出版社
社　　址	北京鼓楼西大街甲158号
邮　　编	100720
网　　址	http://www.csspw.cn
发 行 部	010-84083685
门 市 部	010-84029450
经　　销	新华书店及其他书店

印刷装订	北京君升印刷有限公司
版　　次	2020年5月第1版
印　　次	2020年5月第1次印刷

开　　本	710×1000　1/16
印　　张	16
插　　页	2
字　　数	262千字
定　　价	80.00元

凡购买中国社会科学出版社图书，如有质量问题请与本社营销中心联系调换
电话：010-84083683
版权所有　侵权必究

《财经高教研究》（第三卷）
主办单位　上海财经大学

编辑委员会

主　　任　蒋传海
副 主 任　陈信元
委　　员　(按姓氏笔画排列)
　　　　　田国强　　杜成宪　　杨天赐　　杨德广
　　　　　李增泉　　应望江　　张男星　　高耀丽
　　　　　眭依凡　　阎光才　　董秀华　　熊庆年

编 辑 部

主　　编　应望江
副 主 编　高耀丽
责任编辑　宋旭璞　　杨开太　　徐　贞

目　录

教改前沿

博士生招生"申请—考核"制改革与成效研究
.... 张学良　刘江华　盛　伟　李梦旭（3）
国际小学期提质增效建设路径研究 …… 张苏曼　李　聪　周文萍（22）
校企深度合作创新资产评估教学模式 … 嵇尚洲　应尚军　唐旭君（40）

人才培养

财经类高校人文素养培育创新机制研究 .... 课题组（55）
金融学专业本科生自主学习能力培养探究 .... 贾　立（72）
财经类高校通识课程建设指标体系研究 .... 常　诚（83）

课程思政

以"课程思政"为抓手，推进研究生专业课程建设
　　——以"中级房地产经济学"为例
.... 张学文　闫　欢　张雅淋（101）
以德性为目的　依格物之方法　构建五位一体的教学体系
　　——"从网购到国际贸易"课程的设计与实践 …… 谈　英（113）
"伦理与公司治理"专业课程思政教学改革的探索 …… 张少萱（124）

商学教育

新财经的历史演进、时代内涵和一流之路探析
.... 陈益刚　侯嘉茵　彭颖怡（137）
新中国高等财经教育历史传承与发展 .... 贾怀勤　苏隆中（156）
私立上海商科大学办学始末探析 .... 高冰冰（169）

教育管理

大学生社会实践在高校履行社会责任中的作用
——基于上海财经大学"千村调查"项目
.... 葛晓菁　李　虹　张　薇（181）
我国大学生参与高等教育质量保障的现状
——基于北京市 8 所高校的调查研究 .... 饶燕婷（202）
新入职辅导员职业认同现状、影响因素与对策研究
.... 柯乐乐　高银芳　吴新林（213）
高校安全智能化综合管理系统建设实践与思考
.... 张满仓　赵　方　曹树南　金凤杰（224）
后校庆时代校友服务实践工作探析 .... 付明伟　马卓媛（236）

征稿启事 .... （247）

Contents

Practice and Results of the Reform of Doctoral Enrollment
 .... Zhang Xueliang, Liu Jianghua, Sheng Wei, Li Mengxu (3)
Research and Exploration on the Quality and Efficiency Optimization
 of International Summer School
 .... Zhang Suman, Li Cong, Zhou Wenping (22)
The Reform of Asset Appraisal Teaching Mode Driven by
 the Combination of Production, Teaching and Research
 .... Ji Shangzhou, Ying Shangjun, Tang Xujun (40)
Research on the Innovative Mechanism of Cultivating the Humanistic
 Quality at the Finance and Economics University ... Research Group (55)
A Study on Cultivating Undergraduates' Self-Regulated Learning
 Capabilities .... Jia Li (72)
Study on the Index System of General Course Construction at Finance
 and Economics Universities .... Chang Cheng (83)
Promoting the Construction of Graduate Courses through Integrating Ideo-
 logical and Moral Cultivation: "Mid-level Real Estate Economics"
 as an Example .... Zhang Xuewen, Yan Huan, Zhang Yalin (101)
The Establishment of an Integrated Teaching System with Virtue
 Development as the Goal and Research as Method——Curriculum
 Design and Practice on E Commerce .... Tan Ying (113)
Exploration of Ideological and Political Teaching Reform in Professional
 Course——Ethics and Corporate Governance ...... Zhang Shaoxuan (124)

Analysis of New Finance and Economics of the Historical Evolution,
  Time Connotation and First-class Road
  ······················ Chen Yigang, Hou Jiayin, Peng Yingyi (137)
Passing on and Carrying Out New China's Course of Higher Education
  of Finance and Economics ············ Jia Huaiqin, Su Longzhong (156)
The Whole Story of Private Shanghai College of Commerce
  ··· Gao Bingbing (169)
The Role of University Students' Social Practice in the Implementation of
  Social Responsibility at Universities——Based on the "Thousand-
  Village Survey" Project of Shanghai University of Finance and Eco-
  nomics ··················· Ge Xiaojing, Li Hong, Zhang Wei (181)
A Survey on the Participation of Chinese College Students in Quality
  Assurance of Higher Education——on the Basis of the Sampling Data
  from Eight Universities in Beijing ·················· Rao Yanting (202)
The Current Situation, Influencing Factors and Countermeasures of New
  Counselors' Career Identity ······ Ke lele, Gao Yinfang, Wu Xinlin (213)
Practice and Thinking on the Construction of Intelligent Comprehensive
  Management System for University Security
  ············ Zhang Mancang, Zhao Fang, Cao Shunan, Jin Fengjie (224)
Analysis of Alumni Service Practice in the Post-anniversary Era
  ······································ Fu Mingwei, Ma Zhuoyuan (236)

教改前沿

博士生招生"申请—考核"制改革与成效研究*

张学良　刘江华　盛　伟　李梦旭**

摘　要："申请—考核"制是博士研究生公开招考的一种方式，并逐步成为博士招生的主要方式。近年来，国内高校已经在不同学科和专业进行了该项制度的实践。本文以上海财经大学博士招生方式改革为背景，梳理了"申请—考核"制的演化历程；并以上海财经大学城市与区域科学学院的招生方式改革为例，通过阐释"申请—考核"制的具体要求与实施流程，分析了"申请—考核"制的优势与劣势；进一步根据可获得的、有价值的数据，采用主成分分析方法考察了"申请—考核"制在上海财经大学城市与区域科学学院博士研究生招生改革实践过程中取得的成效。最后，基于研究结果文章提出了几点思考，以期为博士招生方式改革提供经验借鉴与启示。

关键词：博士研究生；招生方式改革；"申请—考核"制

博士研究生是我国教育体系培养的最高学历人才，对满足国家发展的人才需求具有重要作用[①]。自1981年我国高校开始招收博士研究生起已历经38年，作为国家拔尖科研与创新人才，博士研究生的队伍日益壮大。2004—2018年，我国博士生在校人数连年攀升，由2004年的16.561万人

---

* 基金项目：上海财经大学研究生教育教学改革项目"博士生招生'申请—考核'制改革的效果评估与完善路径研究——基于财经研究所五年数据分析"（项目编号：2019150029）。

** 作者简介：张学良（1978—　），男，上海财经大学城市与区域科学学院/财经研究所研究员、博士生导师；刘江华（1981—　），女，上海财经大学城市与区域科学学院/财经研究所副研究员、博士生导师；盛伟（1984—　），男，上海财经大学城市与区域科学学院/财经研究所博士研究生；李梦旭（1994—　），男，上海财经大学城市与区域科学学院/财经研究所博士研究生。

① 宋宽：《博士研究生"申请—考核"制思考与探究》，《科技资讯》2015年第26期。

增长至2018年的38.9518万人；此外，博士招生数也逐年增长，由2004年的5.3284万人增长至2018年的9.5502万人（如图1所示）。随着攻读博士学位的人数逐渐增加，社会各行各业对博士研究生的选拔机制的关注度也与日俱增。

在博士研究生选拔方式方面，以传统考试制为主的普通招考方式难以准确而全面地对考生的知识体系、科研能力和综合素质进行综合考量，进而阻碍了科研单位有效地选拔有科研潜质的优秀研究生[①]。目前，国内众多高校对博士研究生的招考方式已经进行了有益的探索，传统的普通招考方式正逐步向"申请—考核"方式转变。2019年，各高校招生简章显示：清华大学已全面实行"申请—考核"制，复旦大学、中国人民大学等高校则综合采用普通招考、"申请—考核"等多种考核方式。文章从博士招生方式改革的背景着手，以上海财经大学城市与区域科学学院为例，阐释"申请—考核"制的具体要求与实施流程，分析"申请—考核"制在博士研究生招生改革实践过程中的优势与劣势，基于可得数据检验"申请—考核"制的成效，并提出相关的经验启示。

一 "申请—考核"制产生的背景

我国现有的博士研究生招生方式分为四类：普通招考、"申请—考核"、硕博连读及直接攻博。一直以来，普通招考是博士研究生招生的首要招生方式。普通招考方式以考试分数为主要录取标准，虽然在一定程度上确保了公平、公正、公开，但该招生方式存在的笔试内容刻板僵化、面试过程流于形式等弊病降低了招生单位对优秀生源的吸引力[②]。

为改革完善博士研究生招生方式，2007年开始，部分高校开始采用"申请—考核"制招收博士研究生[③]。北京大学、复旦大学于2007年率先在部分学院和专业采取了"申请—考核"制，拉开了博士生招生方式改

[①] 周善宝、马广富、季景涛：《博士生招生"申请—考核"制的思考与实践》，《研究生教育研究》2015年第1期。

[②] 李玮、杨郁茜：《博士招生"申请—考核"制实施与优化完善》《宁波大学学报》（教育科学版）2017年第3期。

[③] 王亮：《论博士招生中"申请—考核"与普通招考的并行开展》，《考试研究》2018年第3期。

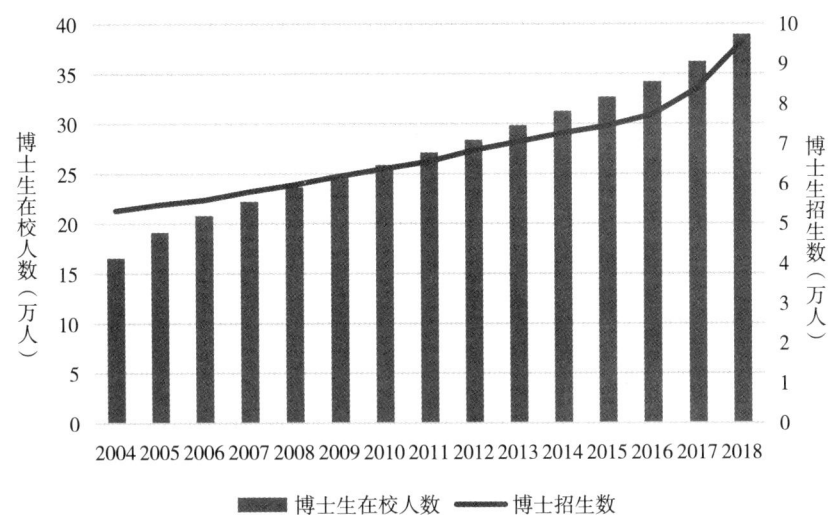

图1 2004—2018年我国博士生在校人数及招生数

资料来源：国家统计局网站 http://data.stats.gov.cn/easyquery.htm?cn=C01。

革的序幕。2008—2012年，清华大学、上海交通大学、同济大学、浙江大学、南京大学、武汉大学、华中科技大学、中山大学、西安交通大学、南开大学等国内知名高校均陆续实行了"申请—考核"制。2013年，教育部、国家发展改革委员会和财政部联合下发《关于深化研究生教育改革的意见》，明确提出"以提高研究生招生选拔质量为核心，积极推进考试招生改革，建立与培养目标相适应、有利于拔尖创新人才和高层次应用型人才脱颖而出的研究生考试招生制度"。此后，博士生招生"申请—考核"制进入快速扩散阶段，"申请—考核"制招生方式在我国高校的应用日益广泛。

依照《关于深化研究生教育改革的意见》的指示，为提高我校博士研究生的生源质量，自2013年起，学校开始实施博士生招生方式改革。2013年，学校经济学院和会计学院两个学院部分专业开设了"申请—考核"制招收博士研究生试点，但仍有部分专业保留原有的统考方式。2015年，"申请—考核"制试点工作推广到7个学院，分别是经济学院、城市与区域科学学院、国际工商管理学院、统计与管理学院、数学学院、信息管理与工程学院、会计学院。2016年，"申请—考核"制试点新增了公共经济与管理学院、金融学院2个学院，2018年，又新增了交叉科学研究院。截至 2019 年，学校共有 10 个学院实施了"申请—考核"制，其中部分学院采取普通招考与"申请—考核"制相结合的方式。

二　"申请—考核"制的具体要求与实施流程

（一）"申请—考核"制的具体要求

"申请—考核"制，是指由院校组织专家组对申请人所提交的材料进行筛选，合格人员参加院系组织的笔试和面试环节，最终根据申请人的总体表现确定录取名单的招考方式①。2015 年，学校城市与区域科学学院全部专业开始采取"申请—考核"制招收博士研究生。根据学校招收攻读博士学位研究生简章以及城市与区域科学学院"申请—考核"制博士研究生招生方案的相关规定，学校及学院在报考资格、外语水平、材料提交等方面对申请人提出了具体要求。

1. 报考资格

一是，拥护中国共产党的领导，具有正确的政治方向，热爱祖国，愿意为社会主义现代化建设服务，遵纪守法，品行端正。二是，硕士研究生毕业或已获得硕士学位人员；应届硕士毕业生（最迟须在入学前毕业或取得硕士学位，入学时未毕业或未取得国家承认的硕士学位证书者，取消录取资格）；同等学力者须符合获得学士学位后满 6 年或 6 年以上（从获得学士学位到博士生入学之日），修读过硕士生的主要课程，在核心刊物上发表（第一作者）与硕士学位论文水平相当的本专业学术论文。三是，身体和心理健康状况符合教育部规定的体检标准。四是，有至少两名所报考学科专业领域内的教授（或相当专业技术职称的专家）的书面推荐意见。

2. 外语水平

为培养学生的国际化视野，以及掌握国际学科前沿领域与研究动态，博士生招生注重对申请人的外国语能力的测试。外语水平必须达到以下条件之一：大学英语六级成绩达到 430 分及以上，或雅思 6.0 及以上，或托

---

① 李玮、杨郁茜、刘永坦：《博士生入学"申请—考核"制实施成效与路径优化——以哈尔滨工业大学为例》，《中国电子教育》2016 年第 4 期。

福90分及以上；或在国际学术期刊上以第一作者发表过外文专业学术论文。

与"申请—考核"制提出明确的外语条件不同，普通招考则在初试与复试中分别以笔试和面试的形式对考生进行外语能力测试，未在报名审核环节对考生的外语条件提出具体要求。

3. 材料提交

申请者要提交居民身份证复印件、学位和学历证书复印件、专家推荐信、个人陈述、成绩单、硕士学位论文、代表性学术成果以及研究计划等重要材料。其中，个人陈述是申请者的一张"名片"，重在简述申请人的学习和工作经历、突出能力与特别成就。本硕阶段的成绩单、硕士学位论文、代表性学术成果均是历史性资料，可以反映申请人过去的学习与科研情况。其中，代表性学术成果是"申请—考核"制招生方式中的关键材料，可反映申请人的科研素养和科研潜力，可向招生单位传递申请人科研兴趣大小、科研创新能力高低的信号。代表性学术成果包括已经发表的论文与未发表的工作论文，其中已发表的论文可有力说明申请人已具备的科研创新能力，无疑是专家评委着重关注的材料。研究计划旨在简要说明申请人拟在攻读博士学位期间开展学术研究的方向或领域，这通常是申请人认为较为难以完成的一份材料。对于大多数尚未完成硕士学位论文的学生而言，攻读博士学位期间的研究方向或者研究计划仍是未解之谜。然而，研究计划既是对考生的一大考验，又是考生科研素养以及科研潜力的有力体现。因此，研究计划也成为专家评委着重关注的材料。

与"申请—考核"制不同的是，普通招考未要求考生提供研究计划，对考生资料提交的要求相对宽松。这一显著差异导致普通招考方式在招生环节弱化了考生的科研创新能力，从而在后期博士生培养过程中难免出现个别博士研究生由于科研水平不达标而肄业的现象。相反，"申请—考核"制在最初的环节就通过设定科研标准从而对博士生进行一定程度的筛选，进而提高生源质量并更好地实现博士生培养目标。

（二）"申请—考核"制的实施流程

学校城市与区域科学学院的"申请—考核"制博士生招生活动每年度进行一次，并于秋季学期完成招生工作。一般而言，学院于每年10—11月开通网上报名与材料审核，于12月进行复试并确定录取名单。如图2

所示，"申请—考核"制的实施流程包括网上报名、材料递交、初审、综合考核、录取 5 个环节。

申请人在材料递交后，满足报考资格的申请人将进入初审名单，并参加综合考核。综合考核由学院自行组织，包含思想政治素质和品德考核以及学术能力考核。思想政治素质和品德考核主要包括考核申请人的政治态度、思想表现、学习态度、道德品质、守法表现等方面；学术能力考核综合采取笔试、面试形式考查申请人的专业知识储备情况、科研创新能力、外语能力。

在综合考核环节，城市与区域科学学院组成 5 名及以上的专家综合考核小组，对进入初审名单的申请人一一筛选。综合考核分为笔试与面试两个部分，其中笔试内容主要考查经济学理论、专业知识和外语水平，面试环节重在对申请人已取得的学术研究成果水平、是否具备博士生培养的潜能和科研综合素质等进行全面考核。笔试成绩和面试成绩总分均为 100 分，两项成绩分别占比 25% 和 75%，将两项成绩加权求和便确定申请人最终的考核成绩。面试结束后，经城市与区域科学学院研究生招生工作领导小组审议确定拟录取名单，经在学院网站公示一周后，报研究生院批准后录取。

与"申请—考核"制不同，学校普通招考于每年 12 月进行网上报名，并于次年 3 月开展选拔考试。如图 3 所示，普通招考制的实施流程包括网上报名、初试、材料递交、资格审查、复试、录取 6 个环节。其中，初试采用笔试考核方式，科目为外语与两门业务课，每门满分为 100 分，总分为 300 分。初试通过后考生需递交材料，资格审查通过者方可参加复试。复试由招生院（所）自行组织，包含思想政治素质和品德考核与学术水平考查。思想政治素质和品德考核的主要内容包括考生的政治态度、思想表现、学习（工作）态度、道德品质、守法表现等方面；学术水平考核以面试等形式考查考生的综合运用能力、科研创新能力以及对本学科前沿领域及最新研究动态的掌握情况等，并对考生进行外语能力测试。同等学力报考者在复试过程中需加试马克思主义认识方法论及两门硕士学位专业课（笔试），其中经济学、管理学门类统考经济数学（运筹学或概率论与数理统计）。

对比"申请—考核"制与普通招考制可以看出，两种考核制度均包含笔试与面试，然而"申请—考核"制将笔试成绩和面试成绩分别赋予

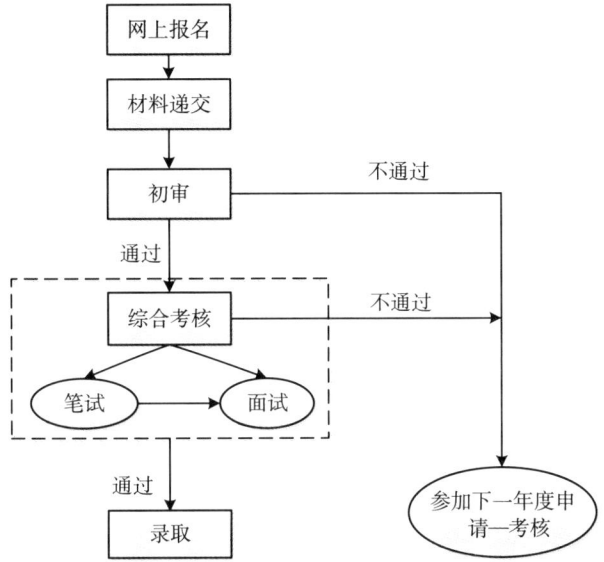

图 2 "申请—考核"制的实施流程

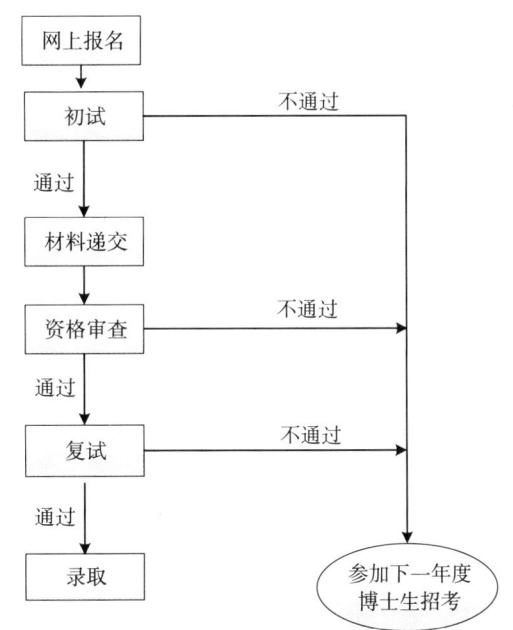

图 3 普通招考制的实施流程

25%和75%的权重,综合考量考生笔试、面试表现以此确定申请人最终的考核成绩；普通招考制中笔试成绩、面试成绩则分属不同的环节，其中笔试成绩具有"一票否决权"，在考核中具有更高地位。此外，"申请—考核"制在开展笔试与面试之前会进行严格的初审，而普通招考制的资格审查环节主要目的为核实考生报名信息是否属实。

三 "申请—考核"制的优劣势分析

通过对比"申请—考核"制与普通招考制的具体要求和实施流程，我们发现"申请—考核"制在多个方面具有明显优势，同时也存在不足之处。

（一）"申请—考核"制的优势

1. 申请准备简易快捷

"申请—考核"制的前期准备以申请者递交相关证明材料为主，与普通招考方式相比，这种前期准备方式非常简易和快捷。一方面，为申请人节省了大量复习备考的时间，免除了其参加统一的入学考试的担忧，避免因考试失利而带来的身心损失；另一方面，有利于申请者专注于自己的学习与科研计划，提高自身科研水平。普遍而言，有攻读博士学位意向的学生大多会优先考虑报考具有"申请—考核"制招生方式的院校和专业。

2. 考核方式灵活多变

"申请—考核"制关注点在于申请人的科研创新能力与潜力，而不局限于单一的门槛条件。譬如，在传统的统考方式中，外语成绩是一项硬性指标，申请人如果没有通过划定的外语分数线，科研能力即使十分突出也仍被拒之门外。相反，对于申请—考核方式而言，外语成绩则不尽然构成门槛威胁。通常而言，在英语六级、雅思或托福等外语成绩不达标的情况下，如果申请人在其他方面具有优异的表现，比如已经有发表的英文论文，那么申请人仍有机会进入复试名单，并参加综合考核环节。因此，简单灵活的"申请—考核"制有利于吸引科研能力突出的优质生源，从而有利于提高博士生招生的质量。

3. 引入竞争并促进改革

博士生作为国家拔尖人才的重要来源，是各大招生单位的重点关注对象。不难发现，有攻读博士学位意向的学生更加青睐采用"申请—考核"

制的专业和学校，这就给招生单位带来了潜在的生源竞争压力。一方面，与未采用"申请—考核"制招生方式的招生单位相比，实施"申请—考核"制的招生单位生源会更加充足。可以预见，在生源竞争日益激烈的背景下，实施"申请—考核"制的招生单位将逐渐增多，这将有利于进一步推动我国博士生招生改革的进程。另一方面，在"申请—考核"制的招生单位之间也存在生源竞争①，只有那些"口碑好"的招生单位，才能吸引更优秀的博士生生源。在优秀生源的竞争压力下，各招生单位将更加注重"申请—考核"制的实施效果，这将有利于提高博士生人才培养的质量。

(二)"申请—考核"制的劣势

1. 审核信息量大

为了充分证明申请人的报考资格、专业知识储备和科研创新能力，申请人需要按照招生单位的规定提交必要的材料。这些材料件数较多，信息量较大，接收单位很难在短时间内鉴别材料的真伪，并搜索到有价值的信息。"申请—考核"制的关键环节是综合考核（即面试）通常由学院相关教师组成评审小组，集中审核申请人的材料，并对申请人的面试表现做出评价。对评审小组而言，在有限的时间内，对申请人提交的大量材料"去伪存真"，并在候选人中"优中选优"，并非易事。

2. 考核量化标准不一

为了公正客观地评价申请者，并让导师更好地了解申请人的学术能力、科研潜力以及学生的个人品性，招生单位通常会组织评审小组，以申请材料的审查结果、外语水平、专业知识储备、科研能力和综合素质的评价结果等主、客观信息为依据，对申请人进行考核。然而，不同招生单位的评分标准并不统一，评审小组的不同成员也存在主观偏好与个性化特征，从而容易导致在主观评价方面出现分歧。因此，"申请—考核"制的考核标准存在弹性，考核量化标准难以统一。

3. 存在不公开、不公正、不透明隐患

"申请—考核"制主要采取"申请+面试"、"申请+笔试+面试"的

---

① 周善宝、马广富、季景涛：《博士生招生"申请—考核"制的思考与实践》，《研究生教育研究》2015年第1期。

形式对学生进行综合考核,面试表现在很大程度上决定了考核结果,而博士生导师是面试环节的主要面试官。在"申请—考核"制相关制度建设不够健全的情况下,拥有自主决定权的博士生导师在招生过程中或多或少会出现"人情"行为。譬如,提前告知笔试或面试内容,安排具有利益关系的评委,变更考核结果等现象①。这些"人情"行为将会导致"申请—考核"制的结果不公平、不公正、不透明。

四 "申请—考核"制的实施效果

基于"申请—考核"制的优劣势分析,文章以学校城市与区域科学学院为例进一步考察"申请—考核"制的实施效果。

城市与区域科学学院自拥有博士招生资格以来,主要采取以下三种博士招生方式:普通招考、硕博连读、"申请—考核"制。普通招考面向符合报考条件的人员进行考试选拔,分为笔试和面试两个环节,其中笔试包含外国语和两门专业课,笔试成绩在录取中起主导作用。硕博连读方式是指从优秀在读硕士生中按照一定的标准进行遴选,其考核方式接近"申请—考核"制,因此,文章将其视为"申请—考核"制的一种方式。2015年,城市与区域科学学院全部学科和专业开始采取"申请—考核"制招收博士研究生(含硕博连读)。至今,"申请—考核"制实施已有5年,博士招生生源在数量和质量上是否得到提高?通过该制度被录取的博士生的科研能力是否更加显著?基于数据可得性,文章搜集了学院2012—2018年博士生的相关信息,并将其处理成可视化的数据,进而对城市与区域科学学院"申请—考核"制博士招生方式的实施效果进行较为客观而深入的解读。

(一) 报考和实际录取人数

如图4所示,2012—2018年,城市与区域科学学院博士报考人数与实际录取人数(含硕博连读生)整体呈波动上升趋势,而录取比例波动较大,呈现出"先上升后下降再上升又下降"的特征。

---

① 罗英姿、刘泽文、张佳乐、吴小林:《博士生招生"申请—考核"制下的行为选择与制度安排》,《教育发展研究》2016年第5期。

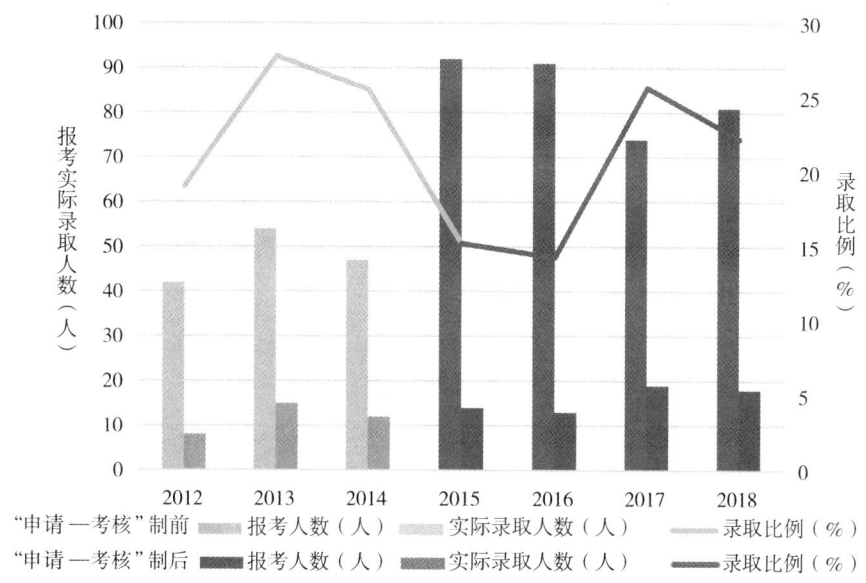

图 4　2012—2018 年博士招生报考、实际录取人数

注：实际录取人数是指实际入学的人数，不包括放弃录取资格的人数。

资料来源：由作者整理所得。

从报考人数的变化来看，2015—2018 年的报考人数显著多于 2012—2014 年，其中，2012—2014 年的报名人数均低于 55 人，2015—2018 年的报名人数均高于 70 人。此外，2015 年的报名人数达到了历史峰值（92 人），几乎是 2012—2014 年各年报名人数的两倍。这表明，2015 年开始实施的"申请—考核"制招生方式改革，在吸引博士生源方面效果显著，其通过大幅提高申请本院所的博士生的数量，为"优中选优"奠定了坚实的基础。

从实际录取人数和录取比例来看，虽然在总量上实际录取人数呈逐年增加趋势，由 2012 年的 8 人增加到 2018 年的 18 人，但是录取比例始终维持在较低水平（低于 30%）。实施"申请—审核"制之前（2012—2014），普通招考方式的录取比例处于 19%—30% 的区间范围；而在实施改革之后（2015—2018），"申请—考核"方式的录取比例处于 14%—26% 的区间范围，明显低于改革之前的录取比例。需要指出的是，2015—2016 年报考人数较多，均超过 90 人，而录取比例却远低于其他年份。基于以上数据分析，我们发现，与统考制相比"申请—考核"制的竞争更加激烈，而且学院在招考方式改革过程中始终保持谨慎、宁缺毋滥的态度，尤其是在改革的初期（2015—2016）。

为探究博士生生源情况，本文进一步对考生生源地及毕业院校进行了分析。由表1可知，2012—2018年期间，本院所的报考和录取考生的生源地以及毕业院校数量整体呈上升趋势。其中，报考考生的毕业院校数量的增幅尤为明显，由2012年的37所增长至2018年的57所；录取考生的毕业院校数量由2012年的8所院校增长至2018年的14所院校。这表明，从生源地以及毕业院校这两个方面来看，我院所的报考考生以及录取考生生源越发多样化。

表1　　　　　　　　2012—2018年考生生源地及毕业院校

年份	报考考生		录取考生	
	生源地	毕业院校	生源地	毕业院校
2012	16	37	7	8
2013	14	46	10	14
2014	20	38	9	11
2015	17	57	9	14
2016	16	58	7	13
2017	19	52	8	15
2018	18	57	11	14

资料来源：由作者整理所得。

此外，本文还对报考和录取人数的性别结构进行了分析。由表2可知，2012—2018年期间，本院所的报考和录取人数的性别结构总体上呈现出男生多于女生的特征。样本期间，男女性别比大多数大于1（除2012年的录取人数外），尤其是2015年，该年度报考和录取的男生数量均是女生数量的2倍以上；即使是在报考时男生和女生数量相当的情况下，如2017年，在录取时男生的数量仍然大于女生。这表明，总体上，在报考人数和录取人数方面，男生人数略高于女生人数。

表2　　　　　　　　2012—2018年报考和录取人数性别结构

年份	报考人数			录取人数		
	男生	女生	性别比（男/女）	男生	女生	性别比（男/女）
2012	21	21	1.00	2	6	0.33

续表

年份	报考人数			录取人数		
	男生	女生	性别比（男/女）	男生	女生	性别比（男/女）
2013	32	22	1.45	8	7	1.14
2014	30	17	1.76	7	5	1.40
2015	67	25	2.68	10	4	2.50
2016	56	35	1.60	8	5	1.60
2017	38	36	1.06	11	8	1.38
2018	52	29	1.79	10	8	1.25

资料来源：由作者整理所得。

（二）科研能力分析

1. 基本科研情况

基于本院所学生可获且有价值的信息，本文构建了以下指标来尽可能全面地反映学生的科研能力：（1）博士期间 A 刊发文数量；（2）博士期间 B 刊发文数量；（3）B 刊及以上人均发文数量；（4）平均在校学年；（5）出国深造人数；（6）省部级及以上纵向课题数量；（7）实际录取人数。

需要说明的是，硕士期间论文发表数量以申请人报名时所填写的内容为依据而进行搜集与整理所得的数据。A 类期刊和 B 类期刊的发文数量，由本文依照上海财经大学所规定的期刊目录进行判断分类后汇总而得。平均在校学年，是指在攻读博士学位期间博士研究生学籍的有效时间，已毕业的博士生的在校学年指从入学第一学年到获得博士学位所用的时间，未毕业的博士生的在校学年按照实际年份与入学年份的差值计算。出国深造人数，包括由国家留学基金委或上海财经大学资助的联合培养博士的人数。省部级及以上纵向课题，包括由博士生主持或参与的课题。

表 3　　　　　　2012—2018 级博士研究生科研情况

入学年份	实际录取人数（人）	A 刊（篇）	B 刊（篇）	B 刊及以上（人均）	平均学年（年）	出国交流（人）	省部级及以上纵向课题（项）
2012	8	3	16	2.38	5.13	0	2

续表

入学年份	实际录取人数（人）	A刊（篇）	B刊（篇）	B刊及以上（人均）	平均学年（年）	出国交流（人）	省部级及以上纵向课题（项）
2013	15	4	17	1.40	5.29	0	6
2014	12	5	17	1.83	4.67	1	5
2015	14	7	18	1.79	4.55	2	6
2016	13	7	5	0.92	3	2	4
2017	19	3	3	0.32	2	3	7
2018	18	2	2	0.22	1	0	6

资料来源：由作者整理所得。

表3为2012—2018级本院所博士研究生在校期间的科研情况。本学院博士研究生基本学制为4年，博士研究生在校最长学制为6年。2012—2015级博士生多已毕业，2016—2018年级博士生均处于在读期间。从博士期间所发表的A类期刊和B类期刊数量来看，2015年入校的博士生共计发表了7篇A刊和18篇B刊，两类期刊的发表数量均高于前几届博士生。2015级博士生的平均学年仅为4.55，远少于2012—2014级博士生。综上所述，"申请—考核"制所招收的2015级博士生科研能力相对较强，能够在更短的时间内达到本院所博士研究生的毕业要求，因此其攻读博士学位所花的时间更短。此外，出国深造和省部级及以上纵向课题两项指标的数据基本呈递增的趋势，也进一步表明，"申请—考核"制所招收的博士研究生具有更强的科研能力。

2. 定量分析

上述描述性分析已经表明"申请—考核"制招生方式相较于普通招考制存在一定的优势，但仅在时间上对各指标进行简单的对比，容易忽视不同指标在衡量博士生科研能力中的不同作用，难以客观综合地评价博士生科研能力的强弱。因此，本文进一步采取主成分分析方法（Principal Component Analysis）对城市与区域科学学院博士生的科研能力进行较为客观地综合评价。

由于2017级和2018级博士生的在读年限短，处于刚入学的阶段，主要完成课程学习任务，科研成果较少，其科研成果无法体现其科研能力。为降低博士生在读年限对研究结果产生的影响，本文选取2012—2016级博士生为研究对象，选取以下可比性较高的指标（见表 4）来尽可能全面地反映学生的科研能力：前三学年在 B 刊及以上发文数量（var_1）；前三学年在 B 刊及以上人均发文数量（var_2）；出国深造人数（var_3）；省部级及以上纵向课题数量（var_4）。

表 4　　　　　　　　　2012—2016 级博士研究生科研情况

入学年份	前三学年 B 刊及以上（篇）	前三学年 B 刊及以上（人均）	出国交流（人）	省部级及以上纵向课题（项）
2012	4	0.5	0	2
2013	12	0.8	0	6
2014	9	0.75	1	5
2015	17	1.21	2	6
2016	12	0.92	2	4

资料来源：由作者整理所得。

本文利用 Stata15 软件对变量进行因子分析。从表 5 可以看出，特征值大于 1 的主成分个数为 1，累积贡献率为 79.9%，这表明主成分 1（$Comp_1$）包含了全部数据 79.9% 的信息，能够较好地线性表示原有数据。基于文章研究目的，var_1-var_4 均为科研能力的代理变量，$Comp_1$ 的高贡献率反映出所选指标对科研能力的解释能力。

表 6 报告了各变量的 KMO 值和 SMC 值。其中，KMO 值为抽样充分性测度，用于测量变量之间相关关系强弱的指标，通常介于 0 与 1 之间，KMO 值越高，表明变量的共性越强；SMC 值是指一个变量与其他所有变量复相关系数的平方，SMC 值越高，表明变量的线性关系越强，即共性越强，主成分分析方法就越适用[1]。结合表 6 结果可知，所有变量合计的 KMO 值约为 0.61，表明变量之间的共性处于勉强能够接受范围。需要指出的是，受样本数据量的影响，变量 KMO 值整体偏低。然而，经验事实告诉我们，论文发表、课题申请以及出国交流都是反映博士生科研能力的优良指标，科研水平较高的博士生有更高的机会发表高水平期刊、申得省部级（及以上）课题、赢得出国交流的机会，因此本文认为 var_1-var_4 存在较强的相关性。此外，各变量 SMC 值均较高，这进一步表明主成分分

---

[1]　吴明隆：《SPSS 统计应用实务：问卷分析与应用统计》，科学出版社 2003 年版。

析方法是合适的。本文还展示了特征值的碎石图以判断应选取的主成分的个数（见图5），判断标准为：特征值大于1以上的点的个数代表应该选取的主成分数量。图5所展示的结果与表5一致，即应该选取1个主成分。

表5 特征值和累积贡献率

主成分	特征值	贡献率	累积贡献率
$Comp_1$	3.19604	0.7990	0.7990
$Comp_2$	0.72067	0.1802	0.9792
$Comp_3$	0.07694	0.0192	0.9984
$Comp_4$	0.00635	0.0016	1.0000

表6 KMO 和 SMC 值

	KMO	SMC
var_1	0.5867	0.9873
var_2	0.5858	0.9874
var_3	0.6257	0.8492
var_4	0.6881	0.8556
合计	0.6107	—

根据主成分分析的预测结果（f_1）以及因子的贡献率（c_1），可以计算出本院所2012—2016级博士研究生的科研能力综合得分，计算公式为：$Score = f_1 * c_1$。如图6所示，2012—2014级博士生的科研能力综合得分整体较低，而2015—2016级博士生的综合得分相对较高。其中，2015级博士研究生是我院所实行"申请—考核"制招收的第一届博士研究生，其科研能力综合得分最高，为1.04。此外，2016级博士研究生综合得分位居第二，为0.26分。该结果证实了我院所"申请—考核"制实施以后博士研究生科研能力得到显著提升的事实。这一结论与上文表3的分析结果相互印证。

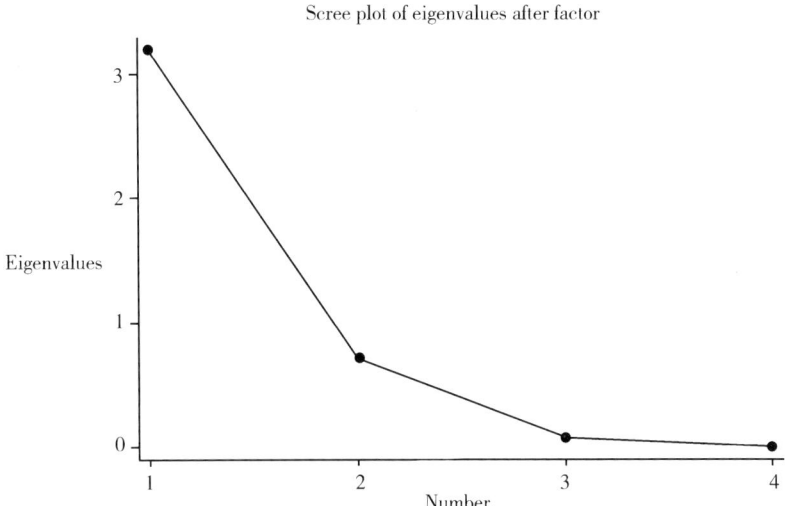

图 5　特征值的碎石图

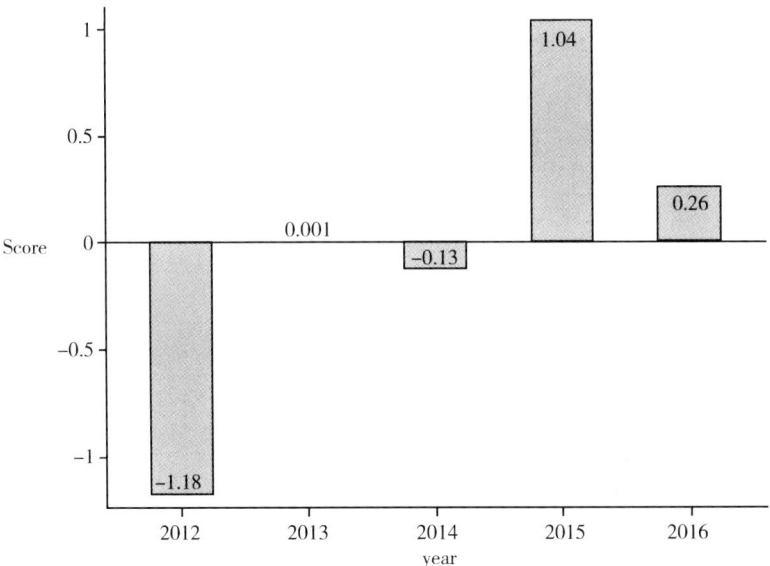

图 6　2012—2016 级科研能力综合得分

五 博士招生方式改革的思考

"申请—考核"制在许多国外大学已经成为较为成熟的博士招生方式，然而，该项制度在我国尚属于新生事物，各大高校对该项制度的应用也仍处于探索与实践阶段，因此，该项制度的建立与完善还存在较大的空间。本文基于前文的分析提出以下几点经验思考：

第一，"申请—考核"制是我国博士招生方式改革的必然趋势与必由之路。打破传统的"分数定输赢"模式的"申请—考核"制，具有简易灵活等优势，不仅深受广大拥有攻读博士学位意愿考生的青睐，还能激发招生单位在博士生遴选和培养方面的积极性。毋庸置疑，"申请—考核"制是促进我国创新人才培养机制不断完善的关键举措，国内各大高校应积极稳妥地、因地制宜地促进本单位的博士招生方式改革，推动我国博士招生"申请—考核"制度的建设与完善。

第二，审核标准与量化指标有待进一步完善。规范、客观、科学的考核标准是确保选拔结果公开、公平、公正的关键所在，博士研究生招生选拔既要做到择优录取，又要防止"差别对待"。各招生单位在实践的过程中，应善于总结经验和教训，逐步完善本学科或本专业的招生流程和操作细则，制定符合本学科或本专业的审核标准。在综合考核的过程中，应注重考核内容在设计形式上的多样化，不应仅仅以申请人已有的知识储备与科研成果而进行定论，也应通过其他诸如"学术头脑风暴"形式甄别申请人的未来可塑性与可挖掘的潜力。此外，还应尽可能全面地公布审核结果，包括每位申请人在各项量化指标上的得分情况，以增强制度的可信力。

第三，将生源选拔与后期培养工作置于同等地位。生源选拔是博士生培养工作的首要环节，通过"申请—考核"制能够遴选出科研创新能力相对较高、具备国家创新人才培养潜力的学生。然而，为促使这些被录取的学生在攻读博士学位期间能够有较好的科研产出与较强的创新能力，仍然要十分注重对其进行后期的培养。由于"申请—考核"制免除了学生参加统考的任务，学生往往缺乏自主加强对专业基础知识的学习的动力，这就容易出现"有科研能力却缺乏专业知识体系"的情况。遗憾的是，缺乏相应专业知识储备的博士生等同于"没有灵魂"的科研机器，这显然与我国创新人才培养的目标相悖。而专业知识体系的构建并非一朝一夕就能完成，因此，各招生单位必须加强对博士研究生后期的培养工作，力图弥补"申请—考核"制招生方式可能存在的缺憾。

Practice and Results of the Reform of Doctoral Enrollment

Zhang Xueliang, Liu Jianghua, Sheng Wei, Li Mengxu

Abstract: As an important way of doctoral enrollment, the "application-examination" procedure is gradually becoming the main pattern of doctoral admissions. In recent years, increasing number of universities have applied "application-examination" procedure in different disciplines and subjects in China. Based on the reform of doctoral enrollment in Shanghai University of Finance and Economics, this paper reviews the development process of the "application-examination" procedure. In addition, this paper introduces specific requirements and implementation process of the "application-examination" procedure and analyzes its advantages and disadvantages, taking the School of Urban and Regional Science of Shanghai University of Finance and Economics as an example. Furthermore, based on the available and valuable data, this paper examines the results of "application-examination" procedure in the School of Urban and Regional Science of Shanghai University of Finance and Economics. Finally, this paper puts forward helpful experience and insights for the reform of doctoral admissions according to research results.

Key words: Doctoral Students; Reform of Enrollment; Application-examination

国际小学期提质增效建设路径研究

张苏曼　李　聪　周文萍*

摘　要：国际小学期已成为大学国际化建设的重要组成部分，是引进国外智力、人才创新培养、高校反哺社会的有力渠道。本文通过研究国内外一流高校开设国际小学期的历史、现状和问题，结合上海财经大学六年来国际小学期的课程结构、师资结构和学生选课情况，响应新时代国家建设世界一流大学的号召，试图发现存在的问题并给出建议目标和优化路径，以助力国内高校进一步拓展一流开放办学新格局。

关键词：国际小学期；暑期国际课程；国际化人才培养

一　问题的提出

当前，世界正历经百年未有之大变局。随着全球化进程的不断加速，创新发展和产业升级对人才的需求日渐迫切，国家间的竞争日益体现为人才的竞争和教育的竞争。面对更加复杂的国际国内形势，培养具备国际一流知识结构、拥有广阔国际视野和卓越国际竞争力的高层次人才成为世界各国高等教育改革发展的重要方向[1]。现阶段，随着改革开放进入新阶段，中国日益走进世界舞台的中央，全面提升我国教育国际化水平、培养

---

* 作者简介：张苏曼（1989—　），女，上海财经大学国际交流与合作处；李聪（1993—　），女，上海财经大学发展规划处；周文萍（1990—　），女，上海财经大学研究生院。

① 王文文、雷晓锋、冯蓉：《国际化视域下研究生学术和文化交流平台的建设——以航空航天国际研究生暑期学校为例》，《学位与研究生教育》2015年第6期。

一批既深刻了解中国实际又具备卓越跨文化交流能力的杰出人才,"不仅是适应国家经济社会对外开放的要求,也是办好让人民满意教育的时代任务"①。

在这一背景下,国际小学期作为高校提升国际化水平和创新人才培养模式的重要举措之一,在国内高校中得到迅速发展和加强。然而,目前学界对于国际小学期暂无公认明确的定义。与之相近似的概念还有"暑期(国际)学校""暑期国际课程"等。本文所涉及的国际小学期是指高校在暑假期间,聘请优秀师资为本校学生(或外校学生)开设国际化选修课程,并开展课堂管理、成绩考核、教学评估以及学生实践活动等环节,同时予以学分互换认定的项目②。近年来,越来越多的中国高校启动并重视国际小学期建设,"并大多以国际处或研究生院/本科生院为主导",院系为承办主体,通过延揽国际一流师资、引进先进教学方法、打造全英文授课环境等,开阔学生国际视野,促进多元文化交流与理解③。既服务于教育国际化,也借助国际化的力量促进知识和人才流动④。

然而,由于国际小学期项目在我国高校中开设的历史不长,推广范围并非很广,在实际运行及建设过程中还存在一些问题和困惑,例如:国际小学期的课程质量缺乏科学有效的评估方式,育人成效在短期内难以衡量;部分课程的开设未从学生实际需求出发,而是为维持院级、校际合作关系邀请某些教师前来授课或碍于情面未能将不符合学生需要的课程及时替换;未充分调动院系的主动性与积极性;后续的科研合作缺乏接续性;运行管理上院系行政主体缺乏积极性等。此外,区别于综合性大学,具有鲜明学科特色的高校一定程度上还面临着国际小学期入学生源开放性不足、国际通识课程资源匮乏、专业课程国际吸引力不强等困境。

因此,如何利用好国际小学期建设的上升空间,以问题为导向,以机

---

① 周游:《关于当代中国高校举办国际暑期学校的若干思考》,《高教学刊》2016 年第 8 期。

② 徐佳:《暑期学校项目在提升高校人才培养模式国际性方面的探析》,《中国校外教育》2012 年第 12 期。

③ 姜琴琴:《夏季学期国际暑期学校实践与前景探索》,《教育教学论坛》2014 年第 6 期。

④ 胡莉芳、郝英:《研究型大学暑期学校:开放、国际、市场》,《国家教育行政学院学报》2011 年第 4 期。

制创新为突破口，充分发挥各校的学科特色和资源优势，促进国际小学期提质增效，更好地助力高校提升国际化水平和创新人才培养模式，是本文主要考虑的问题。

二 国际小学期建设的研究动态与重要意义

（一）国际小学期建设的研究动态

近年来，随着高校国际小学期建设实践的不断推进，相关研究也随之增加。在 CNKI 数据库文献检索中，输入关键词"国际小学期"或含"暑期（国际）学校/暑期国际课程"进行主题检索，共得到 61 篇文章，其中：2006 年（4 篇）、2009 年（7 篇）、2011 年（9 篇）、2012 年（8 篇）、2016 年（7 篇），出现短暂峰值。研究主题主要集中于国际化、国际人才培养，以及各高校各学科开设国际小学期的相关实践。

哈佛大学在 1871 年率先开办暑期学校[①]，面向社会开放校内优质资源，国际小学期源起于此。这一做法得到了美国其他高校的认可，比如康奈尔大学、加州伯克利大学等相继举办暑期学校。由此，暑期学校作为一种制度在美国高校中延续下来[②]，并逐渐从最初的教师培训及学生学业补充逐步发展为重要的教育国际化平台[③]。同时，欧洲各高校也借鉴这一模式，先后举办暑期学校，其中比较有名的是伦敦政治经济学院的暑期学校[④]。

受美国大学文化影响，在陶行知、郭秉文等人的努力之下，我国暑期学校于 1920 年在南京高等师范学校首开，并迅速风行于民国各大学[⑤]。新中国成立后，中国高校举办暑期学校的历史，大致从 20 世纪 80 年代的

[①] 宋鑫、卢晓东：《中美大学暑期学校实践比较》，《高等理科教育》2008 年第 5 期。
[②] 徐佳：《暑期学校项目在提升高校人才培养模式国际性方面的探析》，《中国校外教育》2012 年第 12 期。
[③] 柴文玉：《哈佛大学暑期学校的发展历史与教育理念研究》，《比较教育研究》2007 年第 1 期。
[④] 徐佳：《暑期学校项目在提升高校人才培养模式国际性方面的探析》，《中国校外教育》2012 年第 12 期。
[⑤] 许衍琛：《民国大学的暑期学校》，《兰台世界》2015 年第 10 期。

"数学研究生暑期教学中心"开始①，经历了一个数量由少到多、开放程度由低到高、内容形式日益丰富、多元化和国际化程度不断提高的过程。而大学自主举办、自主招生、国际合作、英文授课等体现国际小学期新元素、新现象的出现，则体现了当代高校在创新人才培养模式上的探索②。与国外不同，国际小学期在我国高等院校尚处于初步发展阶段。北京大学、山东大学在2004年首开暑期（国际）学校，赢得社会广泛好评。接着，南京大学、中国人民大学等高校也开始摸索国际小学期建设③。

目前国内高校的国际小学期项目通常具有以下特征：教学对象为各国在校大学生；授课教师由本校和外聘教师及学者共同组成；教学时间安排上体现一定程度的灵活性；课程模式基本是"汉语言学习+专业学习"，在主打特色专业的同时，也兼顾通识教育与精英优化教育的并行，北京大学、人民大学、北京航空航天大学等基本都可纳入此列。而常见的境外高校暑期学校，除类似上述课程外，还有针对高中生和社会人士的多类型课程④。此外，相对于其他国际交流形式，暑期学校更加具有教学周期上的完整性。

（二）国际小学期建设的重要意义

国际小学期作为"对高等教育本位功能实现的助力因素"，其目的和意义主要体现在：开阔学生国际视野，培养一流国际人才；加快师资培养步伐，打造一流师资队伍；丰富国际课程资源，对接世界一流大学；扩大学校国际影响，拓展一流合作伙伴等⑤。

---

① 胡莉芳、郝英：《研究型大学暑期学校：开放、国际、市场》，《国家教育行政学院学报》2011年第4期。

② 周游：《关于当代中国高校举办国际暑期学校的若干思考》，《高教学刊》2016年第8期。

③ 徐佳：《暑期学校项目在提升高校人才培养模式国际性方面的探析》，《中国校外教育》2012年第12期。

④ 周游：《关于当代中国高校举办国际暑期学校的若干思考》，《高教学刊》2016年第8期。

⑤ 夏辽源、曲铁华：《我国高等教育国际化"内涵式"发展探析》，《东北师大学报》（哲学社会科学版）2018年第2期。

1. 国际小学期是高校国际化人才培养的重要内容

国际小学期在帮助学生学会语言的使用、知识的择取和交往的能力方面，助益良多。第一，通过国际小学期，学生能够不用跨出国门就有机会聆听国际顶尖教师授课，跨专业跨方向选修课程，增加国际课程体验，锻炼英语运用能力，紧跟专业领域国际发展动向，摄取前沿知识、开阔眼界、激发科研潜力，为培养专才和跨学科人才创造良好条件。第二，国外知名教授授课方式灵活多变，善于调动学生的参与积极性，营造活跃的课堂氛围，是对学生创造性思维培养的有益补充。第三，对于部分希望继续深造，特别是到国外高等学府求学的学生或助教来说，国际小学期为他们提供了认识该领域具有相当影响力的教授、展示自己并获取推荐信的机会；对于选择就业的学生，国际小学期为学生创造了国际交流的机会和积累国际交往经验的条件，拓宽了学生看问题的角度和求职范围，增加了学生求职成功和理想就业的可能性。第四，高等教育国际化的一项重要指标，就是学生的国际交往能力。国际小学期项目为学生提供了跨文化交流的平台，有助于学生进一步认识世界，增进对不同国家和地区的社会、历史、文化的了解，加强国际理解教育。同时，也有助于解决学生在国际交流过程中存在的交流接触面窄、深度和效果有限、延续性不够、自信心需要提升等问题[①]。在培养具有国际视野、通晓国际规则、能够参与国际事务和国际竞争的复合型国际化人才方面是一个有益的尝试。总之，暑期国际课程不仅是对常规学期学习方式的有利补充，也是对高校人才培养模式的进一步完善，有助于高校建立起与世界一流大学对接的教育教学和人才培养体系。

2. 国际小学期是高水平师资队伍建设的有效助力

优质教师资源对于建设世界一流大学起着举足轻重的作用，国外的诸多教学方法、前沿研究成果值得借鉴[②]。国际小学期通过邀请国际知名教授授课，不仅创建起了一个新的引智平台，一定程度上也成为我国高校培育本土青年教师，建设高水平、国际化师资队伍的有效助力。暑期国际课程开设期间，本校教师也得以方便地旁听国际著名教授所开的课程，尤其

---

① 王文文、雷晓锋、冯蓉：《国际化视域下研究生学术和文化交流平台的建设——以航空航天国际研究生暑期学校为例》，《学位与研究生教育》2015年第6期。

② 姜琴琴：《夏季学期国际暑期学校实践与前景探索》，《教育教学论坛》2014年第6期。

是青年教师和助教将有机会学习到国际知名大学教授先进的教学模式，并将一些先进教学理念与方法，如课后答疑、小组讨论、案例教学、读书报告等，推广到日常教学中，这有助于提高本校教师对教学方式和方法的重视，敦促其创新教学方式、提高教学水平，从而推动本科及研究生教学质量的全面提升。

3. 国际小学期是高校国际化课程体系的有效补充

国际小学期的国际化课程资源，作为学校多元立体课程体系的重要组成部分，有助于带动高校英文课程的建设与完善。目前，国内高校非英语专业鲜有能用地道流利的英文进行高水平授课的教师。国际小学期要求全英文授课，能够方便留学生和交换生选课，解决正常学期全英文课程不足的问题，也有助于推动高校英语专业建设。

4. 国际小学期是高校国际化学术交流平台建设的有效探索

国际小学期是高校开展国际合作与交流平台建设的重要组成部分。一方面，国际小学期的一流师资由各学院聘请，学院如果提前与受邀知名学者做好沟通，令学者在授课之余，为学院开设讲座、参与学术讨论会等，为中外教师思想碰撞创造机会，定能推动科研合作，形成科研反哺人才培养的良好局面。同时，也有助于吸引更多国际一流院校与本校开展合作，形成多样化的合作模式。另一方面，国际小学期授课教师多来自外方合作院校或教师本人已与本校教师建立合作关系或私人关系，因此，国际小学期是双方合作拓展和升级的有效途径，也有利于促进学校与更多世界顶级高校建立实质性、紧密型的战略合作关系，丰富国际合作网络。

三 国内外一流大学的实践经验与借鉴意义

从高等教育专家学者的观点以及国内外一流大学举办国际小学期的实践经验来看，入学机会的开放性、课程设计的多样性和经费来源的市场性，是高校国际小学期建设中的三个关键问题。其中，入学机会的开放性又会提升高校反哺社会的公益性、服务本校学生的灵活性以及联合课堂的互动性。在此基础上，笔者通过查阅文献及相关高校网站，梳理了国内外部分一流大学建设国际小学期的主要做法及经验，以作参考和借鉴。

（一）入学机会的开放性

国际小学期的入学机会应该是开放的、参与式的，应当成为来自不同地区、不同类别的学生在一起学习、讨论、研究、实验、实践的高层次平台，充分发挥高等教育的社会服务功能和教育引领功能。高校通过利用国际小学期的灵活性和自由度，可以在满足社会人士的深造需求，吸纳高中生的同时，带动社区和中学国际化水平的提升。哈佛大学创办暑期学校的初衷之一就是与社会共享大学资源；加州大学伯克利分校每年5月底至8月中旬开设的暑期国际学校项目，600多门课程均面向全球学生开放选课，课程覆盖众多学科领域[1]。开放、参与式的入学方式也可以提高国际小学期的吸引力，以生源的多样化促进"双向国际化"，在最大限度体现国际小学期社会服务职能的同时，也有利于中国文化和学术话语的对外传播。

1. 服务广大社会，促进教育公平

利用暑期时间回馈社会、服务社会并影响社会已成为众多世界知名学府的一项重要任务。在这方面，英国的剑桥大学（University of Cambridge）和牛津大学（University of Oxford）可以作为典型。两所学校此类暑期课程可以分为三种。一是针对世界各地成年人（18—80+）的继续教育暑期学校，旨在帮助成年人提升自我，获取更好的职业发展或满足其知识追求。剑桥大学的继续教育学校为期1—6周，学生以退休人员居多，是剑桥大学规模最大的暑期学校，根据专业领域不同分为11个项目，共有超过175门课程，另有超过200门配套补充课程，课程费用由学生自行负担，也可以根据学生所属单位或学校的要求将课程设计为学分课程[2]。二是与英国慈善机构Sutton Trust合作的暑期学校，项目为期一周，主要为优秀高中生提供提前了解大学生活、特别是知名高等学府大学生活的机会，为报考学校和选择专业做准备，学生学习费用完全由Sutton Trust

---

[1] 彭熙伟、于导华、徐瑾：《开放办学视域下暑期学校项目的探索与实践》，《中国冶金教育》2019年第2期。

[2] University of Cambridge: Institute of Continuing Education, Courses, International Summer. Programs, http://www.ice.cam.ac.uk/courses/international-summer-programmes/programmes-and-courses, 2019-08-15.

承担。Sutton Trust 是一家英国教育慈善机构，致力于撼动阶级固化，促进教育公平，开办有英国暑期项目和美国暑期项目，其中英国项目与包括剑桥、牛津在内的 11 所英国知名高校合作，美国项目与 8 所常春藤高校合作[1]。三是为贫困地区学生或女性提供的免费课程，如牛津大学的 UNIQ 暑期学校和剑桥大学菲兹威廉学院给从未接触过编程的来自低收入家庭或世界贫困地区的女孩讲授编程，为女性从事科技与计算机科学行业铺路，展现出大学在推广"知识面前人人平等"理念的功用，也是大学着眼世界的体现[2][3]。此外，山东大学自 2004 年起开设暑期国际课程，在招生上也实际践行了"高校反哺社会"的理念。该校暑期国际课程包括学术讲座、开放实验、技能培训、社会实践、国内外交流、双学位/辅修班等六大模块，其中，双学位班和辅修班的招生对象除本校学生外，还面向其他五所省重点高校招生[4]，一定程度上体现了高校的社会服务职能。

2. 增加选课机会，允许提前毕业

本校学生是各高校暑期国际课程的另一授课主体。学校给本校学生开设暑期课程的目的：一是增加授课时间的灵活度，便于能力强的学生提前修满学分提前毕业，例如复旦大学的暑期国际课程采取"先选先得、选满为止"的末选课原则，便于学生灵活安排个人学习计划；成绩记载原则与春秋学期课程一致，如实记入成绩系统，并参与计算平均绩点（P、NP 成绩除外）[5]。二是补选之前因为选课人数过多没有选上的热门课程或因病假事假没能修读的课程；例如美国芝加哥大学（The University of Chicago）暑期学校的本科生课程即为春秋学期本科生正常需要修读的课程，课程均给予学分，但学生需另行支付学费[6]。三是对自己感兴趣的领域加强学习，例如美国蒙特雷国际研究院（Middlebury Institute of International

---

[1] Sutton Trust，http：//www.suttontrust.com/，2019-08-15。

[2] University of Oxford：UNIQ Summer School，http：//www.uniq.ox.ac.uk/，2019-08-15。

[3] University of Cambridge：Bye-Fellow gets girls coding with university summer school，http：//www.fitz.cam.ac.uk/news/bye-fellow-gets-girls-coding-university-summer-school，2015-08-26。

[4] 林殿芳：《基于暑期学校的创新人才培养模式的探究——以山东大学暑期学校的实践与发展为例》，《国网技术学院学报》2015 年第 1 期。

[5] 复旦大学教务处文件：《复旦大学暑期教学课程概览》，http：//www.jwc.fudan.edu.cn/26/75/c9397a140917/page.htm，2019-08-15。

[6] The University of Chicago：Summer Session，https：//summer.uchicago.edu/，2019-08-15。

Studies at Monterey）以口笔译专业闻名于世，为给语言见长的学生增加经济学背景知识，辅助提高翻译质量，学校特意在假期开设名为 Finance Camp 的通识课程，讲授微观和宏观经济学基础知识，这类课程由于不在学分课程之列，会另行收取学费；四是充分汲取小班授课与个性化辅导的优势。

3. 招收国际学生，促进交流合作

暑假期间老师和学生的时间都最为灵活，是促进校际交流合作尤其是不同国家地区间高校交流的有利时机。为此，一些学校将自己的学生送出国门，一些学校专门为国际学生开设了暑期学校，也有学校通过设置国内外学生联合课堂或邀请国外知名学者讲学的方式实现资源最优配置和最大化利用，以期促进国际交流与思想碰撞。

伦敦政经学院（LSE）是暑期学校国际化的典型。该校的三种暑期学校均有国际元素。常规暑期学校（LSE Summer School）为国际学生提供 80 多门为期 3 周的课程，多数学生所在学校认可学生暑期课程获得的学分，所有课程均由伦敦政经学院的老师讲授。方法训练营（Methods Summer School）是培养本科生、研究生、研究员及专业人士科学研究方法的暑期课程，所有课程由世界级专业学者讲授。此外，该校还与北京大学、南非开普敦大学分别合作开办了为期两周的暑期学校，这类课程主要聚焦亚洲或非洲，由两校老师共同担纲，授课对象来自四五十个不同国家，既有学生，也有学者，全部课程设置严格的评定考试制度并颁发结业证书[①]；美国芝加哥大学暑期学校的本科生课程对本校学生、本国其他学校访问生和国际学生共同开放，在无形中形成联合课堂；斯坦福大学（Stanford University）针对国际学生的暑期学校为 8—9 周，学校 37 个学院共开设了 250 多门课程供国际学生选择，所有课程均可以获得学分。国际学生参与该校暑期学校的方式有两种，一种是自己申请，此类为普通国际学生，一种是通过自己所在高校的选拔被推荐参加斯坦福暑期学校，此类学生为荣誉国际学生[②]；加拿大麦吉尔大学（McGill University）的国际暑期项目旨在给世界各地的本科生体会北美大学生活和了解北美的机会。

---

① LSE：http：//www.lse.ac.uk/，2019-08-15.

② Stanford University：Summer Session，Programs，http：//summer.stanford.edu/programs/，2019-08-15.

完成项目的学生能够获得3学分（美式学分）[①]。再以国内研究型大学为例，中国人民大学、上海交通大学等的国际小学期大多也采取学生申请、网络注册、学校审核的方式，面向校内外、国内外高校学生开放。以北京航空航天大学为例，开放入学：每2人（1名本校研究生+1名外籍研究生）或3人（1名本校研究生+1名外籍研究生+1名国内外校研究生）组成一组，组员互称为伙伴，中国伙伴承担国外学员的接机和联络等工作，并随时开展全方位深入交流，从而增进学员之间的文化交流、相互理解和友谊[②]。

（二）课程设计的多样性

严把课程质量关，提高课程设计的开放性和多样性，是保障国际小学期办学质量的重要一环。多样性依赖于开放性来实现。所谓课程开放，即要求学校在选课人员范围、课程内容、师资选聘、授课方式等的安排与设计上，秉承开放、合作、多元的理念，扩大课程的辐射面和覆盖面，提高课程的吸引力。从课程内容来看，开放和多样主要体现为跨学科和学科前沿。例如，中国人民大学国际小学期课程已逐步形成了三大课程体系，包括中国研究系列课程、学科通识和学科前沿系列课程、语言培训系列课程，并于2012年开始增设"中国文化普及系列课程"（太极拳、中国书法和中国音乐等）[③]；南京大学开设的暑期国际课程包括105门外语授课课程，涵盖法律、商务、历史、航空航天、物理、地理等范畴；课程类型包括通识课、核心课、选修课等；北京大学自2004年开始率先开设暑期国际课程，课程周期为4—5周，内容上涵盖中国政治、经济、文化、历史、艺术等多个领域，类别上有专题课程、原典精读及研讨班课程，以及暑期社会调研、田野调查、野外实习等实践类课程，同时，实行分类限选制度。其中，实验课、实习课和部分体

---

① McGill University: Desautels, Programs, International Summer Program, http://www.mcgill.ca/desautels/programs/international-summer, 2019-08-15.

② 王文文、雷晓锋、冯蓉：《国际化视域下研究生学术和文化交流平台的建设——以航空航天国际研究生暑期学校为例》，《学位与研究生教育》2015年第6期。

③ 徐佳：《学期制度改革对高校人才培养模式的影响——暑期学校项目的探索与发展》，《中国人民大学教育学刊》2012年第1期。

育课为 A 类教学计划内必修课程，仅针对本校学生和本专业学生开放；以部分受欢迎的通选课程和前沿课程为主的 B 类半开放型课程，优先安排本校学生选课，同时也接受外校学生申请；以品牌课程及特色课程为主的 C 类课程，则完全面向社会开放，供校内外各类学员选课①。从课程形式来看，开放和多样则体现在综合采用讲授、研讨、讲座、举办学术会议、安排企业参观、建立工作坊、组织文化采风等多种开展形式。例如，康奈尔大学的暑期学校项目，不仅在校内设置课堂，同时也提供在校外的体验式教学；南京大学的暑期国际课程，授课形式除了安排专题课和讲座外，还开设了研究型实验类课程、竞赛项目培训类课程和教学实习与社会实践课程等②。

（三）经费来源的市场性

经费和质量问题，是当前国内高校举办国际小学期过程中需要厘清的投入与产出关系。由于国际小学期不在原有的教学计划安排之内，政府也没有给予高校以专项资金支持；而国际小学期的主讲教师必须是享有盛誉的一流学者，对听讲者才会有吸引力和号召力，这就要求有充足的资金能够支持国际一流师资的延揽。因此，高校国际小学期建设可以在非本校学生的学费收取、社会资源投入，以及机制的灵活性等方面更多地运用市场成分③，通过对市场需求保持高度的敏感性，从而把握机会向市场寻求资源。这既有利于促进国际小学期办学目标的实现，又能使其适应市场、受益于市场。

总之，开设暑期课程在世界范围内早有先例，也已成为国内高校教学改革的必然趋势。由于暑期时间相对灵活，各高校可以根据自己的情况和需求安排课程时间、长度和类型，暑期课程的模式呈现出多样化态势，而暑期课程的国际化也成必然趋势。

---

① 张睦楚：《从北大到剑桥：我国研究生暑期继续教育模式的新探索》，《研究生教育研究》2014 年第 3 期。

② 南京大学教务处文件：《南京大学国际化课程宣传手册》，https://wb.nju.edu.cn/gjhkc/list.htm，2019-08-15。

③ 胡莉芳、郝英：《研究型大学暑期学校：开放、国际、市场》，《国家教育行政学院学报》2011 年第 4 期。

四 上海财经大学暑期国际课程的状况及措施

上海财经大学的国际小学期建设以开设暑期国际课程为主。学校开设暑期国际课程的诉求是，实现本校学生不出国门，就可以体验国际知名教授的教学，通过国外一流教授的暑期短时间授课拓宽学生的学术视野、提高学生独立思考能力、培养专业兴趣，并借此来推进学校课程体系国际化建设，加快教学方式变革，以达到丰富人才培养模式的目的。

上海财经大学从 2014 年起开设暑期国际课程，已连续开设六年。暑期国际课程由学院自主设计，由国际交流与合作处、教务处和研究生院三个部门协作管理。其中，国际交流与合作处负责通知发布、管理办法制定、汇总确认课程信息、审核教师资质等工作，教务处和研究生院分别负责本科生课程和研究生课程的开课、排课、选课等具体教学管理工作。

（一）课程及师资概况

上海财经大学暑期国际课程均由各学院（所）自主聘请境外高校的外籍专家学者或知名企业的外籍高级从业者前来授课，学院可根据现有的专业教学计划设计课程，确保暑期国际课程与专业教学计划、学生培养方案等合理衔接、符合专业逻辑性，课程类别可以为通识课、专业课或个性化培养课等。所有课程采用全英文授课，鼓励创新教学内容与模式，任课教师可根据课程内容要求采用研讨式教学、案例教学、体验教学等多种教学方式。每门课程一门次，个别热门课程可以增开一门次，每门课程一至两周，16 学时。学院可根据本院学生的教学计划和培养方案提出所开设课程的替代和学分认定方案，课程替代可按照"2 门（3 门）暑期国际课程学分替代 1 门 2 学分（3 学分）课程"这样课时量对等的替代方案进行设计，本科生选课人数达到 15 人，研究生选课人数达到 10 人，即可开课。

从 2014—2019 年，上海财经大学暑期国际课程从最初的一年三十几门发展到一年六十多门，从最初只有本科生课程，发展为以面向本科生和研究生为主的课程体系。授课教师绝大多数来自美国常春藤联盟高校、英国剑桥大学、加拿大麦吉尔大学、多伦多大学、德国洪堡大学、日本东京大学、澳大利亚悉尼大学等各国一流大学，授课教师中 80% 以上为副教授或教授，在一定程度上保证了课程质量和课程吸引力。

根据表 1、表 2 数据可见，2014—2016 年为学校暑期国际课程快速发展阶段，课程总量持续大幅增长。在三年聘请到的所有教师中，连续三年来上课的教师有 6 人，其中 2 年来上课的教师有 19 人。连续三年均开设的课程有 5 门，开设过 2 年的课程有 14 门，课程处在不断调整之中，有较强不稳定性。2016—2019 年数据显示，学校暑期国际课程工作的制度化已推动常态化，课程数量基本保持稳定。六年中有 34 位其中两年前来授课，有 21 位老师其中三年前来授课，11 位老师其中四年前来授课，3 位老师其中五年前来授课，3 位老师六年均来授课。由此可见，2016—2019 年来授课教师重复率远高于 2014—2016 年间重复率。

六年间，关于暑期国际课程的制度建设从未停止。学校于 2015 年出台《上海财经大学暑期国际课程管理办法》，初步实现了暑期国际课程的规范化管理。《办法》明确了差异化薪酬制度，以便吸引更多优质师资，得益于这一制度，2016 年起聘请到的授课教师中具有副高级或以上职称的比例明显上升；《办法》还规定每个学院需至少开设一门研究生暑期课程，进一步扩大暑期国际课程受众。2017 年出台《上海财经大学暑期国际课程管理细则》，将暑期国际课程作为专业选修课纳入研究生常规教学当中。2018 年，学校将师资要求从"海外知名大学的外籍教师"改为"境外一流大学的教师"，提高了对教师现任单位的要求，取消了对教师国籍的限制，以能进一步吸引境外优质师资。

表 1　　2014—2019 年度上海财经大学暑期国际课程开课情况

单位：门次

年份	开课总数	仅面向本科生课程	仅面向研究生课程	同时面向本科生和研究生课程
2014	37	37	0	0
2015	47	16	7	24
2016	61	32	4	25
2017	62	12	11	39
2018	67	12	14	41
2019	63	10	14	39

表 2　　2014—2019 年度上海财经大学暑期国际课程授课教师情况

年份	教授人数/占比	副教授人数/占比	其他人数/占比	总数
	学术地位			
2014	21/55.3%	7/18.4%	10/26.3%	38
2015	22/45.9%	10/20.8%	16/33.3%	48
2016	35/58.3%	16/26.7%	9/15%	60
2017	42/67.7%	12/19.4%	8/12.9%	62
2018	42/62.7%	15/22.4%	10/16.1%	67
2019	33/55.0%	22/36.7%	5/8.3%	60

（二）学生选课情况

2014 年，在校本科生选课人数超过 1000 人次，完成课程修读的本科生共计 846 人次，每门课程平均修读人数 22 人[1]。2015 年，完成课程修读的学生共计 860 人次，其中 424 人次完成本科生课程修读，均为本科生，每门课程平均修读人数 26 人，较 2014 年有小幅增加；436 人次完成研究生课程修读，其中包括本科生和研究生，每门课程平均修读人数 14 人[2][3]。2016 年，本科生课程选课人数超过 900 人次，完成课程修读的学生共计 820 人次，均为本科生，每门课程平均修读人数 26 人，与 2015 年度持平；研究生课程的选课人数为 386 人次，包括上海财经大学本科生、研究生和 45 名其他学校的学生（校外学生均选修了信管学院开设的课程），每门课程平均修读人数 13 人，较 2015 年度有小幅下降[4][5]。2017 年，本科生课程的选课人数 350 人次，研究生课程的选课人数 1291 人次，共计 1641 人次。2018 年，共计 1692 人次（本科生课程 410 人次；研究生课程 1282 人次）参加课程学习，与 2017 年的 1641 人次相比，有小幅上涨。2019 年，共计 1523 人次（本科生课程 214 人次；研究生课程 1309

---

[1]　上海财经大学教师教学发展中心：《2014 年我校暑期国际课程评教报告》，2014 年。
[2]　上海财经大学教师教学发展中心：《2015 年我校暑期国际课程评教报告》，2015 年。
[3]　上海财经大学研究生院：《2015 年研究生暑期国际课程评教报告》，2015 年。
[4]　上海财经大学教师教学发展中心：《2016 年我校暑期国际课程评教报告》，2016 年。
[5]　上海财经大学研究生院：《2016 年研究生暑期国际课程评教报告》，2016 年。

人次）参加课程学习，与 2017 年和 2018 年相比有小幅下降。

表 3　2014—2019 年度上海财经大学暑期国际课程学生选课情况

单位：人

年度	所有课程修读	本科生课程修读	本科生课程平均修读	研究生课程修读	研究生课程平均修读
2014	846	846	22	0	0
2015	860	424	26	436	14
2016	1206	820	26	386	13
2017	1641	350	29	1291	26
2018	1692	410	34	1282	23
2019	1523	214	21	1309	25

（三）初步成效

上海财经大学暑期国际课程开设六年来取得了一定成效。一方面，它为学校师生带来了最新的学术动态和行业信息，创造了与国外知名高校的著名专家学者互动的机会，有利于师生特别是本科生未来出国留学深造；另一方面，它也是学校引智工作的有益补充。连续多年受邀前来授课的教师不少为暑期课程开设前便与上海财经大学有合作关系的教师，他们有的已通过中外合作办学项目连续多年来学校短期授课，有的通过引智项目长期与学校教师进行合作科研。此外，另有部分外籍教师通过暑期课程对学校有了初步认识或与学校教师建立起了初步的合作关系，为学校日后引进长期优质海外师资奠定了重要基础。

五　高校国际小学期优化建议

近年来，国际小学期在高校国际化水平提升方面的贡献有目共睹，开设暑期国际小学期在国内渐成趋势，但作为我国大学国际化探索的一块试验田，国际小学期的潜力仍待进一步挖掘。根据上海财经大学暑期国际课程实践，总结国内外大学经验，笔者在此对于优化学校国际小学期建设略述浅见，以供探讨。

（一）授课对象多元化

目前，国内多数高校的国际小学期课程的授课对象限于本校学生，少数高校面向校外学生开放，但也多限于邻近区域高校学生，个别高校课程向高中生开放。根据我国高校课程设置情况，第一，建议增加课程对留学生的开放程度和宣传力度。国际交换生有时因春秋学期英文课程数量少且时间冲突无法修满学分，国际小学期课程如能开放给交换生，一是能保证他们顺利修满学分，完成交换期间的学业；二是能让他们提前适应交换生生活，为春秋学期专注学业打下良好基础；三是交换生与中国学生同堂学习，形成联合课堂，有助于学生间互相学习、优势互补，了解对方文化、开拓国际视野；四是优质师资打造的优质课程，可以作为亮点在留学生招生时进行宣传，有利于吸引优质生源。第二，一流大学必然有良好的社会声誉，而社会服务是积累大学社会声誉的重要渠道。目前，大学的社会服务能力受到越来越多的重视。在保证校内学生参与课程的情况下，建议借鉴和学习英国伦敦政治经济大学、美国斯坦福大学，国内北京大学、山东大学等大学的做法，逐步将部分课程向外校学生及国内优秀高中生开放，或通过课程分类，将不同类别的课程开放给不同人群，开拓本科及研究生生源，提高学校国内外学术声誉；同时，探索面向社会人员，体现大学"服务社会"的重要功能。此外，可以与海外合作院校联合开设暑期学校，面向全球招生，在实现师资国际化的同时也实现学生国际化。

（二）加强校际联动

与海外合作院校联合开办国际小学期可以成为拓展中外合作办学模式、加强校际合作的另一种形式，有利于国内高校与海外一流院校建立长期、稳定的合作关系。同时，国外高校作为国际小学期的合办方之一，需发挥自身主观能动性，启用自己的伙伴关系网，全球招募师资和优秀学生，国内高校则可以借助合作伙伴的力量进一步拓展与其他国外高校的合作。合作方式上，可采用每年轮换上课地点或部分课程在国内高校、部分课程在国外高校相结合的方式，既可以将国外学者、学生请进来，也可以为中国老师和学生创造机会"走出去"。

纵观国际小学期在我国的发展历史，不难看出，东部沿海地区的"985""211"和"双一流"高校是开设国际小学期的主力，良好的国际声誉、有力的财政支持和地缘优势使这些学校更受国外一流学府知名学者的青睐，但中西部高校，特别是一些未能进入上述名录的高校，则缺乏引进国外优质师资的渠道，东部一流高校如能作为纽带，将部分课程面向这些学校的学生开放或推介国外师资给这些高校，势必将推动国际小学期在更多高校的建设，使更多学生受益。

（三）保持课程前沿性

不同于春秋季学期的课程，国际小学期的目的更多在于使师生获取专业领域前沿知识，为此，在维持课程适当稳定性的同时，也需对部分课程、师资进行更替或引入新课程、新师资，这就要求学校建立一个能够准确把握学术前沿、敏锐洞察学科发展趋势、一心为学校和学生发展着想的课程监测、评价组织和完善的制度体系。

综上所述，国际小学期在推动我国高校教学改革、人才培养和师资国际化方面的成效不可否认，高等教育界也在积极探索国际小学期优化方案。在教育对外开放的大背景下，在高等教育新时期"双一流"建设的国家战略下，在新时代的新要求下，国际小学期在推动大学国际化方面仍有力待发，只有与学科建设、人才培养、社会服务紧密结合，不断改革创新，才能增加并保持国际小学期的吸引力，形成引才、育才的良性互动，促进学科发展和国际声誉，成为助力我国高校"双一流"建设的有力渠道。

Research and Exploration on the Quality and Efficiency Optimization of International Summer School

Zhang Suman, Li Cong, Zhou Wenping

Abstract: The International Summer School (hereafter ISS) has played a crucial role in the internationalization of colleges and universities and has acted as an efficient channel for introducing international talents, cultivating talent innovation and aiding higher education institutes to serve and contribute to society. Through analyzing the history and current performances and challenges of ISS at the first-class universities in China and abroad and combining the practice and characteristics of the ISS at

Shanghai University of Finance and Economics regarding to its curriculum, teaching resources and course selections, the article aims to find out the existing problems that ISS faces and put forward suggestions and optimization measures to help speed up the "Double First-Class" initiative and build a new pattern of open-up higher education in the next phase.

Key words: International Summer School; International Summer Courses; Internationalized Talent Cultivation

校企深度合作创新资产评估教学模式[*]

嵇尚洲　应尚军　唐旭君[**]

摘　要： 资产评估课程是一门实践性较强的课程，兼具管理学科和工科的学科特点，强调产学研相互结合。上海对外经贸大学资产评估专业在多年产学研合作基础上，探索出三维教学模式、"薄三明治"多环节教学模式、团队学习模式等，通过与上海立信资产评估公司的深入合作，正在探索形成BOSPAS教学模式，把课程教学与项目实践，教学单位与资产评估公司，个体成长与团队学习结合起来，综合提升学生思辨能力、动手能力、沟通能力，培养适合上海五个中心建设的评估人才。

关键词： 资产评估；产学研；教学模式

上海对外经贸大学资产评估专业教学团队不断推进产学研合作，先后与上海万隆资产评估公司、上海银信资产评估公司、上海立信资产评估公司等单位合作，现已拥有9家产学研实践合作基地，成立了3个非常设研究平台，通过与实践基地的不断交流，教学团队不断变革教学模式，从"三维人才培养模式"到"薄三明治模式""团队学习"模式，形成了系列研究成果。尤其在与上海立信资产评估公司进行深度产学研合作后，教学模式改革日趋成熟，正在形成理论与实践相互融合、相互促进的BOSPAS教学模式，这一教学模式对于上海对外经贸大学培养国际化应用

---

[*] 基金项目：2015年度上海市教委重点课程"企业价值评估"项目；2016年度上海高校示范性全英语课程"企业价值评估"项目。

[**] 嵇尚洲（1970—　），男，上海对外经贸大学金融管理学院副教授，博士，资产评估专业主任，场外交易市场研究中心主任；应尚军（1974—　），男，上海对外经贸大学金融管理学院教授，副院长；唐旭君（1978—　），女，上海对外经贸大学金融管理学院副教授。

型评估人才具有重要作用。

一 资产评估教学模式创新历程

上海对外经贸大学资产评估教学团队早期通过与万隆、银信等资产评估公司学生实习、教师挂职等产学研合作，对资产评估公司的行业现状、业务发展以及人才培养需求有了深入了解，提出了资产评估教学和人才培养的三维模式，即理论知识积累、模拟实验教学与职业特训课程相结合的模式（冯体一等，2012）[1]，三维模式对上海对外经贸大学资产评估专业教学产生了显著影响，随后在专业课程教学中增加了实验模拟板块和资产评估实操性内容，编写出版了实验模拟教材，设立了资产评估实验模拟课程，三维人才培养格局初步形成。

2013年专业教师到银信资产评估公司挂职锻炼，帮助银信建立行业规范标准和企业管理制度。在此基础上，教学团队深入思考资产评估教学中产学研互动和人才培养的关系[2]，提出教学单元、模拟训练单元、学术研究单元和评估实践单元等四个部分相互衔接、紧密结合的"薄三明治"多维教学模式[3]。"薄三明治"多维教学模式建立起由教学、科研和公司三个层面组成的人才培养载体，具有课堂、模拟实验、学术研究、评估实践四大功能。这种教学模式把高校以及下属院系、教学模拟实验室、科研院所以及资产评估公司等实践单位联系在一起，通过评估项目的流动把四方串联在一起，同时凸显人才培养的多元化特色，就业实操性导向、学术研究导向和基础知识融汇导向，不同类型的学生可以向不同方向进行合理引导，适应上海全球城市建设的需要，形成人才培养的多层次特点[4]。

---

[1] 冯体一、应尚军：《资产评估专业学生三维培养模式探讨》，《教育理论与教学研究》2012年第12期。

[2] 应尚军、龚国光：《资产评估专业产学研合作教育模式研究》，《对外经贸教育研究》2012年第2期。

[3] 应尚军、龚国光：《经管类课程"薄三明治"多环节教学模式研究》，《对外经贸教育研究》2013年第1期。

[4] 嵇尚洲：《企业价值评估教学方案设计探讨》，《黑龙江教育：高教研究与评估》2010年第3期。

2015年专业教师专程赴加拿大阿尔伯塔大学学习北美教学法，在消化吸收北美团队学习法的基础上，提出资产评估 Group Study 教学模式（嵇尚洲等，2017）[1]，也就是在资产评估专业课程教学中通过对学习团队的设置，即对团队构成、团队学习计划、团队考评、团队学习地点的精心设计，把资产评估课堂教学与项目现场实习、模拟实验和课外学习结合起来[2]，通过稳定的团队学习方式把课堂理论问题带到课外，把评估项目中实际问题带到课堂，形成问题—讨论—实践—总结的闭环学习过程[3]，经过教学团队的实际运用发现团队教学模式对于资产评估专业课程教学非常适用[4]。

2016年资产评估教学团队尝试与上海立信资产评估公司开展全方位的产学研深度合作，从学生实习、教师实习、项目参与到定期项目研讨[5]、学生实习跟踪、教师挂职评估师、洽商项目合作等[6]。

上海立信资产评估公司长期与学校资产评估专业保持良好合作关系，但之前的合作只停留在学生实习和就业推荐层面，评估实践、评估教学与评估研究没有形成有益互动，教师与评估师的交流只是在行业会议中短暂交流。资产评估专业毕业生在立信的优秀表现为双方深度合作打下基础，2016年双方开始谋求深度合作，专业教师迫切想通过实务进一步提升教学水平，教学团队也希望把科研成果聚焦资产评估领域，上海立信评估公司在经历行业的快速扩张阶段后也有转型发展需求。2017年资产评估法颁布，长三角经济转型与一体化提速，传统制造业向战略新兴产业转型，上海立信资产评估公司评估业务出现显著变化，财政部推动 PPP 和财政资金绩效评价为立信资产评估公司带来新的业务机遇，而学校资产评估专

---

[1] 嵇尚洲、王银、潘向阳：《企业价值评估课程 GROUP STUDY 应用研究》，《中国资产评估》2017 年第 2 期。

[2] 陈蕾、王敬琦：《资产评估课堂实践教学模式的应用研究——基于问卷调查的实证分析》，《中国资产评估》2014 年第 12 期。

[3] 嵇尚洲、应尚军、冯体一：《以学生为中心的"企业价值评估"教学模式探究——中加教学模式比较》，《金融教学研究》2017 年第 12 期。

[4] 嵇尚洲：《"基于项目的团队学习"在"企业价值评估"课程中的应用》，《黑龙江教育：高教研究与评估》2017 年第 8 期。

[5] 应尚军、冯体一：《论资产评估的案例教学》，《中国资产评估》2018 年第 10 期。

[6] 嵇尚洲：《经济新常态下"企业价值评估"教学转型的思考》，《黑龙江教育：高教研究与评估》2016 年第 7 期。

业也迎来了专业发展十周年的重要时间节点。双方深度合作条件成熟，立信创新业务项目团队负责人到校讲授新业务特点，从课程讲座、专题讲座，到项目深度交流，立信重点就 PPP 项目和绩效评价的创新业务与专业教师交流，在学校开展系列讲座，推动绩效评价项目团队与专业教师交流，合作推进业务发展，专业教师发挥专业研究特长，构筑创新业务理论基础。在双方推动下，一些具有代表性的绩效评价项目被挑选出来，专业教师与评估师合作成立项目团队对项目资料进行深度挖掘，整理成教学案例，以积累的多个项目案例为基础，双方探讨共同建设绩效评价课程，编写绩效评价教材，双方的合作不断深入[①]。

2018 年以来，双方在知识产权定价、科创企业价值评估、科创板对资产评估行业影响以及商誉减值测试等资本市场的新业务和新动态方面密切合作，专业教师发挥高校研究优势帮助立信解决业务创新难题[②]，立信的最新评估项目成为资产评估教学团队最新鲜教学案例，科研成果的灵感来源。产学研合作的不断深入推动了资产评估教学模式的不断变革，最终形成了 BOSPAS 教学模式[③]。

BOSPAS 教学模式把教学过程分解为六个连续过程，把评估公司、教学单位、实践项目和实践教学联系在一起。在教学中通过实践项目引入，校外评估实务专家与校内老师相结合，把教学内容分解为项目内容引入、教学目标提出、教学内容模拟实验、教学内容实践操作、教学内容考查和教学内容总结等六个阶段，在六个阶段中评估项目与教学理论知识融为一体，教学单位和评估公司相互合作，教师与评估专业人员共同施教，推动教学内容案例化、教学场景实务化、教学人员双师化、教学考核多元化[④]。

[①] 嵇尚洲、应尚军、唐旭君、杨伟曦：《新时期长三角资产评估人才培养模式的思考》，《中国资产评估》2019 年第 7 期。

[②] 嵇尚洲、蔡雨欣、王亚璐：《互联网生态系统价值评估教学与研究——以乐视网为例》，《教学现代化》2018 年第 9 期。

[③] 嵇尚洲、应尚军、唐旭君、杨伟曦：《产学研合作推动资产评估教学模式变革》，第十三届全国资产评估教育发展论坛论文集，2018 年 11 月。

[④] 冯体一、应尚军、嵇尚洲：《高校教学质量提升探讨——以性格色彩为视角》，《大学教育》2019 年第 2 期。

二 BOSPAS 教学模式

温哥华大学的道格拉斯·克尔创立 Instructor Skill Workshop（ISW）全面采用以教学实践为主的集中强化训练方式对教师进行培训，采用 BOPPPS 教学模式推动教师边实践边改进，实现教学理论与教学实践的有机融合。我们资产评估教学模式也是边实践边改进，在十多年的产学研合作中逐步形成的教学模式，借鉴 BOPPPS 教学模式，我们的模式可以总结为 BOSPAS 教学模式。

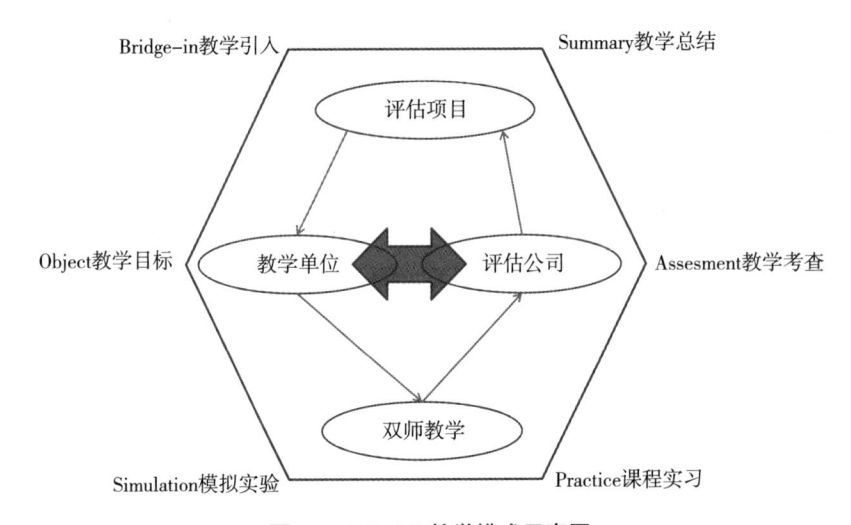

图 1 BOSPAS 教学模式示意图

资产评估专业课程的教学过程可划分为六个阶段，通过评估项目把不同阶段相串联，分别是：

（一）B（Bridge-in）：授课内容引入阶段

在授课开始阶段，首先是实践项目相关内容的介绍。一方面可以更好地吸引学生注意力，提升学生的学习兴趣和学习动力；另一方面理论和实践相结合，通过实践案例说明正在学习的理论知识，让学生把理论与实务界最新发展联系在一起。这一阶段主要任务是对已讲授的主要内容进行总结，通过实际评估项目让学生消化吸收所学知识，同时提出新的问题，引导学生自然过渡到将要讲授的教学内容。

（二）O（Object）：教学目标阶段

这一阶段教师要对将要讲授的教学内容的学习目标、主要知识点和预期达到效果进行说明。对教学内容的前后关联，学习讲授内容的必要性和学习价值进行说明，对教学内容在资产评估的实务项目的评估实践中发挥作用和评估流程中应用的具体环节进行说明。通过对学习内容的知识点和学习价值的说明，让学生明确掌握学习的方向，了解到通过教学内容的学习能够懂得什么或者即将学会做什么。课程目标的实现不仅是教师关注的焦点，同时也是学生学习时优先考虑的重点，因此在实践过程中需要针对对象是谁（Who）、将学到什么（Will do what）、在什么情况下（Under what condition）及学得如何（How well）等核心环节进行明确的表述。显然，明确的教学目标有助于教师结合学生特点更好的设计相应的教学过程并改进教学方法。

（三）S（Simulation）：模拟实验环节

在相关知识点传授后，进入模拟实验环节，通过与实务相似的评估环境的营造，相关经营指标和财务数据的提供，让学生通过模拟软件或者EXCEL来模拟评估，熟悉各类知识点。

（四）P（Practice）：课程实习环节

这一阶段老师可以带领学生直接进入项目现场，通过对项目真实评估环境的熟悉，对评估流程的了解，对评估各个环节的接触，最重要的是学生以团队为单位正式承担在评估中的一部分工作，体会团队责任和合作的重要性，以实践促进对所学知识的理解。

（五）A（Assesment）：对教学效果进行考查

由于有前面四个阶段的安排，四种不同的教学方式的实施，使得这一阶段对教学效果进行考查时方式可以更加多元化。考察可以更多放在评估公司，以团队为单位，对实际的评估项目参与情况进行考查，对项目实习的成绩进行评判，当然也可以包括校内的案例讨论效果、模拟实验效果和理论要点掌握情况，把各类考核综合起来可以形成对学生较为完整的评价。

（六） S（Summary）：对教学进行总结

教学总结不仅由老师对整个教学过程理论讲授过程进行回顾，对重要的知识点进行提炼；更重要的是让学生在模拟实验和项目实践中对所学知识进行检验，对自己在学习过程中取得的进步、存在的不足以及团队合作能力等进行自我评估。从项目的角度对每位同学进行特点分析，使得每位同学都清楚自己在未来评估工作的定位和方向。

三 产学研推动 BOSPAS 模式不断完善

资产评估专业综合了会计学、金融学、管理学、统计学等多种不同学科的理论知识，相较于单纯的会计学专业或者金融学专业，资产评估专业更强调知识的综合运用和实践操作能力。价值评估专业涉及的价值评估，需要评估师面对不同的评估环境和评估对象综合运用多学科知识选择合理的评估方法，建立合理假设，进行判断和决策。因此资产评估专业在理论讲授过程中需要不断与评估项目相结合，让学生在不同的项目评估环境中体会评估决策过程；评估决策模拟需要不断与实务界进行互动，需要理论模型的客观运用与主观判断的艺术感觉相结合，BOSPAS 教学模式正好适应了资产评估教学的需求，形成了教学单位与评估公司，教学人员与实务评估人员，以及理论教学与实践教学的结合，使得学生能够充分体验评估决策模拟环境，有效提升自主决策能力。

（一）教学单位与评估公司的产学研合作

在资产评估教学过程中教学单位需要与评估公司相互合作，形成产学研合作关系，搭建产学研合作载体来推动教学内容的理论与案例相结合，教学过程的实践和授课相结合。应尚军、潘向阳、龚国光（2013）对产学研合作载体的功能和结构进行了详细描述，载体由四个基本单元组成，分别是教学单元、模拟训练单元、学术研究单元和评估实践单元。教学单元、模拟训练单元和学术研究单元都属于教学单位，而评估实践单元主要指资产评估公司。其中，教学单元主要指高校的教学部门，模拟训练单元主要指高校的模拟实验部门或实验室，学术研究单元主要指高校的研究机构或科研团队。

通过产学研合作的四个载体，我们可以把实际评估项目信息通过评估公司与研究所的合作，教学团队在对实务项目进行技术分解，消化吸收后，把评估项目信息转化为教学案例，案例可以在模拟实验室进行实际操作，成熟后作为模拟实验通用案例供学生使用。因此产学研合作是我们实施 BOSPAS 教学法的基础。

我们与上海立信资产评估公司、万隆资产评估公司等机构的合作充分体现了四个载体的合作，通过产学研的紧密合作，教师的专业水平和实务操作能力显著提升，学生与实务项目更为接近，而依托产学研合作平台，教师的科研成果数量也显著增长。

（二）教学人员与实务专业人员的合作

资产评估教学人员通过参与实际项目，与评估机构专业人员相互合作，加深对评估项目的理解，提升实务操作能力，通过实践经验的积累，提升课堂案例教学水平。同时可以直接把专业评估人员引进课堂，对评估项目的背景和实务操作遇到的具体问题进行详细讲解，提高学生对项目实务操作的认识和理解。

BOSPAS 教学法在实践项目引入、教学内容模拟实验、教学内容实际操作等环节都需要外部专业人士的参与，通过教师与外部专业人员的合作，实务项目资源转化为教学资源，教学内容与实务实现同步，推动学生实践操作能力提升，推动教师向双师型方向发展。

在教学法的实践过程中我们发现实务人员走近课堂产生了连锁化学反应，超出了我们的预期。部分专业评估师就是我们已经毕业的校友，他们在课堂的案例讲解中会把自己在评估实践中发现的知识短板分享给学生，提醒学生在学校注意相关知识的积累，这些分享对教师和学生都具有重要价值。

（三）产学研合作推动教学考核多元化

产学研合作使得教学内容、教学方法、教学人员更加丰富多元，而对学生的学习效果的考核也更加多元。现有的考核方式主要集中在授课知识点和相关理论考核。对学生的理论与实际结合能力和实务操作能力存在考核盲区，对团队合作和社交能力完全没有顾及，BOSPAS 教学法可以完全改变这种现状，通过案例讨论、模拟实验、课程实习等教学环节的设计和统一安排，使得教学考核的方式更加灵活和多元化。

为推动对实践能力和团队合作能力的考核，我们重点推进模拟实验考核、案例讨论考核、实习考核，重点考察学生团队学习能力和相互合作能力。考核方式改革使得学生从单纯的应试型学习转变为实践能力提升的学习，学习目标改变推动了整体学习氛围的改变，取得很好的效果。

（四）产学研合作深化团队学习

BOSPAS教学模式中包含了传统的传授式教学，如教学内容引入（Bridge-in）、教学目标的提出（Object）和模拟实验（Simulation）中的教师讲解部分，但更多的是团队学习。团队学习（Group Study）是互动教学的重要方式，是北美最主流的教学方式，不仅仅是指小组分工和小组讨论，团队学习可以把团队成员的知识背景融汇在一起，可以形成多元化的学习风格，更重要的是团队学习可以贯穿课堂内外，团队学习可以贯穿BOSPAS六个阶段，把评估项目实践和评估理论学习完美结合起来。我们通过调研发现学生在图书馆、寝室等场所的讨论远远超过在教室的讨论。而学生在实习中发现问题和解决问题的需求更为迫切，团队学习成为学生解决问题的第一渠道。

评估实践依靠团队合作，资产评估从业人员在项目操作中往往要面对很多复杂的情形，需要进行协调，需要作出判断和决策。产学研合作使得学生拥有更多参与项目实践的机会，因此学生通过参与项目实践，更易于形成团队的合作意识，培养社会交往能力。通过参与项目实践学生会变得更加开放，乐于交流，项目操作过程中学生会养成互动和相互交流的习惯，这种习惯带回校园，会使得团队成员更乐于相互分享，团队每个成员被实践问题所激发从而发现自己的理论短板，而相互之间的取长补短使得团队的凝聚力进一步提升。

四 教学模式创新推动教学效果持续改善

资产评估教学团队通过产学研合作推动教学模式不断变革，有效改善了教学效果，学生理解程度、学生参与程度、课堂学习气氛、学生持续注意力等方面得到全面提升。

课堂师生互动频繁，Group Study推动学生建立自我学习为主导的新型学习模式，BOSPAS 教学法把评估机构、教学人员、学生和评估项目、教材、教学视频、模拟实验等结合在一起，推动教学内容案例化、教学场景实务化、教学人员双师化、教学考核多元化。BOSPAS 教学法在 2018 年南京财经大学召开的第十三届全国资产评估教育发展论坛作为开坛宣讲论文，获得参会 40 家国内同类高校和 20 家资产评估机构的高度关注。

（一）学生理解程度显著加深

大量评估案例与当前国际大事件的结合使得学生对价值评估概念的理解较为轻松，课程的考核不是基于卷面成绩，而是通过案例分析、项目参与、小组讨论等综合评判，经过资产评估专业课系统学习，学生高质量地掌握了三大方法及各类评估模型和方法，所有学生都具备了完成上市公司估值报告的能力，对企业自由现金流折现模型有深刻体会。

（二）学生参与程度显著提高

团队学习使得学生参与程度大幅提高，一些原本喜欢坐最后一排、上课只做自己事情的同学，由于参与到各个小组而转变学习态度，努力争取小组荣誉，成为小组积极分子。从参与互动的主动性分析，学生可以分为主动沟通型、被动接受型和思考沟通型，我们学生 2/3 是思考沟通型，结合实际项目案例的讲解更容易激发学生参与的热情，在推行 Group Study 和 BOSPAS 教学法前参与互动人数不足 1/5，现在接近 50%。

（三）课堂学习气氛明显改善

团队式教学让学生上课远比之前更有活力，回答问题的环节师生互动较多。主讲老师注意启发学生，注意倾听学生反应，安排时间让学生自我学习，学生在讲台上进行自我展示，学生的互动显著增加，学生可以选择自己感兴趣的公司阿里巴巴、腾讯等进行估值分析，每个人都有自己的收获。

（四）学生持续注意力显著提升

传统教学法学生持续注意力一般在 15 分钟，资产评估课程涉及较多枯燥实务信息，让时间更为缩短。通过 BOSPAS 教学法，让每节课都自然分解成 6 个环节，每个环节都在 15 分钟以内，有效解决了持续注意力问题。同时 Group Study 让学生自然参与到团队学习中，以自我学习为主导，使得学生注意力进一步提升。

（五）学生获奖人数显著增加

依托产学研合作，资产评估专业鼓励学生积极申报上海市大学生创新项目，2016 年以来累计有 13 项获得上海市大学生创新项目立项，获市级以上奖励 10 人次以上，4 人发表学术论文，其中一篇为《中国资产评估》杂刊登，培养出了以常隽逸等同学为代表的优秀学生。常隽逸同学 2015 年入学，2016 年 BOSPAS 教学法和专业产学研实践活动为她的顺利成长打下基础，她积极主动参与实践活动，课堂上与老师互动频繁，各门课程均取得优秀成绩，每学期均获得优秀学生奖学金。在产学研实践基地获得实务操作经验后，她经专业老师指导参加各类创新创业比赛，她先后获得 2017 年全国财经类高校创新创业大赛三等奖（队长）、2017 年工商银行杯金融创意大赛华东赛区二等奖（队长）、2017 年上海市大学生理财规划大赛三等奖。在专业产学研实践营造的良好氛围下，她先后发表两篇学术论文，2019 年在资产评估行业权威期刊《中国资产评估》上发表《同济堂股权收购案例中的资产评估问题研究》。近年来涌现出一批同常隽逸一样的优秀学生，他们理论与实践并重，考试成绩与创业大赛成果齐飞，体现了专业人才培养的目标。优秀学生的不断涌现与产学研实践活动，与教学模式的不断创新是分不开的。

五 产学研合作推动教学团队持续成长

资产评估教学团队在产学研活动的良性刺激下，团队持续学习和自我提升积极性显著增强。教学团队 3 人选择去美国或加拿大访学，3 人通过了资产评估师考试，2 人选择去政府部门或评估机构挂职锻炼，打造了国际化和双师型教学团队。

资产评估教学团队邀请美国华盛顿大学金融系主任 Harford 教授、Stehpan Siegel 教授来校与教学团队交流，借鉴国际一流商学院最新教学成果，教学团队通过国际评估环境模拟、国际评估准则和国际主流价值评估模型应用，对标国际市场评估需求，用国际化评估语言打造高质量全英语教学课程，学生英语互动、国际化评估能力显著提升，为毕马威等国际咨询机构输送核心估值人才。团队利用9家产学研实践基地，通过项目调研、项目实践提升教师实务操作经验，增强实践教学能力。

教学团队通过产学研实践，推进教学模式创新，随着对教学研究的持续投入，教学研究成果快速增长，2016年以来团队发表教学论文18篇，学生发表论文4篇，教师获各类奖项15次，学生获奖10次。在这些研究成果中包括教学模式研究论文5篇，案例研究论文8篇，教学方法研究论文5篇，学生相关评估研究成果4篇，"产学研"实现了真正的相互促进、相互提升。

产学研合作是近年来高校重点推进的教学方式，上海对外经贸大学资产评估专业在长期的产学研创新合作的基础上不断总结和提升，提炼出BOSPAS教学模式，通过六个环节的教学阶段设置，把课堂教学和课程实践、教学单位和评估机构、个体学习和团队学习联系在一起，形成一个紧密的闭环学习过程。BOSPAS教学模式的提出是产学研实践的重要成果，同时也进一步推进产学研合作深化发展。

The Reform of Asset Appraisal Teaching Mode Driven by the Combination of Production, Teaching and Research

Ji Shangzhou, Ying Shangjun, Tang Xujun

Abstract: The course of asset evaluation is a practical course, which has the characteristics of both management and engineering disciplines, and emphasizes the combination of enterprise, school and scientific research. On the basis of many years of cooperation between production, teaching and research, the department of Asset Appaisal at Shanghai University of International Business and Economics has explored three-dimensional teaching mode, multi-link teaching mode of "thin sandwich" and group study teaching mode. Through in-depth cooperation with Shanghai Lixin Asset Assessment Company, the BOSPAS teaching mode is being explored, which integrates the lecture teaching and project implementing, teaching units and asset appraisal companies, and individual growth and team learning. This teaching mode is helpful to comprehensively improve students' critical thinking ability, practice ability and communication ability, so as to cultivate evaluation talents for the construction of Shanghai's five centers.

Key words: Asset Appraisal; Combination of Production, Teaching and Research; Teaching mode

人才培养

财经类高校人文素养培育创新机制研究*

课题组**

摘　要：为了探寻当前财经类大学生人文素养培育现状及其问题，本课题组以上海财经大学的在校生和教师为调研对象，运用问卷调查法，结合对外地财经类高校的实地调研展开研究。研究发现：从现状和成就来看，财经类高校在大学生人文素养培育方面表现出五个方面的特点，即将人文素养培育纳入人才培养体系、对人文素养课程的重视程度加深、人文素养课程的覆盖率较高、学生对人文类课程需求量较大、人文素养课程的满意度较高。研究表明，培育工作仍然存在一些亟待解决的问题，包括人文素养培育尚未提升到一个有战略意义的地位、对人文素养课程与专业课程的关系的定位存在误解、培育路径较为单一且培育形式亟待创新、学生的人文素养仍有待提高、资源投入亟待提高、亟须打造一批人文"金课"、人文素养课程结构需进一步优化。进一步地，课题组针对培育现状及其问题提出了八项建议。

关键词：人文素养培育；人文素养课程；培养体系；培养机制

一　研究设计

如何提高财经类大学生人文素养是一个值得探究的问题。作为学校通识教育主要载体的上海财经大学人文学院成立"财经类高校人文素养培

---

* 基金项目：上海财经大学教学改革项目"财经类大学生人文素养培育创新机制研究"（项目编号：2019120021）。

** 作者简介："财经类高校人文素养培育创新机制研究"课题组负责人是范宝舟，成员：刘长喜、刘凯、韩亦、王学成、姜云飞、于沁、康翟、魏南海、刘曦。本文的执笔人是于沁。

育创新机制研究"课题组，遵循习近平总书记全国教育大会讲话精神，以问题为导向，以解决问题为目标，就如何提高财经类大学生人文素养展开调研。

（一）调研背景与目的

习近平总书记在全国教育大会重要讲话中指出，"要全面加强和改进学校美育，坚持以美育人、以文化人，提高学生审美和人文素养"。① 人文素养是人的全面发展的重要标识。人文素养的提升，不仅是学校人才培养目标的一个重要组成部分，也是把学生培养成为社会主义合格建设者和接班人不可或缺的关键环节。习近平指出，学校教育要"坚持中国特色社会主义教育发展道路，培养德智体美劳全面发展的社会主义建设者和接班人"。②

财经类高校，作为国家培育高级经济管理人才的重镇，不仅要培养大学生把握经济运行和管理活动规律的专业能力，更要夯实培育大学生深厚人文素养的基础。深厚人文素养有助于财经类大学生克服纯粹物质功利主义，自觉履行企业社会责任，涵养经世济国人文情怀，把经济理性与价值理性辩证统一起来，真正成为一个脱离低级趣味、既有知识又有文化、具有高尚德性修养的商界精英。同时，对大学生人文素养的高度关注，有助于我们提升科学设计大学生培养体系的自觉意识，防止"精致利己主义"式培养方案出现；有助于我们在培养大学生职业能力的同时，为提升大学生未来人生事业发展后劲奠定基础；有助于我们帮助大学生从过分注重财经知识学习、考证和实习的狭隘眼界中走出来，把握未来人生前行的方向；有助于在急功近利的浮躁面前，保持住内心的定力和应有的精神操守。

通过调研，本课题旨在发现当前财经类大学生人文素养培育现状与问题，为进一步提升我校大学生人文素养提供决策参考。

---

① 《人民日报》：《坚持以美育人以文化人》，http://opinion.people.com.cn/n1/2019/0530/c1003-31109669.html，2019-5-30。
② 习近平：《坚持中国特色社会主义教育发展道路，培养德智体美劳全面发展的社会主义建设者和接班人》http://www.xinhuanet.com/politics/2018-09/10/c_1123408400.htm，2018-09-10。

（二）调研过程

本课题重点以上海财经大学为调研对象，面向大学生和教师发放调查问卷。同时，赴中南财经政法大学、江西财经大学开展交流座谈，实地了解兄弟财经类高校人文素养培育的相关举措。还通过互联网等多种方式，搜集国内财经类高校如中央财经大学、西南财经大学、东北财经大学等高校人文素养培育的相关资料。

问卷分为教师卷、学生卷，共计发放问卷975份，全部为有效问卷，其中，教师卷共计169份，学生卷共计806份。

学生卷的样本分布较为合理（样本特征详见表1）。从性别上看，男生占38%，女生占62%；从就读本科的年级来看，大一、大三的学生各自约占到1/4，大二的学生相对较多，占39%，大四学生相对较少，占12%；专业方面，财经类专业学生约为2/3，其余1/3被调查者为非财经类专业学生。

表1　　　　　　　　学生样本特征描述（N=806）

变量	百分比（%）
性别	
男	37.6
女	62.4
年级	
本科一年级	25.2
本科二年级	39.3
本科三年级	23.1
本科四年级	12.4
专业	
财经类	64.3
非财经类	35.7

二　现状

近十多年来，财经类高校越来越重视大学生人文素养的培育，通过课程设置、社会实践、第二课堂等的综合改革措施，不断加大大学生人文素养培育力度，为财经类人才培育质量的提升做出了重要贡献。

（一）财经类高校将人文素养培育纳入人才培养体系

财经类高校对人文素养培育体系的建设，主要途径是通过课程建设，部分高校同时实施课程建设和人文素养的社会实践类培育路径，这一双向并举的机制称为"第一课堂"和"第二课堂"的协同发展。

财经类高校在其本科生培养大纲中都不同程度地设置了人文素养课程。以上海财经大学为例，该校在培养体系中开设"通识课"，且对通识课作了板块的分类，共分为七大板块，即"经典阅读与历史文化""哲学思辨与伦理规范""艺术修养与运动健康""经济分析与数学思维""社会分析与公民素养""科技进步与科学精神""语言与跨文化交流"。其中，"经典阅读与历史文化""语言与跨文化交流"板块囊括了多数的文学类课程、历史类课程；"哲学思辨与伦理规范"板块则主要包括哲学类课程；"艺术修养与运动健康"板块中包含大量的艺术类课程。在人文素养类课程的设置上，财经类高校充分把握学生的需求，总体而言，所开课程的种类还是相当丰富的。从上海财经大学的通识课开设情况来看，目前，通识课数量多达近 200 门，其中 95 门是人文素养课程，这意味着学生对人文素养课程的选择面宽。从修读情况来看，仅有 1.12% 的学生"从未修读过任何人文素养课程"，可以说，学生对人文素养课程的接受度很好。

除第一课堂（课程建设）之外，部分财经类高校发展了人文素养培育的"第二课堂"。第二课堂主要包括"人文素养类讲座""社团活动""社会实践活动"等。以上海财经大学为例，该校举办了不少人文素养类讲座，超过 80% 的参与问卷调查的学生反馈，该校举办人文素养类讲座的频率是比较高的。第二课堂是人文素养培育的长线机制，第一课堂主要是在学生修课期间产生影响，而第二课堂在充分激发学生对文、史、哲等学科的兴趣的基础上，促使学生常态化地阅读文史哲等人文类学科的书籍，积极思考、写作，通过参与人文素养类讲座、社团活动、社会实践活动，对人文素养知识有所应用，在活动参与过程中，与参与活动的成员形成沟通、交流，建立起反馈机制，这又进一步地强化了人文素养的培育。

（二）广大师生在一定程度上开始重视人文素养课程

在财经类高校着力进行人文素养培育建设的大背景下，财经类高校的师生对人文素养课程的重视程度越来越高。问卷调查发现，在"人文素养课程与专业课相比，其重要程度如何"这一问题上，76%的参与调查的教师认同"人文素养课程与专业课同等重要"的观点，13%的教师更是认为"人文素养课程更重要"。学生中，接近60%的人赞同"人文素养课程与专业课同等重要"。而关于"人文素养课程与专业课的关系"这一问题上，有将近60%的大学教师认为"人文素养课程是专业课的基础"，足见人文素养课程在整个大学培养体系中占据的重要地位。

表2　　　　　大学师生对人文素养课程重要性的认知

对人文素养课程重要性的认知	大学教师的认知状况（%）	大学生的认知状况（%）
专业课更重要	8.9	27.3
人文素养课程更重要	13.0	6.0
专业课和人文素养课程同等重要	75.8	58.9
说不清是专业课重要还是人文素养课程重要	2.3	7.8

在实地走访过程中，课题组成员就人文素养课程在大学培养体系建设中的重要性与财经类高校相关人员展开交流，从访谈结果来看，各高校均认识到人文素养培育对大学生综合能力提升的意义，从长远来看，人文素养课程的设置有利于进一步优化专业课的教学效果，无论是对学生学习意识、学习主动性的强化、个人能力的培养，还是对学校的学科总体性的发展，人文素养课程的建设都有重要的促进作用。

财经类高校师生对人文素养课程的开设意义确实有相当的认可。参与调查的学生中，92.4%的人认为人文素养课程能够提升精神涵养，79.5%的人认为人文素养课程起到优化知识体系的作用，73.8%的人认为人文素养课程可以培养思维能力。大部分参与调查的教师亦认可人文素养课程的积极意义和作用，认同"人文素养课程能够完善学生知识体系""人文素养课程能够培养学生的思维能力""人文素养课程能够提升学生的精神涵养"的教师占比分别为65.7%、72.2%、91.1%。

表 3　　　　　大学师生对人文素养课程意义的认可度

人文素养课程的意义	学生占比（%）	教师占比（%）
优化知识体系	79.5	65.7
提升精神涵养	92.4	91.1
培养思维能力	73.8	72.2

（三）人文素养课程覆盖率较高

从此次调研的六所财经类高校开设的人文素养课程来看，课程的开设数量都比较可观，且在人文素养课程设置的类型上，充分考虑了学生的需要，调动师资等资源，保证人文素养课程的多类型建设。各财经类高校的人文素养课程体系中，哲学类课程、文学类课程、历史类课程以及艺术类课程都已覆盖。从学生的修读情况来看，参与调查的学生中，修读过哲学类课程、文学类课程、历史类课程、艺术类课程的学生占比分别为71.2%、62.8%、53.0%、71.8%。

在文史哲等各板块的人文素养课程中，充分兼顾各领域的理论与方法，各门课程的开设都富有一定的特色，能够很好地激发学生的学习兴趣。在走访过程中，通过与一些财经类高校的人文素养课程的授课教师的交流，我们发现：各财经类高校为保证人文素养课程建设对学生需求的覆盖，提高学生对人文素养课程的接受度，在课程开设的申请过程中，学校就已严格把关，从课程名称的设置，到课程大纲的设计，再到教学方式的运用，学校力求促使学生对人文素养课程"想选课""选好课""学好课"。

（四）学生对人文类课程需求量较大

财经类高校大力推进人文素养课程建设，一方面，这是学校出于促进学科及其人才培养的长足发展的考虑；另一方面，这也是为了满足人文素养课程的高需求率。

从问卷调查结果来看，92.5%的学生认为有必要开设人文素养课程，其中，将近72%的学生认为非常有必要开设人文素养课程。而在参与调查的教师中，则有93%的人认为开设人文素养课程的必要性很大。课题组经走访，与其它财经类高校的学生与教师交流发现：学生、教师都认为人文素养课程非常具有开设的必要性，学生主要是因为意识到，提高自身的涵养和综合能力有利于增强竞争力，而培养人文素养是提升综合实力的重要途径；教师则主要是因为认识到，人文素养课程确实具有拓展学生的知识面、促进深度思维、提高对问题的敏锐度等积极作用，从学生思维力、学习力、创新力的培养来看，人文素养课程必不可少。

（五）人文素养课程的满意度

此次调研的财经类高校，均在人文素养培育方面投入丰富的资源，包括师资、教学设施等。资源的大力度投入有利于提高学生对人文素养课程的满意度。想要建设优质的人文素养课程，大力推进人文素养培育的第二课堂建设，离不开优质师资的配给。

在走访的过程中，课题组成员与财经类高校的相关人员访谈人文素养培育中的资源投入问题，相关人员均表示，学校十分重视人文素养培育的资源供给，在可能的情况下，尽力配置优秀的师资在人文素养课程的授课上。部分高校还谈及第二课堂的人文素养培育状况，亦表示，鼓励、支持优秀的教师对大学生人文素养的实践活动给予指导。这一系列的工作有助于提高学生对人文素养课程的满意度。问卷调查的结果显示，参与调查的学生中，超过60%的人对人文素养课程的师资表示"满意"，这表明各财经类高校对人文素养课程的优质师资的配比工作做得比较到位，同时，这意味着财经类高校在人文素养培育机制的建设中，确实投入了相当的资源。

三 存在问题

（一）对人文素养培育的重视程度没有达到应有的战略地位

从认识人文素养课程的普遍的积极意义来说，各财经类高校的师生都形成了较为充分的意识，这一点反映在高校师生认识到人文素养课程具有"优化知识体系""提升精神涵养""培养思维能力"的作用上。然而，财经类高校对人文素养培育的战略性意义仍然认识不足。

人文素养培育是一项长期工作。这里的"长期"，表现为：

一方面，对学生，要让其从思想意识层面真正认识到人文素养课程的重要性，而不是带着某种功利性目的修读人文素养课程，要让学生真正地了解学校开设了哪些人文素养课程以及这些人文素养课程开设的必要性。然而，实际情况是，学生对学校开设的人文素养课程缺乏必要的了解，参与调查的学生中，"不了解学校开设的人文素养课程"的人占到22.6%，"了解学校开设的人文素养课程为一般程度"的人占到42%，可见，财经类学校在学生人文素养意识的建立与深化方面仍有很多工作需要做。另外，学生选修人文素养课程的原因并非完全出于主动的学习目的，部分学生要么是因为"学校要求必须修读"而学习人文素养课程，要么是因为"人文素养课程更容易拿学分"，又或者是因为"人文素养课程的教学形式多样、有趣、不枯燥"而修读此类课程。这都体现出学生对人文素养重要性的认识仍然停留于表面，学校有必要通过多种举措深化学生对人文素养重要性的认识。

表4　　　　　　　　财经类高校大学生修读人文素养课程的原因

大学生修读人文素养课程的各类原因	学生占比（%）
学校要求必须修读	11.8
相比其他课程，人文素养课程的要求不高，容易拿学分	7.4
人文素养课程的教学形式多样、有趣、不枯燥	30.5
能够优化知识体系	15.3
能够提升精神涵养	26.6
能够培养思维能力	5.9
其他	1.9
我不修读任何人文素养课程	0.6

另一方面，对教师，需要鼓励教师讲授人文素养课程，并不断优化课程内容、丰富授课方式，在常年的人文素养课程的讲授过程中积累经验，如此，有助于培养一批讲授人文素养课程的优秀教师，他们将成为人文素养课程建设的中坚力量。这也有助于人文素养培育在大学培养体系中建立起长效机制。从目前的情况来看，财经类高校中只有不足一半的教师讲授过人文素养课程，这意味着人文素养培育的师资利用仍有较大的开发空间。

（二）人文素养课程与专业课程的关系的定位存在一定误解

人文素养课程与专业课程的开设目标存在差异，同时，这两类课程存在一定的关联性。人文素养课程旨在培养学生的基础学习能力，提升其理解力，丰富其思维方式，而专业课程则重在培养学生在某一专业领域的学习力，基本是从理论和方法两方面搭建起专业知识体系，以期对学生进行专门的、系统的训练。学生对专业课的学习建立在具备较好的理解力、分析力以及深度思维的能力基础之上的，这些正是人文素养课程能够给到学生的。因此，人文素养课程是专业课程的基础，而非补充，人文素养课程与专业课程之间更不存在矛盾或是冲突。

在人文素养课程与专业课程的关系这一问题上，财经类高校的部分教师存在一定的误解。参与调查的教师中，将近40%的人认为"人文素养课程是专业课的补充"，另有3%的人认为"人文素养课程与专业课没有关系"，这都是对人文素养课程与专业课程的关系的误解。各财经类高校有必要组织相关的学习或是通过系列活动改变教师对人文素养课程的定位。

（三）培养路径较为单一，形式亟待创新

财经类高校在人文素养培育机制的建设过程中，有必要丰富人文素养培育的路径，目前的路径比较单一，主要依靠开设人文素养类课程。然而，提高学生的人文素养水平，方式可以是多样化的。一些可选的路径包括：举办人文素养类讲座、组织有利于提升人文素养的读书活动、激励学生参加由教师指导的人文学科的研究课题、鼓励学生参与人文学科的学术研讨会。目前，财经类高校在这些可选路径的建设方面表现出不足：将近60%的学生表示"学校举办人文素养类讲座的频率并不高"；将近一半的学生在本科期间，只参加过1—3次由学校或院系举办的人文素养类讲座；84.6%的学生从未参加过由教师指导的人文学科的研究课题；87.1%的学生表示从未参加过人文学科的学术研讨会；参加过由学校、院系、班级组织的有利于提升人文素养的读书活动的学生占比仅为48.4%。

无论是讲座、读书活动，抑或研究课题、学术研讨会，都起到渗透式

教育的作用①，能够极大地激发学生对人文素养知识的兴趣和学习热情，而且，上述四种形式的培养路径都属于实践类教学，即部分财经类高校在培育的"第二课堂"，长远来看，这些实践类教学的存在和发展对财经类高校推进人文素养培育具有十分重要的意义，有必要大力推进。

（四）学生的人文素养亟待提高

从财经类高校的问卷调查和访谈结果来看，当下大学生的人文素养水平偏低。从教师对大学生人文素养水平的评价来看，多数教师认为目前的大学生其人文素养水平仅能达到一般，为数不少的大学教师甚至认为大学生的人文素养处于低水平。此次调查显示，55%的教师对大学生人文素养水平的评价为"一般"，另有37%左右的教师评价大学生的人文素养水平为"较低""很低"。

人文素养水平的提高并非一朝一夕之事，需要常年的阅读和思考，经过积累，方能达到较高的人文素养水平。而现今大学生群体中的一部分人，确实没有养成较好的阅读习惯，阅读书籍的数量较少②，深入思考的学习习惯也没有很好地培养起来。从参与调查的学生对人文学科书籍的阅读量来看，43.18%的学生只阅读过1—5本人文学科的书籍。基于这种状况，要想提高学生的人文素养水平，有待各高校予以积极的引导、相关教师给以更多的指导，并辅以更丰富的人文素养学习的实践类活动的组织。

（五）资源投入亟待提高

财经类高校在建设人文素养培育机制的过程中，软硬件资源的投入有待加强。总体上而言，学校为培育学生的人文素养而投入的资源仍然有限，从教师对"学校为培育学生的人文素养而投入的资源程度"这一问题的认识来看，59.2%的大学教师认为"学校投入的资源较少"。而这种投入资源的有限性则充分表现在师资力量配备不足上，84%的参与调查的教师认为"学校对人文学科的师资配备无法满足需求"。

---

① 宋丽萍：《大学生道德理念的变迁与人文素养培育的途径》，《理论导刊》2010年第3期。

② 陈明霞：《大学生人文素养的现状与对策思考》，《福建论坛》（人文社会科学版）2013年第8期。

有关人文素养培育过程中的师资供给问题,在走访的过程中,多所高校的相关人员表示,目前,人文素养类课程虽然数量不在少数,供学生选择的课程也比较丰富,但课程类目的设置仍存在一定的缺口(详见表5)。一些人文学科特定领域的课程无人开设,而学生中的一部分人对此有学习需求。在问卷调查中,我们询问了学生"想修读而学校尚未开设的人文素养类课程有哪些",从学生反馈的情况来看,这些"缺口课程"集中在以下几类:地理文化类、世界历史类、文学历史类、绘画类、艺术鉴赏类、宗教哲理类、高级写作课、文学解读与文学评论类等。

表5　　　　　　　人文素养课程在财经类高校中的缺口程度

人文素养课程在财经类高校中的缺口程度	教师占比(%)	人文素养课程在财经类高校中的缺口程度	学生占比(%)
所有应该开设的人文素养课程都有了	15.4	学校设置了所有您想要修读的人文素养课程	72.2
还有一些应该开设的人文素养课程尚未开设	84.6	还有一些您想要修读而学校未设置的人文素养课程	24.9

(六) 急需打造一批人文"金课"

人文素养课程建设的主要目的之一在于实质性地提升大学生的精神涵养、改善其思维能力,而要想达成这一目标,就需要在高校里培育起一批经得起教学检验的一流课程,即"金课"[①]。打造"金课"的建设目标,既是基于"金课建设计划"的背景,更重要的,它也是高校培育学生的人文素养长效机制的要求。大学教育的重要目的之一在于启发智识,只有一流的课程才能给到学生一流的启发与引导,让学生真正地、发自内心地对人文素养类知识产生兴趣,并建立起终身学习与提升自身素养的意识。

在走访各高校的过程中,与部分教师的交流发现,虽然修读人文素养课程的学生数量较多,但在这些学生中,以积极的态度主动地学习人文素养知识的学生占比并未达到预期。一方面,需要给学生更多地指导与指

---

① 叶信治:《高校"金课"建设:从资源驱动转向制度驱动》,《中国高教研究》2019年第10期。

引，促使其重视人文素养知识的学习；另一方面，各高校确实需要在人文素养课程的质量提升上下功夫，目前各高校开设人文素养课程，数量基本都已达标，但在高质量的课程建设、培育一流课程上，仍有很多工作需要去做。

（七）人文素养课程结构需进一步优化

财经类高校在开设人文素养课程的类型上都有所兼顾，但是，各类型的人文素养类课程的占比并不均衡，有些类型的人文素养课程数量较多，另一些则数量较少。这样，容易导致某些类型的人文素养课程产生缺口[①]，难以满足学生的学习需求。

以上海财经大学为例，在哲学类课程、文学类课程、艺术类课程及历史类课程这四类课程中，课程开设量最多的是历史类课程，占比为41%，课程开设量最少的是艺术类课程，只占到12%。根据参与问卷调查的学生反馈，艺术类课程确实存在较大缺口，学生需求的艺术类课程主要包括艺术史类课程、音乐剧与美声类课程、绘画类课程、音乐鉴赏类课程、艺术设计类课程等。哲学类课程、文学类课程的开设量占比分别为23%、24%，这两类课程设置也存在相当的缺口。

财经类高校有必要平衡各类人文素养课程的开设量，进一步优化人文素养课程结构。

四 建 议

财经类高校大学生是我国经济建设实践中的主力军。财经类高校大学生人文素养的状况，不仅对于大学生成才成人具有重要作用，而且关乎中国特色社会主义事业的发展。为党育人、为国育人、为人民育人、为社会主义事业育人，必须成为财经类高校大学生人文素养培育的根本遵循。因此，财经类高校大学生人文素养的培育，必须立足中国大地，贯穿立德树人的根本原则，以服从和服务于中国特色社会主义事业发展为价值指向，吸收借鉴国外人文素养教育的有益成果，把大学生培养成为中国特色社会主义事业的合格建设者和接班人。

---

① 韩奇生、卿中全：《大学生人文素养：缺失与培育》，《高教探索》2008年第5期。

（一）从战略高度认识人文素养对新时代大学生培养的重要意义

新时代大学生应当具备较深厚的人文知识底蕴和较强的专业功底。大学生只有不断扩展自己的知识面，培养自己的反思能力和深度思考的能力，不断提升精神涵养，才有可能成长为综合素质优良的人才。

高校应当重视大学生的人文素养培育，将人文素养培育建设发展成为一个常态化的工作。工作重点建议放在以下几个方面：其一，强化教师对人文素养课程的定位，组织人文素养类课程的培训工作，让教师在意识层面建立起"人文素养课程是专业课的基础"的认识，改变部分教师认为"人文素养课程是专业课的补充"或是认为"人文素养课程与专业课没有关系"的偏颇观点，进一步加强教师对人文素养培育的重要性的认识。其二，鼓励和发展有关人文素养培育对大学学科建设等重要意义的研究。通过对一系列研究成果的展示来加强人文素养培育在大学整体培养体系中的重要性。其三，对人文素养培育工作做长线布控，在政策扶持、软硬件资源投入、课程建设与完善等各方面做战略布局。

（二）加大人文素养培育第一课堂和第二课堂的协同

目前，财经类高校对人文素养培育的工作重点仍是放在课程建设上，即"第一课堂"的培育和发展上，对"第二课堂"，即学习人文素养知识的实践类活动的开发和建设方面相对比较欠缺。从对教师的问卷调查的结果来看，大量教师（66.9%的参与调查的教师）认为培养学生人文素养的最有效的途径是"实践教学"和"引导学生自学"，这些都是第二课堂可以直接应用的做法。

财经类高校有必要出台相关的政策来协调人文素养培育的第一课堂和第二课堂的建设。在发展和完善"第一课堂"的同时，以多种路径培育"第二课堂"。比如：规律性地、较高频率地邀请名家开设人文学科类讲座；以院系为单位，建立读书小组，定期开展读书会，推荐人文学科类的好书，并做读书报告；鼓励学生参加由专业教师负责的研究课题；要求学生定期参加人文学科学术研讨会等。各财经类高校有必要加强"第二课堂"的建设，以使得人文素养培育的课程教学与实践类学习活动能够互相促进。

（三）完善人文素养培养机制建设的组织保障与资源投入

财经类高校可以设置特定的部门来专门负责人文素养的培育工作。人文素养培育是一项系统工程，需要调配各类资源以支持该项工作。如果仅仅是以出台相关政策、由上至下（校—院—系）贯彻落实的方式实施人文素养培育的工作，容易出现贯彻不力或是落实偏离的状况。如若能够成立专门的部门来负责牵头，组织人文素养培育的大量工作，则能够保证井然有序地推进建设，且能够实现各部门之间的有效协调沟通。

另外，财经类高校有必要加大人文素养培育中的资源投入，尤其是配备专业的、优质的教师方面，需要做更深入、细致的工作。比如：对一些"缺口课程"，可以引进相关专业的教师或是应用外聘教师的方式，满足开课需求。再者，加大对人文素养培育的资金投入，在软硬件设施的建设方面提供必要的资金支持。

（四）改革人文课程评价机制

调整人文素养课程的评价机制，将人文素养课程的评价机制与专业课的评价机制区别开来。在对教师的问卷调查中，89.4%的参与调查的教师赞同将人文素养课程的评价体系与专业课的评价体系区别开来。

之所以有必要做评价机制的调整，主要是基于以下两方面的原因：其一，人文素养课程的授课方式更多样，教学效果更难以通过数量化指标来评估。在教师们看来，"研讨型课程是最适合人文素养课程的授课方式"（持该观点的参与调查的教师占比为69.2%），这就意味着，对学生人文素养培育最有效的方式是讨论式的、启发式的，这种教学效果不是即时性的，并非以知道了多少专业概念或是理论观点可以评估出来的。其二，人文素养课程的授课难度与专业课的授课难度不同。教师们（49.1%的参与调查的教师）反映，人文素养课程比专业课难讲授。导致这种难度差异的原因可能主要在于面向学生的多样性、复杂性。人文素养课程的开设对象是全校修读此类课程的学生，容纳了理科、工科、商科、文科等各种学科的学生，由于学科背景的差异，这些学生在人文学科的知识基础方面参差不齐。相同的教师以相同的方式授课，由于基础的不同，学生对课程知识的吸收力、课程效果的感受力是存在差异的。不同学科背景的学生对同一门人文素养课的评价可能相差很大。

建议分别针对人文素养课程和专业课的课程特性设计评估标准。对人文素养课程的评估偏重有关启发思考等思维能力培养。另外，可以按学科背景对修读同一门人文素养课程的学生进行区分，给不同学科的学生以不同的权重，或是采用不同的评估问卷进行评估工作。

（五）积极打造一批人文"金课"

所谓"金课"，指的是"一流课程"。一流课程的标准界定为高阶性、创新性、挑战性这三方面。"高阶性"的"金课"建设目标，是指学生通过修读人文素养课程，能够培养起解决复杂问题的综合能力和高级思维；"创新性"的"金课"建设目标，是指课程内容要囊括前沿知识、教学形式要具有先进性、教学过程充分体现互动性、学习结果具有探究性；"挑战性"的"金课"建设目标，是指授课知识应当具有一定的难度，学生需要通过认真学习、精心思考才能领会知识。

从"高阶性""创新性""挑战性"三方面入手，对人文素养课程的授课教师进行培训，着力对教师的授课技巧、先进性教学工具的使用等进行训练。通过职业技能培训等活动，从整体上提升人文素养课程的授课质量。

再者，通过课程评审等机制，进一步筛选出高质量的人文素养课程，配以更高的资金、政策支持，激励教师不断提高授课质量，以此路径，确定一批课程为重点打造课程，对这些课程，持续打磨教师的授课，直至发展出一批人文金课。

（六）优化现有人文通识课内部结构

在课程设置方面，首先应当注意不同种类的人文素养课程都要兼顾。主要的人文素养课程的种类包括：文学类课程、哲学类课程、历史类课程、艺术类课程。在各种类的人文素养课程都开设了相关课程的基础上，有必要在各种类的课程间进行较为平衡的配比。防止有些种类的课程开设数量过多，另一些则偏少，难以满足学生学习人文素养的需求。建议在两个方面做调整：其一是在几大模块之间进行结构调整。目前有的模块课程数量偏少，急需补充；其二是每一模块内部通识核心课和培育课的比例不平衡，继续补充通识核心课程。

(七) 进一步提升实践教育中的人文素养培育

积极开展社会实践，在社会实践中使得学生了解世情、国情、民情，社会实践活动可以扩展人文教育的空间，深化课堂教学①。基于社会实践的人文教育相比学校的教育而言，其影响效应更深远，社会实践式的人文教育能有效实现感性教育和理性教育的结合。可见，学校应当有计划地组织学生开展丰富的社会实践活动，由此，促使学生深入社会，了解社会、增进对国情的认识与理解，从根本上使得人文素养培养与人文精神提升实现最优化。

(八) 在人文素养培育方面积极吸纳国内与国际一流高校资源

加强与上海其他高校之间的联系，实现优势互补，为我校学生提供丰富而优质的教育资源。上海市高校众多，而且每个高校都有自己比较优势的学科，因此，与其他高校开展合作，对我校提升人文素养教育是非常重要的。除此之外，我校也应在国际化办学方面加强人文类优质教育资源的引入，邀请国际著名人文社会科学专家来我校做讲座，或开设短期课程。

Research on the Innovative Mechanism of Cultivating the Humanistic Quality at the Finance and Economics University

Research Group

Abstract: How to improve the humanistic quality of students in the finance and economics university is a problem worth exploring. In order to explore the current situation and problems of the cultivation of humanistic quality of students at the finance and economics university, the research group takes students and teachers at Shanghai University of Finance and Economics as the research objects, using the questionnaire survey method. Combined with the field studies of distant universities, the research has some findings. From the point of the present situation and achievements,

---

① 石亚军：《论人文素质教育的"332"架构》，《中国高等教育》2006年第19期。

the finance and economics university shows five characteristics in terms of cultivating college students' humanistic quality: it integrated the cultivation of humanistic quality into the personnel training system; the emphasis on humanistic literacy courses has been increased; the coverage of humanistic literacy courses is high; students need more humanities courses; the satisfaction of humanistic literacy courses is high. However, there are still some problems to be solved: the cultivation of humanistic quality has not yet been elevated to a strategic position; there is a misunderstanding about the relationship between humanities courses and professional courses; the cultivation path is relatively single and the cultivation form needs to be innovated urgently; the humanistic quality of students still needs to be improved; resource input needs to be improved urgently; it's urgent to create a batch of humanistic "golden courses"; the structure of humanistic literacy courses needs further optimization. Furthermore, the research group puts forward eight suggestions on the current situation and problems of the cultivation of humanistic quality of students at the finance and economics university.

Key words: Cultivation of Humanistic Quality; Humanistic Literacy Courses; Cultivation System; Cultivation Mechanism

金融学专业本科生自主学习能力培养探究*

贾 立**

摘 要：本文依托金融学专业本科必修课程《投资银行业务》，构建并设计了适合《投资银行业务》课程的自主学习教学方案，包括课前热身、课上互动、案例分析和课堂辩论；通过调查问卷和成绩测评，对学生的自主学习能力培养的效果进行了综合评价；以此为基础，提出金融学专业学生自主学习能力进一步提升的教学改革建议。

关键词：投资银行业务；本科生；自主学习能力

一 自主学习的内涵及其理论基础

自主学习的主体是那些具有元认知、内在动机和学习策略的学习者。元认知能力体现于学习者清楚认识自己学业的优势和不足，以及能够运用策略来处理课堂内较棘手的学习要求。内在动机体现于学习者增加能力的信念上，专注于个人进展、深化理解、高效学习，以及将结果归因于自己能够控制的因素（例如有效运用策略）。学习策略描述学习者如何处理较为棘手的学习，如何从众多策略中选择最适合解决问题的方法，并恰当地加以运用。①

在传统教学方式下，教师作为主导者，向学生传递课本知识及教师的

---

* 基金项目：四川大学新世纪高等教育教学改革工程（第七期）研究项目"学生自主学习能力培养探索与实践——以《投资银行业务》课程为例"（项目编号：SCUY7002）。

** 作者简介：贾立（1971— ），女，四川大学经济学院金融系教授，博士。

① 霍秉坤、徐慧璇、黄显华：《学生自主学习的概念及其培养》，《全球教育展望》2012年第7期。

经验，忽略了学生的学习兴趣以及心理需求。人本主义学习理论以培养学生的自主学习需求和能力为导向，建构主义学习理论的内涵亦是如此。作为学生自主学习能力培养的理论基础，二者将教师的作用由"主导"转化为"辅助指导"。

人本主义学习理论的代表人物是马斯洛（A. H. Maslow）和罗杰斯（C. R. Rogers）。该理论强调人的本性、潜能、尊严和价值及其与社会生活的关系。罗杰斯将学习分为认知学习和经验学习，前者对应无意义的学习，只涉及心智，不涉及感情和个人意义，而后者把学习与个人的需要结合起来，有效地促进个体发展，力求与个人各部分经验更好地融合在一起。学生作为受教育者，拥有独立健全的人格，具有主观能动性，其学习活动应该坚持以自由为基础的原则。学生只有认同所学的知识，并富有较大的兴趣时，学习才最为有效。所以，应通过发挥学生的能动性，努力为学生自主学习创造一个正向激励的环境。

建构主义理论源于瑞士心理学家皮亚杰的研究，苏联心理学家维果斯基亦有相关研究成果。其核心思想在于以学生为中心，强调学生对知识的主要探索和发现，以及对知识意义的主动建构。[1] 课本和教师所传授的知识只是一种对客观事物较为可靠的认识，学生应当不断提高建构能力，对所学知识进行批判性吸收。因此，学生应该对所学知识不是简单地记忆背诵，而是有着全面的理解；不是简单地重现教师的思维方式，而是随着自身知识的积累不断提升理解能力。该理论强调在学习过程中，由主体（学生）积极与外界互动并且在互动中主动建构的意义。它否定了教师灌输知识的被动接受式教育，为探讨自主学习教学提供了坚实的理论基础。[2]

二 自主学习教学模式中"教"与"学"的关系分析

自主学习教学模式是立足于从"教"与"学"关系的角度，运用教

---

[1] 肖晓霞、罗铁清：《建构主义学习理论在 C 语言教学中的应用研究》，《湖南师范大学教育科学学报》2012 年第 11 期。

[2] 熊磊：《翻转课堂下大学生自主学习能力培养模式构建》，《当代教育理论与实践》2016 年第 7 期。

学理论与策略研究，探讨如何培养学生自主学习兴趣、习惯和能力的科学操作与科学思维的方法。①

(一) 从"教"的角度

从"教"的角度，自主学习教学模式的核心思想是教师采取恰当的教学手段，吸引学生自觉参与到学习中，激发其内在的学习动力与需求，促使其成为学习的主人。

在自主学习教学模式中，学生的自主学习并非是要忽视或弱化教师的角色和作用，反而对教师提出了更高的挑战。② 教师要基于学习任务和学习材料进行分析，在此基础上结合学生的年龄、身心发展特点，运用支架式、抛锚式和随机进入式等教学方式，使学生自主学习能力得以培养，如自主制订学习计划、自我监控以及自我评价和反思等，构建起学科知识体系。此外，教师应当尊重学生个体发展目标和需求的差异，为学习动机或自主学习能力较强的学生与自主学习能力偏低的学生提供不同的支持策略，同时还应注意提供支持条件与策略的时机与程度。③

(二) 从"学"的角度

从"学"的角度，自主学习教学模式主张以"教"为中心向以"学"为中心转变，强调学生在教学过程中的主体地位，具体表现为学生能够摆脱对"教"的依赖，达到"学"的独立。作为学习主体，学生是教学活动的积极参与者，而不仅是简单的、被动的接受者。高等院校人才培养质量的提高，是通过激发学生内在动力、培养学生创新能力、挖掘学生发展潜力来实现的。因此，需要将自主学习的教学理念融入培养方案制订、课程设置和教学制度设计的各个环节。

(三) "教"与"学"的关系

在自主学习教学模式中，学生是学习的主体，教师是重要的引导者。

---

① 张秀娟：《自主学习教学模式探析》，《绍兴文理学院学报》2006 年第 9 期。
② 李子建、邱德峰：《学生自主学习：教学条件与策略》，《全球教育展望》2017 年第 1 期。
③ 同上。

教师把基础理论知识与教学方法的"问题导向"和"实践导向"相结合，同时将"教"与"学"延伸至课外的科研训练、学术竞赛和社会实践等活动。在理论与实践紧密联系的基础上，让学生基于真实的情境和场景，学会发现问题、带着问题思考、带着问题学习、运用所学知识分析问题，进而逐步掌握解决问题的方法。通过积累自主学习的经验、掌握自主学习的方法并理解自主学习的意义，培养和提高学习能力。由此，学习将不再是单向的自上而下的被动接受，而是双向互动的过程，是学生依据自身的能力和需要，持续不断地自我探索并与教师积极交流、主动反馈，进而学习能力呈现螺旋式上升的过程。

三　培养学生自主学习能力的课程改革探索

（一）模式设计

学生自主学习能力培养的教学改革依托四川大学经济学院为金融系专业学生开设的必修课程《投资银行业务》。作为专业核心课程，《投资银行业务》主要为学生讲授投资银行的发展、投资银行业务及风险管理等内容。2016年秋《投资银行业务》课程的学生共计161人，其中金融普通班88人、金融双语班73人。由于四川大学开展专业课小班化教学改革，因此课程分为4个班，各班人数在35—45人。本次教学改革设计四个阶段，主要包括。

第一阶段，教师指导学生利用已有的宏观经济学、微观经济学、货币金融学及公司金融等知识制订学习方案，引导学生在认识自主学习教学模式和《投资银行业务》课程教材和相关资料的基础上，明确学习任务。

第二阶段，学生借助积累的基础知识，结合资本市场的大量金融活动，如首次公开发行、上市公司再融资、公司并购与重组等，设定自己的学习要求和目标，根据情景和场景做出预测，提出质疑，而不是单纯简单地背诵记忆或者被动地学习相关知识。

第三阶段，学生正式成为学习的主体，能够主动研究市场相关案例，教师则注重监控学生学习过程，并相机采用随堂点名提问、问题抢答、案例分析和辩论赛等方式检查学生的学习效果，注重加强对不同学生的个性指导。

第四阶段，教师根据学生课下准备情况、课堂参与情况以及期末考试成绩对学生的学习效果进行综合评判；同时，教师通过设计好的调查问卷，收集学生对《投资银行业务》自主学习能力教学改革的反馈意见，为教师完善教学方案提供数据支持。

（二）自主学习教学实践

1. 课前热身环节

课前预习任务的布置是培养学生自主学习能力的重要步骤，而学生在"课前热身题"上的正确率也是学生自主学习能力的评估标准之一。在课程学习的第一次课上，将每个班的学生分成多个小组，每组6—8人。每堂课都布置下一次课的课前预习任务。学生提前接触将要学习的知识，有助于培养学生发现问题的能力。小组成员内部的沟通和讨论既增进了彼此的交流与知识分享，也使学生们找到可能引发质疑的知识点，带着问题进一步深入学习。为了保证学生高质量完成课前自主学习任务，教师设计了课前热身环节，如在课程开始前，教师利用10分钟进行简单测评，对学生课前预习任务的完成情况初步了解，大致掌握学生的疑难点分布情况。

在这一环节中，教师为学生们选取了合适的自主学习材料，并布置了具体生动的课前预习任务。测评方面则主要采取了"随堂小测+随机提问"的方式，随堂小测包括5道填空题或选择题；随机提问相对具体，几乎每位学生都有被提问的概率。本学期课程的课前热身效果明显，大多数学生能够高质量地完成课前预习任务。提前发现学生们的疑难点，有助于教师更好地把握教学重点和方向。

2. 课上互动环节

虽然学生为学习的主体，而教师重在引导，但是教师授课的重要性不能忽视。本次教学改革将传统教师授课方式相应给予了提升，如增加重难点探讨、课堂研讨和小型案例分析等课堂互动环节。在传统教师授课方式中增添了自主学习的因素，能够提升学生们课堂参与积极性，将自主学习扩大至课堂，通过教师与学生的互动式探讨提升教学质量。

（1）重难点探讨。在教学过程中，教师随机抽取若干学生进行重难点相关问题提问，借此了解学生们对重难点知识的掌握情况。在有一定了解的前提下，与学生们探讨当天学习内容的重难点。如并购章节的混合支付方式计算方法，在抽取一定数量学生上台演算的基础上，教师与学生共同探讨解题思路和根本逻辑，增强学生的课堂参与感，从而提高对重难点的掌握。

（2）课堂研讨。完成重要知识点的学习后，教师带领学生尝试运用这些知识点对资本市场的热点问题进行解释和分析。例如，在"股票发行与承销"相关章节的学习中，学生们对照着我国的股票发行制度，对我国资本市场 IPO 的暂停与重启予以分析；阅读某家上市公司的招股说明书；查阅《公司法》《证券法》等法律法规；通过阅读文献了解各国股票市场新股发行抑价现象……这些研讨内容非常有利于学生理论与实践结合能力的培养。

（3）小型案例分析。在课堂上，教师截取案例片段或聚焦案例的某个环节，将其引入课堂，以配合某个知识点的讲解。与案例分析不同的是，此处案例是指由教师选择并引导学生进行分析。在这个过程中，教师更关注的是通过小型案例和相关知识点的结合，巩固并适当拓宽学生对知识点的理解。如"并购融资与支付"章节，教师选取了分别使用现金支付、股票支付、部分现金部分股票的混合支付等三个典型案例，通过比较和分析，强化学生对相关知识点的掌握。讲解"反并购策略"章节中关于白衣骑士、毒丸计划、绿色邮件等策略时，给出一些小型案例，由学生讨论并分析各策略的内涵。

课上互动环节一方面使得学生课上必须积极思考，提高了学生学习的专注度及参与意识；另一方面将教师传统的授课形式多样化和形象化，也有助于学生更好地理解及牢固地掌握知识点。

3. 综合案例分析环节

此处的案例分析与上一环节的小型案例分析不同，是由各小组学生自己选题，完整分析一个金融事件的始终，通过小组讨论、情节还原、角色扮演等多种形式呈现在课堂上的一种"教"与"学"相结合的学习模式。一个大型、完整案例将涉及课程多个知识点，也常常可能会涉及某些未知的知识点，需要学生通过自学或者与教师交流来完成；同时，学生会运用到其他课程学过的知识，予以综合运用。中国资本市场蓬勃发展，合理地运用案例教学法，有利于学生深刻理解金融理论，较为牢固地掌握相对抽象的投资概念及市场运行原理。

2016 年秋季《投资银行业务》课程中，进行了两次完整的案例分析活动，分别是"某上市公司 IPO 利弊分析"以及"选取国内外某个并购重组案例进行分析"。案例分析的具体要求如下。

（1）案例选题

选题质量是能否做出一个高质量案例的第一步。教师至少提前 2 周将任务布置给学生，给出案例分析的选题要求和评分标准。建议所选案例兼顾新颖性和典型性。小组之间要充分沟通，避免重复选题。

（2）案例挖掘及分析

教师提供一些优秀案例作为模板或者示范，鼓励学生在案例分析过程既要挖掘出案例的价值，又要体现一定的创新性。要求对案例的分析要紧扣选题、有说服力，观点禁止照搬照抄，结构完整、思路清晰，PPT 版展示报告能够提纲挈领，Word 版总结报告格式规范等。

（3）案例制作及展示

每个小组的组长负责统筹协调组内工作，将任务分配给每位学生，同时安排好见面讨论的时间以及工作进度。一般组内课堂外的工作大致有：搜集整理资料并选题，撰写案例分析报告及讲稿，制作 PPT 等。由于案例涉及的内容都需要学生自主学习，所以每位学生都要提前完成相关知识的自学，并提出问题，接下来小组多次通过讨论及进一步搜集资料、查漏补缺，对同一问题从各个角度提出不同的见解，更深刻地理解需要掌握的学习内容，对案例进行深入分析。其间遇到难以理解的知识点，学生通过互联网与教师进行沟通交流，教师为学生答疑解惑，或者引导学生获得更丰富的学习资料或者学习渠道。

（4）评分细则

收集起来全班的案例作业后，教师根据各组选题的特色和特点，选取其中 2—3 组进行展示。选择依据主要考虑案例的典型性，2—3 个展示案例的互补性，以及案例分析的专业深度。教师结合学生课堂展示表现，以及各组提交的报告质量打分。案例分析的展示由教师随机选取组内某个学生上台展示，避免"搭便车"现象，并设置学生点评环节，通过其他小组学生代表的点评归纳案例展示小组的优点，指出其需要改进的地方，供学生们借鉴。

为做好案例教学，教师除了提前布置任务和评分以外，还要做好课前准备，根据学生提交的 PPT 资料做好备课工作，课上课后积极答疑。另外，教师和助教应重视课堂的互动，鼓励在座的学生积极向讲解的学生提出质疑，不仅可以带动课堂的学习气氛，也可以让学生间通过思维的碰撞，引导学生对案例的分析不断深入。如果遇到无法厘清的突发知识点，或者案例细节挖掘不够深入，该小组将课下继续补充相关信息并予以分析，后续通过QQ群发送给全体学生。据学生反映，案例分析花费的时间大约在每周10小时以上，不仅增强了自我搜集信息、处理信息的能力，也增强了学生间的互动，更善于利用集体的力量解决问题。

4. 课堂辩论环节

俗话说"真理越辩越明"，辩论考验了一个人的思维活跃度、语言表达能力及心理素质等，同时也可以激发学生自主学习的动力。《投资银行业务》课程涵盖资本市场多样化的资金运作活动，资本市场的多变性要求金融系学生能够多角度思考问题，从而清晰、全面地认识问题。因此，结合当前金融市场背景，教师设计了如下辩题："2016年9月9日，证监会公开发布了《中国证监会关于发挥资本市场作用服务国家脱贫攻坚战略的意见》。对此，有人炮轰证监会自作多情扶贫有失公平，有人认为证监会应该支持证券市场扶贫共同富裕。你怎么看？"

由于投行课程每个班级的人数均较多，不适宜采用常规的辩论赛规则，因此教师前期召集具有辩论赛经验的学生座谈，共同讨论、制定出适合《投资银行业务》课程的辩论赛规则，包括分组方式、辩论规则和评分细则。每场辩论赛都包含五个环节：赛前准备、背景介绍、辩手辩论、队员参与辩论和评委点评。辩论赛实施细则如下。

（1）分组方式

将整个班级分为三大组，即正方组、反方组、协调组，正方组与反方组均为16人，其余具备辩论经验的学生进入协调组。正反方内部每四人组成一个单位辩论队，各单位均有机会代表本方参加课堂辩论，具体辩论人员由教师当堂指定，其余学生进入双方智囊团。

（2）比赛流程

辩论赛分为背景介绍、辩手辩论、队员辩论、评委点评四个环节。背景介绍环节由协调组学生进行，需要制作PPT，时间在10分钟以内。辩手辩论环节由双方被指定的辩论队学生进行，时间控制在40分钟；队员辩论环节由智囊团成员进行，此环节不允许辩手队员参与，时间控制在20分钟。评委点评环节主要由协调组评委进行，时间控制在10分钟以内。

(3) 评分细则

本次辩论赛得分占平时成绩的 25%，打分方式根据所在组别分为两种：辩论组正反双方基准分均为 80 分，协调组有可支配分数 10 分，根据成员数量平均分配，教师可支配分数 10 分。协调组分数由教师决定。

四个班的辩论赛各具特色，其中一个班在赛前准备、辩论水平、学生参与度和现场秩序等方面都比较出色。该班的协调组在整个辩论赛中发挥了重要作用，其在赛前为每位评委和教师准备了简洁版背景介绍以及辩论打分表，便于教师和评委对双方表现进行公正评价。同时，增加了评奖环节，为最佳辩手和最佳队友准备小礼品，增添了比赛的趣味性。双方辩手们能够根据比赛规则文明对辩，更重要的是其不局限于辩题框架，能够发散思维多角度展开辩论，这也是安排课堂辩论的目的。智囊团不少学生都积极参与到辩论中，在辩手辩论环节认真做记录，在队员辩论环节据理力争，与对方智囊团展开激烈辩论，将整场辩论赛推上新高度。

通过辩论赛，学生们不但活跃了思维，而且将所学知识与经济、金融热点结合起来，更好地了解了证监会此次证券扶贫事件的始末，深入理解了我国现行核准制带来的利与弊，并结合相关理论探讨了证券市场扶贫为何扶、怎么扶的问题。当然，辩论赛也还反映出一些问题。首先，学生们的思维与视野还不够宽广，例如对证券市场作用的探讨仅仅停留在国内，而没有结合其他国家证券市场的作用进行比较分析；其次，在进行论点阐述时，论据还不够充分，尤其是缺乏数据支撑；最后，有些小组偏重于辩论技巧，忽略了应该侧重于专业知识的提升和培养多角度分析问题的能力。

四　相关建议

在本次自主学习教学设计中，通过一系列创新措施提升了学生的自主学习能力，同时也积累了不少教学过程中的经验，这些经验有助于将来自主学习教学中各种实践活动的开展。

（一）自主学习能力需从大一本科生抓起

大学生学习不同于高中生，许多学习任务需要学生自己安排、自己计划、自己监督完成，摆脱以往依赖教师、依赖教材、依赖班级的传统学习方式。大学的学科设置与学生专业选择也要求学生能根据自己的兴趣与专业补充自己的学习资料与内容。在这次自主学习教学改革中，也发现部分大学生比较欠缺自主学习的能力，虽然通过一个学期《投资银行业务》课程的教学改革实践，能力有所提升，但是其学习的主动性、主动学习的能力和深入度仍然需要持续不断的培养和推进。因此建议高校从大学一年级就开始通过全面的课程安排培养学生的自主学习能力。

(二) 解决小组内部"搭便车"问题

学习小组内部"搭便车"现象依然存在。针对这种情况，教师曾召集部分学生进行座谈，对于"搭便车"问题的存在，讨论出轮流组长制，但是考虑到班级学生间的熟悉程度以及自主学习中各种实践教学法的次数，暂未采纳此建议。因此在今后的自主学习教学实践中，建议慎重选择组长，同时鼓励组长如实汇报小组成员分工及完成情况，避免个别组长碍于情面而存在成员"搭便车"的机会。如果班级人数较少，建议采用轮流组长制，既能有效解决"搭便车"问题，又有利于学生们平等享有担任组长的机会，从而提升个人综合素质。

(三) 培养学生的学科兴趣

金融系学科分支多，各分支知识交错，掌握多方面金融知识对学生理解知识和培养某方面兴趣，促进金融系学生实践并提高今后工作中的主动性有重要意义。在教学实践中也发现能够通过课堂以外渠道坚持对某方面金融知识学习的学生比重还较小，这虽然不会影响学生的学科成绩，但是不利于学生找到个人兴趣点并找准个人职业方向。在今后的教学过程中，可以通过引入更多提升学生兴趣的教学方法，如课前十分钟开辟专业新闻分享和讨论模块，让更多的学生了解新闻事实，同时以此为切入点锻炼大家的思辨能力，使学生主动将理论与实践相结合，培养学生专业方面的兴趣。

(四) 探索非标准化考试

本次自主教学改革虽然注重学生平时的课堂表现，但是期末测评方式较为传统，难以与自主教学的互动性课程安排相衔接。建议探索非标准化考试方式，例如安排课程论文或取消期末考试等，增加平时成绩的比重，使学生们更投入于互动性课堂中，鼓励学生注重平时积累而非临时抱佛脚，从而更好地提升自主学习能力与效果。或者探索更符合学生学习效果提升的非标准化考试，让学生改变对待期末测评的态度，全方面获得自主学习能力的提升。

（五）探索与实践相结合的教学方法

金融系课程内容的实践性较强，将理论知识与实践相结合对学生深入了解金融实务知识从而明确工作方向有至关重要的作用。金融系教师在进行课程安排时应注重培养学生的时间能力，以《投资银行业务》为例，教师可以采用课上进行新闻时事和公司时事的讲解，或者由学生们挑选与课程相关的感兴趣的金融时事进行课上分享，又或者能够在课上针对时事热点进行讨论。对于实操性较强的课程章节，如 IPO、公司并购与重组、私募股权投资，可以采用模拟商务谈判和模拟路演形式进行，这样一方面能够提升学生课堂参与的热情，更有助于加深学生们对专业知识的理解。其他学科也应结合课程内容与实际条件采取多种理论与实践相结合的教学方式。

A Study on Cultivating Undergraduates' Self-Regulated Learning Capabilities

Jia Li

Abstract: This paper designed self-learning guidelines of the undergraduate course majored in the Business of Investment Banking, including lectures, group discussions, case studies and in-class debates. Using after-class surveys, the author evaluated undergraduates' self-regulated learning capacity as well as the effects of the new syllabus on the class. Suggestions on class syllabus are proposed for improvement of undergraduates' self-regulated learning skills.

Key words: the Business of Investment Banking; Undergraduates; Self-regulated Learning Capacity

财经类高校通识课程建设指标体系研究[*]

常 诚[**]

摘 要：通识课程建设指标体系是规范通识课程建设、提高通识课程建设质量的重要保障。本文以《国家精品课程评审指标》为框架，结合上海财经大学人才培养目标、通识教育目标以及通识课程建设情况，从课程论的角度分析课程建设相关要件，设计了通识课程建设的5个一级指标和15个二级指标，阐述了指标的内涵。上海财经大学在试用通识课程建设指标体系后，新建通识课程质量有明显提升，改造通识课程质量有一定改善。

关键词：财经类高校；通识课程建设；指标体系

一 引言

2018年5月2日，习近平总书记在北京大学师生座谈会上的讲话中强调，高等教育的根本任务，就是培养德智体美全面发展的社会主义建设者和接班人。[①] 2018年6月21日，陈宝生部长在新时代全国高等学校本科教育工作会议上指出，高等教育要"回归本位"，将本科教育和本科人才培养视为高等教育中的最为根本的环节，即"人才培养为本，本科教

---

[*] 基金项目：2018年上海财经大学校重大教学改革项目"经济分析类通识课程教学改革研究"（项目编号：2018120044）；2019年上海高校本科重点教改项目"通识'金课'质量标准与评价指标体系研究"（项目编号：2018120292）。

[**] 作者简介：常诚（1986— ），女，上海财经大学通识教育干事，助理研究员。

① 习近平：《在北京大学师生座谈会上的讲话》，《人民日报》2018年5月3日。

育是根"。① 2019 年 10 月 24 日，教育部发布《关于一流本科课程建设的实施意见》，提出一流本科课程"双万计划"，② 一个月后，教育部办公厅于 11 月 18 日发布《关于开展 2019 年线下、线上线下混合式、社会实践国家级一流本科课程认定工作的通知》，③ 这一通知可以视为"双万计划"落地的具体抓手。从国家层面可以看到，"以本为本"的指导思想已经确立，并且逐步将指导思想转化为具体政策，稳步推进本科教育改革向纵深方向发展。在此背景下，各高校结合本校特色和定位，思考和探讨"培养什么样的人""怎样培养人"以及"为谁培养人"这个教育的根本问题。有了明确的人才培养目标，制订与人才目标相应的培养计划，本科教育质量的提升便有了方向，而提升的高度关键还在落实，落实的关键在于课程。课程，是本科教育实施过程中的基本因子，承载着学生获取知识、培养技能、形成三观、全面发展的重要功能。如何建设课程，从哪些方面建设，建设应达到什么标准等问题，是开展课程建设，引导课程建设沿着正确的方向发展所必须解决的首要问题。因此制定课程建设指标体系非常重要，它既是指导课程建设实际的指导性文件，又是达到深化教学改革、提高教学质量目的的具体指标，在整个课程建设的实施过程中具有指导作用。④

专业课程多有与之对应的专业进行建设指导，而通识课程不属于任何一个专业，鉴于此，本文以上海财经大学为例，研究通识课程的建设指标体系，以期提高通识课程教学质量，进而实现学校人才培养目标。

二 学校通识课程概况

学校章程明确指出，学校的人才培养目标是"立德树人，培养具有

---

① 吴岩：《关于加快建设高水平本科教育情况介绍》，http://www.moe.gov.cn/jyb_xwfb/xw_fbh/moe_2069/xwfbh_2018n/xwfb_20180622/sfcl/201806/t20180621_340511.html，2018-06-22。

② 教育部：《关于一流本科课程建设的实施意见》，http://www.moe.gov.cn/srcsite/A08/s7056/201910/t20191031_406269.html，2019-10-30。

③ 教育部办公厅：《关于开展 2019 年线下、线上线下混合式、社会实践国家级一流本科课程认定工作的通知》，http://www.moe.gov.cn/srcsite/A08/s7056/201911/t20191122_409347.html，2019-11-21。

④ 奚启光：《课程建设指标体系的制定与实施》，《高等建筑教育》1993 年第 1 期。

全球视野和民族精神，富有创造力、决断力及组织力的卓越财经人才"。① 为了实现这一人才培养目标，2013年，学校正式推出以"增加通识课程、提升通识课程质量、加强实践育人环节"为核心的通识教育改革方案，同时，从2014级本科生开始实施新的培养方案。一方面，新的培养方案在注重本科生专业培养的同时进一步强调学生健全人格的培养和各方面均衡发展。因此，通识教育与专业教育一起构成本科人才培养的重要组成部分。另一方面，学校的通识教育目标为构建具有中国特色、时代特征、上财风格的通识教育体系，培养学生健全人格，促进学生终身学习和全面发展，为学生未来成为具有全球视野和民族精神，富有创造力、决断力及组织力的卓越财经人才奠定坚实的基础。② 可见，通识教育是基础，专业教育是核心。

2014年，学校对本科生专业培养计划进行调整，总学分压缩至155学分左右，其中课堂教学130学分，非课堂教学25学分（含第二课堂、毕业论文和实习学分）。调整后的培养计划，将通识课程分为经典阅读与历史文化传承、哲学思辨与伦理规范、艺术修养与运动健康、经济分析与数学思维、社会分析与公民素养、科技进步与科学精神、语言与跨文化沟通七个模块，将上级部门规定的外语、体育、思政和数学等作为通识基础课（共35—52学分），同时增加通识选修课。③ 为了更好地支撑我校人才培养目标，突出通识教育的理念，2015年，学校进一步对通识课程体系进行微调，将"通识课程"划分为"通识基础课""通识限选课"与"通识课选修课"三类（详见表1）。其中："通识基础课"是指所有本科生都必须修读的数学、英语、体育、思想政治理论课等；"通识限选课"要求学生在七个通识模块中至少选择其中五个模块修读一门以上课程；"通识选修课"允许学生在七个模块中任意选择。2015年版本科通识教育培养方案一直沿用至今。自新方案实施以来，本科生共计开课7294门次，其中通识基础课2258门次，通识限选课374门次，各类选修课1571门次。

---

① 上海财经大学：《上海财经大学章程》，http：//www.shufe.edu.cn/37/list.htm，2019-11-30。
② 上海财经大学：《上海财经大学通识教育理念》，http：//cge.shufe.edu.cn/5688/list.htm，2019-12-11。
③ 陈启杰、傅川、常诚：《上海财经大学通识教育课程体系的特色分析》，《上海财经大学学报（增刊）》2015年第2辑。

表 1　　　　　　　　　本科通识教育课程结构表

	课程类别	应修学分	课程名称
通识教育课程	**通识基础课**		
	通识模块一（经典阅读与历史文化传承）必修课	2	中国近代史纲要
	通识模块二（哲学思辨与伦理规范）必修课	2	哲学
	通识模块三（艺术修养与运动健康）必修课	4	体育，卫生保健
	通识模块四（经济分析与数学思维）必修课	6—19	各专业根据要求设定高等数学或数学分析、概率论、数理统计或统计学等课程
	通识模块五（社会分析与公民素养）必修课	11	毛泽东思想和中国特色社会主义理论体系概论Ⅰ、Ⅱ，法律基础，形势与政策，军事理论，大学生思想品德修养，政治经济学
	通识模块六（科技进步与科学精神）必修课	2	经济管理中的计算机应用
	通识模块七（语言与跨文化沟通）必修课	8—12	大学英语等
	通识限定选修课		
	通识模块一（经典阅读与历史文化传承）限选课	2	7个模块中至少选修5个模块
	通识模块二（哲学思辨与伦理规范）限选课	2	
	通识模块三（艺术修养与运动健康）限选课	2	
	通识模块四（经济分析与数学思维）限选课	2	
	通识模块五（社会分析与公民素养）限选课	2	
	通识模块六（科技进步与科学精神）限选课	2	
	通识模块七（语言与跨文化沟通）限选课	2	
	通识限选课学分小计	10	
	通识选修课	8—25	
	通识课学分小计	70（必修35—52，选修18—35）	

（一）通识基础课

"通识基础课"是指根据国家教育部要求、学校规定的所有本科生都必须修读的数学、英语、体育、思政等课程。"通识基础课"均为新培养方案实施前已有课程，实施新培养方案后重新对其进行归类。主要包括两种类型：一种是全校本科生，不分专业，一同修读，由教学团队平行开课，教学内容、考核等统一标准。如中国近现代史纲要、哲学、体育、卫生保健、大学生思想品德修养、法律基础、军事理论、大学英语等课程，这类课程主要集中在模块一、二、三、五、七。另一种是在学校给定的范围内，各专业有侧重的选择相关课程。这类课程从大的范围上看属同类，但具体课程之间会有难易、方向上的不同。这一特征比较明显的体现在模块四数学分析中。新培养方案实施以来，全校共开设"通识基础课"80门。

（二）通识限选课

"通识限选课"要求学生在七个通识模块中至少选择其中五个模块修读一门以上课程。"通识限选课"即通识教育核心课程，是学校通识教育改革的重点，这类课程均为所属通识模块的精品课程，课程内容、授课教师等均需经过考察筛选，希望学生通过一门课程的学习不仅能够获得知识，更重要的是习得新的思考方式，从而达到一叶知秋的效果。因此，"通识限选课"均为新培养方案实施后新建的课程，受限于学科门类短缺，通识师资有限的困境，学校采用"引培结合"的模式，为学生提供优质课程。所谓"引培结合"即一方面由学校组织有能力建设通识核心课程的师资进行课程建设，另一方面通过考察，引进其他高校已建的优质通识课程直接来我校开课。新培养方案实施以来，全校共开设"通识限选课"116门，其中59门为校内培育建设的课程，57门为校外引进课程。

（三）通识选修课

"通识选修课"允许学生在七个模块中任意选择。新培养方案实施三年（2015—2018）中，全校共开设各类"通识选修课"523门。与"通识基础课"和"通识限选课"有很大的不同，"通识选修课"这一课程类别的名称是实行通识教育培养方案后的新生名词，在新方案实施之前，学校有与之相近的各类选修课，新方案实施后，学校一方面加大新课的立项力度，另一方面考虑到之前的各类选修课中不乏深受学生喜爱并符合通识理念的课程，允许存量选修课进入通识选修课。因此，"通识选修课"主要有两个来源，一是新立项课程（通识培育课程、新生研讨课），二是存量各类选修课程。因其构成复杂，直接导致课程质量参差不齐。新培养方案实施以来，全校共开设"通识限选课"523 门，其中有 160 门新建课程，剩余课程均为存量各类选修课程。

三 通识课程建设指标体系研究

学校开设的三类通识课程中，"通识基础课"为通识教育改革方案实施前的已有课程，主要来自于旧培养方案中的"普通共同课"和"学科共同课"，这类课程是本科教育的基础课程，不分专业均需修读，同时，修读时预修课程也无专业限制，在一定程度上符合通识"不分专业"的"通"的概念，但是这类课程中多数课程依然沿用已有的教学大纲和教学方案，在授课过程中多采用传统方法，注重知识的传授而忽略思维的训练和能力的提升，所以仍需要改造建设，使之更符合通识的理念和要求。"通识限选课"为通识教育改革方案实施后的新建课程，其课程建设基本围绕通识教育理念展开，但因为缺少较为具体的建设要求和标准，已建成的课程在实际授课过程的效果在很大程度上受限于任课教师对于通识教育理念的理解，所以这类课程距离"通识核心课"的要求还有一定的距离。"通识选修课"情况较为复杂，既有通识教育改革方案实施后的新建课程，亦有之前的已有存量课程，缺乏较为具体的通识课程建设要求和标准，课程质量更是参差不齐。

因此，为了进一步规范通识课程建设，引导课程建设沿着正确的方向发展，需要弄清楚通识课程如何建设，从哪些方面建设，建设应达到什么标准等问题。为此，学校制定了通识课程建设指标体系。

（一）指标体系

国家目前没有专门针对通识课程的建设标准，但是 2007 年曾针对国家精品课程制定了《国家精品课程评审指标》。根据《上海财经大学通识课程建设管理办法（试行）》，"评审结果优秀的通识核心课程，且达到精品课程要求，可认定为校精品课程。学校将持续投入培育其成为上海市重点课程和国家级精品课程。"可见，学校在建设通识课程的时候多参照精品课程要求，所以《国家精品课程评审指标》对制定通识课程建设指标有一定的指导和借鉴意义。《国家精品课程评审指标》中，课程建设包括 5 个一级指标，即"教学队伍""教学内容""教学条件""教学方法与手段""教学效果"和1个附加指标,即"特色与政策支持"。① 以此为基础,结合学校已有的人才培养目标、通识教育目标等现实情况,搭建"通识课程建设指标体系"框架,按照课程实施前、实施中、实施后的顺序,梳理相关建设要件,最终制定出5个一级指标和15个二级指标,具体见表2。其中,含"＊"符号指标为一般通识课程必须完成的建设要求,含"★"符号指标为通识核心课程必须完成的建设要求。不含符号的指标为非必要建设指标,是对课程建设提出的更高层次的要求。

表2　　　　　　　　通识教育课程建设指标体系

一级指标	二级指标	建设要点
教学团队（15分）	1-1 教师素质＊★	课程负责人具有较强的学术影响力和教学能力；负责人及团队成员有责任感和团队协作精神,师德师风良好
	1-2 团队建设★	有稳定的、不少于3人的教学团队；团队成员能够独立承担课程教学任务；具有合理的知识和年龄结构等
	1-3 教学改革、研究	教研相长,积极参加教学研究并推动教学改革
教学设计（45分）	2-1 教学目标＊★	符合学校通识教育理念；体现至少一个通识模块的人才培养目标；兼顾知识、情感、能力、技能等方面
	2-2 教学内容＊★	符合基本性、整合性、普适性、多元性等特点
	2-3 教学手段、方法＊★	使用现代化教学手段；教学方法多样化；开展研究型教学,强调以学为中心
教学资源（15分）	3-1 教学文档＊★	课程简介、大纲、讲义、教案、PPT文稿、习题思考题等教学必备文档资源
	3-2 教学视频★	教学录像与知识点相匹配,符合MOOC教学模式要求,体现课程特色
	3-3 教材建设、选用＊★	选用优秀教材,编写优质适用的教材或讲义；提供相关拓展文献资料清单
教学运行（15分）	4-1 教学安排＊★	核心课程每学期平行开课；一般课程每学年至少开课一次；课程负责人至少承担一个班的教学工作
	4-2 教学环节＊★	包括知识讲授、文献阅读、问题研讨、实践、实验、作业等
	4-3 课程考核＊★	突破"一考定成绩"模式,采用多种恰当的考核方式

---

① 教育部办公厅：《关于2007年度国家精品课程申报工作的通知》,http://www.moe.gov.cn/srcsite/A08/s5664/moe_1623/s3843/200704/t20070409_109648.html,2017-04-09。

续表

一级指标	二级指标	建设要点
教学效果 （10分）	5-1 同行评价 * ★	校内外专家评审意见；校内督导组听课评价等
	5-2 学生评价 * ★	学生评教
	5-3 社会评价 ★	课程具有示范辐射作用和推广价值，未来能在其他高校推广

（二）指标内涵

1. 教学团队

"教学团队"是课程得以实施的前提和必要条件，实践证明，围绕人才培养目标建立高素质的教学团队对于提高教学质量具有极其重要的积极作用。[①] 正因如此，多数高校在制定通识课程建设或管理制度时，都会对教学团队进行较为详细的规定。"教学团队"可进一步细分为3个二级指标。

（1）教师素质

这一指标是所有课程建设的基本要求和必须要件，主要包含两个建设要点，一是课程负责人，负责人应具有一定的学术影响力和丰富的教学经验，原则上应具有副高（含副高）以上职称；二是团队成员，包括负责人在内的团队成员应具有较好的师德师风，较强的责任感和团队协作精神，[②] 原则上应具有讲师（含讲师）以上职称且近三学期教学效果排名不能低于学校总排名的30%。教师素质是课程建设质量的保证，也是"教学团队"中最重要的部分。

（2）团队建设

这一指标是课程建设中较高层次的要求，是通识核心课程应达到的建设标准，一般对通识选修课不作要求。主要包含三个建设要点，一是团队人数，原则上不少于三个人；二是团队成员组成，从课程建设的持续性来

---

① 房喻、陈亚芍、胡道道、王文亮、刘守信：《建设高水平教学团队不断提升课程教学质量》，《中国大学教学》2012年第1期。

② 刘建凤、武宝林：《高校教学团队建设与管理探析》，《中国大学教学》2013年第4期。

考虑，团队成员的年龄上应呈现老中青梯队，从通识课程内容的延展性来考虑，团队成员间的知识结构应具有互补性；三是团队成员应具有独立承担所建课程教学任务的能力。

（3）教学改革、研究

这一指标非课程建设的必须要求，是学校对课程建设提出的更高层次的希望。通识教育对于很多专业课教师是新生事物，在教学过程中多思考，积极探索通识课程建设相关问题是非常必要的。考虑到教师们日常教学、科研压力，所以没有将教学改革、研究作为课程建设必须完成的指标要求，而是作为课程建设进一步提升的测量指标。

2. 教学设计

"教学设计"是课程建设的核心和灵魂，是通识课程建设区别于其他课程建设的特征性指标，也是通识课程建设成功与否的关键。根据教学设计的组成要件，可进一步将"教学设计"细分为3个二级指标，这3个二级指标都非常重要，是各类通识课程都必须完成的建设要件。

（1）教学目标

课程目标是学校人才培养目标在教学过程中的具体化，是指导整个课程编制过程最为关键的准则，是课程计划的最重要组成部分，而教学目标则是课程目标的进一步具体化，是指导和评价教学的基本依据，[①] 因此，教学目标一般来说需要清晰、明确、具体、可行。

作为通识教育目标最终落实的载体——通识课程，其教学目标有一些基础性、共性的要求，也是很多高校基本认同的目标，即完善学生知识结构、开拓学生视野、发展学生综合能力、加强学生全面素养、培养学生健全品格，促进学生终身学习和全面发展等。[②] 同时，2017年1月10日，国务院发布了《关于印发国家教育事业发展"十三五"规划的通知》（以下简称《规划》），被视为"十三五"期间国家教育发展的指导性文件。《规划》首次明确通识教育是中国建设更高水平高等教育的必要组成部分

[①] 饶玲主编：《课程与教学论》，中国时代经济出版社2004年版，第104页。

[②] 马燕：《高校通识选修课质量管理中存在的问题及对策》，《黑龙江科技信息》2010年第36期。

并对于全面落实立德树人根本任务提出七个具体的要求。① 结合上海财经大学通识教育模块划分课程结构,《规划》中提出的对于人才培养的要求基本上均可拆分划归到相应模块中，可作为通识模块课程建设的具体人才培养目标的建设依据。具体对应关系如下表所示。

表3　　　　《规划》要求与学校通识课程模块的对应关系

《规划》要求	通识课程模块
提升学生思想道德水平	模块一、模块二、模块五
培养学生创新创业精神与能力	模块六
强化学生实践动手能力	七个模块均含有
塑造学生强健体魄	模块三
提高学生文化修养	模块一、模块三、模块七
增强学生生态文明素养	模块五
提高学生综合国防素质	模块三

基于此，结合上海财经大学特色及人才培养目标，根据布鲁姆教学目标分类，从认知领域、情感领域、技能领域三个维度对七个模块通识课程的教学目标进一步具体化②，详见表4。需要说明的是表4对于各模块三个维度的教学目标建设要点的梳理仅是基于本文的研究提出，虽然具有一定代表性但并不能涵盖所有课程建设目标，因此，课程负责人在进行课程建设时，可以将其作为参考，课程教学目标可以是表4所整理的要点但不局限于表4所列要点。

（2）教学内容

如果说教学目标是行动纲领，那么教学内容就是落实教学目标的载体。与专业课程不同，通识课程更加强调知识的广度，尤其是不同领域知识的融合，所以通识课程的教学内容呈现出以四个特征：基本性，课程应涉及人类文明中最基本的知识领域和思维方法；整合性，对不同学科领域的内容进行融会贯通和完整认识，以启发心智强调概念与方法；普适性，通识课程面向全校开放也就意味着其教学内容不以预先修习系统性专业知识为前提，对不同专业的学生普遍适用；多元性，课程应有助于开拓学生

---

① 国务院：《关于印发国家教育事业发展"十三五"规划的通知》，http://www.moe.gov.cn/jyb_xxgk/moe_1777/moe_1778/201701/t20170119_295319.html，2017-01-10。

② 饶玲主编：《课程与教学论》，中国时代经济出版社2004年版，第108页。

视野,理解人类在性别、种族、阶级和文化方面的多元性,培养学生尊重差异和兼容并包的胸襟。①

(3) 教学手段、方法

教学手段是师生教学相互传递信息的工具、媒体或设备。② 作为通识课程的教学手段和方法,从整体上来看要多使用现代教育技术手段,综合运用多种教学方法,注重方法的传授和思考的启迪,开展研究型、启发式教学。注重培养学生学习能力、多角度思考问题的思维方式、分析解决问题的能力,以学生为中心,根据课程特点采取不同教学方法。③

表4　　　　　　　　通识课程分模块教学目标建设要点

通识模块	目标维度	建设要点
经典阅读与历史文化	认知	了解东西方、古近代经典名著;认识中国和世界的历史和文化
	情感	培育深厚民族情感和人文精神、培育文化认同和文化自信
	技能	用正确的国家观、历史观、文化观,分析问题(是非辨别能力);读写能力
哲学思辨与伦理规范	认知	了解哲学思想和道德准则
	情感	人文关怀、社会公德、职业道德、家庭美德④
	技能	思辨能力;对道德现象进行哲学思考的能力;面对和处理复杂问题的能力;批判性思考和伦理判断能力
艺术修养与运动健康	认知	认识各种艺术形式;正确认识健康、健身
	情感	感受美;感受健康;陶冶情操
	技能	审美能力、创造美的能力;具有健康意识和良好的运动习惯
经济分析与数学思维	认知	了解经济学原理和经济史;认识经济与社会关系;掌握数学相关知识
	情感	社会主义市场经济价值观
	技能	数学思维和分析能力;逻辑思考和量化分析能力;经济分析、研究能力和实际工作能力

---

① 冯慧敏、黄明东、左甜:《大学通识教育教学质量评价体系及指标设计》,《教育研究》2012年第11期。

② 段联峥:《略谈"两课"教学方法和教学手段改革》,《沈阳农业大学学报》(社会科学版) 2000年第3期。

③ 冯慧敏、黄明东、左甜:《大学通识教育教学质量评价体系及指标设计》,《教育研究》2012年第11期。

④ 国务院:《关于印发国家教育事业发展"十三五"规划的通知》,http://www.moe.gov.cn/jyb_xxgk/moe_1777/moe_1778/201701/t20170119_295319.html, 2017-01-10。

续表

通识模块	目标维度	建设要点
社会分析与公民素养	认知	普及法律知识；了解当代社会重要议题；学习公民素养
	情感	社会主义核心价值观；社会责任感
	技能	了解社会科学分析基本方法；履行公民责任能力；提升实践动手能力
科技进步与科学精神	认知	自然科学相关知识和前沿问题；自然科学理论
	情感	科学精神和素养；创新创业精神
	技能	掌握自然科学常用工具和方法；创新创业能力
语言与跨文化沟通	认知	全球化和文化多样性视野
	情感	文化自信；合作精神；宽容的态度
	技能	外语读写能力；沟通能力；人际交往能力

3. 教学资源

"教学资源"是课程建设的成果展示主体。课程建设者根据教学设计指导形成为教学的有效开展的素材。我们根据素材的不同类别，进一步将"教学资源"细分为 3 个二级指标①。

（1）教学文档

教学文档是所有建设课程必不可少的指标，主要包括课程简介、大纲、讲义、教案、PPT 文稿、习题思考题等教学必备文档资源。

（2）教学视频

教学视频不是所有课程必不可少的指标。这一指标主要考虑课程建设结束后，为课程再进一步申报精品在线课程做准备，所以对于一般培育课程不做要求，但对核心课程来说，教学视频是必备的。在教学视频拍摄过程中，有几点需要注意：教学录像与知识点相匹配，符合 MOOC 教学模式要求，体现课程特色。

（3）教材建设、选用

教材的建设与选用是所有课程都必须完成的建设任务。需要注意的是建设和选用是二选一的关系。课程建设者可以根据课程内容自行编写讲义

---

① 武佳宁：《基于互联网的高等教育教学资源库建设》，《陕西教育学院学报》2013 年第 1 期。

或印刷出版，也可以选取优秀教材。鉴于通识课程内容多元性、整合性的特点，目前很难找到一本教材适用于通识教育，所以我们还是建议课程建设者能够自编一套讲义或是出版相应教材。

4. 教学运行

"教学运行"是课程资源建设完成后，进入课堂的具体实施过程。我们根据课堂实施过程的先后顺序，进一步将"教学运行"细分为3个二级指标。

（1）教学安排

课程建设的目的决定了即使为了使用，课程建设的价值也是要通过开课来体现，课程建设质量的高低更是要通过开课来检验。根据《上海财经大学通识课程建设管理办法（试行）》，通识课程建设项目结项前必须有过一次完整的授课，建设完成后，核心课程的要求是每学期平行开课；一般课程每学年至少开课一次；课程负责人至少承担一个班的教学工作。

（2）教学环节

"教学环节"应包括知识讲授、文献阅读、问题研讨、实践、实验、作业等。不同类型的课程，其教学环节上有所区别和侧重。经典导读类的课程以古今中外经典书目为抓手，在传授知识的同时注重学生阅读能力、写作能力的提升，所以在教学环节中应侧重文献阅读、知识讲授、问题研讨、读书报告撰写等。艺术欣赏类的课程，注重学生审美体验，在教学环节中应侧重实践，让学生在实践中获得艺术体验，进而提高审美能力。哲学思辨类的课程，注重对学生思辨能力和口头表达能力的训练，在教学环节中侧重问题研究和课堂讨论。方法技能类课程注重学生解决问题能力的提高，在教学环节中侧重作业训练和实验实践。

（3）课程考核

突破"一考定终身"的模式，注重过程考核，即在课程运行过程中多次多角度多方式对学生学习收获进行考查，重点考查学生能力的获得而非知识的记忆，可采用小组研讨汇报、读书报告、小论文等方式。最终成绩评定须是反映整个学习过程和自主学习情况。

5. 教学效果

"教学效果"是课程建设的最后一关，是对课程建设的检验和审核。主要通过3个指标来反映。

（1）同行评价

同行评价主要来源于两个群体，一个是项目结项时的校内外专家评价，另一个是校内督导组、校领导、院系领导等日常听课评价。

（2）学生评价

学生评价主要来源于评教数据。

（3）社会评价

社会评价主要考虑通识课程具有普适性，作为较早开展通识教育的财经类高校，我们希望能够建设一批具有示范辐射作用和推广价值的优质通识课程。

四　建设成效与问题

通识课程建设指标体系推行之后，申报立项新建课程和改造通识课程的质量都有明显提升。

（一）建设成效

1. 申报立项建设课程的质量有明显提升

通识课程建设指标试推行后，学校分别于2018年12月和2019年6月共组织了两次通识课程建设立项工作，相比于以往申请立项的课程申报材料来看，新申报的材料从形式上更加规范，内容上更为具体，基本上所有课程在陈述建设内容时都会考虑到团队、教学设计、教学资源、教学运行等相关问题，并有较为翔实而又具针对性的计划。尤其是在教学目标的设计上，有了《通识课程分模块教学目标建设要点》的引导，教师们比较容易跳出专业视角，转而从通识的视角考虑专业与通识的融合，从专家评审意见可以看出，至少教师们已经有了这样的意识，至于如何将专业和通识进行有效的融合，教师间的差距还是比较大的。

从结果上看，这两次申报工作的立项通过率分别为60.1%和68%，而2015年通识中心成立以来通识课程申报平均立项通过率为46%，除去2018年12月和2019年6月这两批，之前的平均立项通过率为42%。实际上，随着通识课程建设的深入，学校对于立项课程的要求越来越高，在这样的背景下，立项通过率还有显著提升，可见申报课程的质量优于过去。此外，立项课程首次开课成功率也有大幅提升。所谓首次开课成功，是指立项建设课程，在第一次申请开课即有 15 人以上学生选择，成功开课，完成教学运行。近年来，为了缓解通识课程数量较少的困境，学校大力推进通识课程建设，所以一年开展两次立项工作。经过几年建设，加之存量全校任选课转入通识课，目前通识课程数量快速增长，远大于学生选课需求，导致很多新建课程，没有学生选课，无法开课。2018 年 6 月新立项通识课程，首次开课成功率只有 36%，而 2018 年 12 月和 2019 年 6 月新立项的通识课程，首次开课成功率分别为 43% 和 60%。新开课首次开课成功率的提升说明学生对新立项课程的认可。

2. 改造通识课程的质量有一定效果

为进一步规范通识选修课程开设，提升质量，上海财经大学自 2018 年 11 月启动校通识选修课程认定工作，即对已有全校任选课的通识课程改造工作。至 2019 年 6 月，共有 21 门课程通过认定。所有经过认定的课程，均参照通识课程建设标准进行课程再设计并形成新的课程教学大纲。通过对比改造前后学生评教和督导评价，整体来看改造的通识课程质量有一定提升，虽然短期内效果不显著，但也可以看到有一定的影响。

（二）存在问题

任何事物都是有两面性的。通识课程建设标准的推行，确实在一定程度上对课程建设有助力作用，但同时我们也发现，过于依赖标准进行课程建设，很容易束缚教师的主观能动性，大部分老师在课程建设时会直接套用标准所提供的教学目标建设要点，而不愿花心思去探索新的教学目标，或是将自己的专长与所列的建设要点生拉硬扯到一起，并没有遵从知识的融合、学生的发展和社会的需求。长此以往，通识课程建设必将落入形式主义窠臼，而通识教育，乃至通识课程，从来就应该是千人千面。所以，如何有效利用课程建设标准，引导教师进行通识课程建设仍将是个需要持续关注和深入探讨的问题。

Study on the Index System of General Course Construction at Finance and Economics Universities

Chang Cheng

Abstract: It is an important guarantee to standardize the general course construction and improve the quality of general course construction of establishing the index system of general course construction. Based on the framework of national excellent course evaluation index, combined with the talent training objective, general education objective and general course construction at Shanghai University of Finance and Economics, this paper analyzes the relevant elements of course construction from the perspective of curriculum theory, designs five first-level indexes and fifteen second-level indexes of general course construction, and expounds the connotation of the indexes. After Shanghai University of Finance and Economics implemented tried the index system of general education curriculum construction, the quality of new general education course has been improved obviously, and the quality of transformation general education course has been improved to some extent.

Key words: Universities of Finance and Economics; General Education Course Construction; Index System

课程思政

以"课程思政"为抓手，推进研究生专业课程建设[*]
——以"中级房地产经济学"为例

张学文　闫　欢　张雅淋[**]

摘　要：课程教学是高校育人的主要途径，在传授文化知识的同时，引导学生树立正确的世界观、人生观、价值观，实现"智育"与"德育"并重。在专业课程中融入思政教育，让专业课程与思政课程形成合力，是实现课程育人的有效方式。"中级房地产经济学"作为上海财经大学首批研究生"课程思政"试点课程之一，立足于"价值引领与知识传授相结合，培养学生思辨能力"的课程定位，强调目标导向，以培养"新三型"人才作为教学理念，在课程设计与实施过程中坚持以学生为中心，寻求思想政治教育与课程知识体系教育的有效结合，充分挖掘课程中蕴含的思政教育元素，将育德育人贯穿于教学全过程，让价值观的"盐"融入知识传授的"汤"里，注重知识底蕴凝聚与传播中的价值引领，并促进显性教育与隐性教育的融会贯通。

关键词：课程思政；思政教育；知识传授；价值引领

"致天下之治者在人才。"人才是衡量一个国家综合国力的重要指标。党的十八大以来，习近平总书记针对教育工作曾做出一系列重要论述，并

---

[*] 基金项目：上海财经大学研究生课程思政建设项目"中级房地产经济学"（项目编号：2018150005）。

[**] 作者简介：张学文（1977—　），男，上海财经大学公共经济与管理学院投资系讲师，博士；闫欢（1983—），女，上海财经大学研究生院课程与教材建设科副科长；张雅淋（1991—　），女，上海财经大学公共经济与管理学院房地产经济学专业博士研究生。

多次强调人才培养工作在经济社会发展中的重要性。高等院校作为人才培养的集中地，课程教学是其培养和培育人才的主要途径，在传授文化知识的同时，更应注重引导学生树立正确的世界观、人生观、价值观，实现"智育"与"德育"并重。

立德树人是人才培养的根本任务和中心环节①。长期以来，高校思政课与专业课相对界限清晰，"分工"明确，思政课承担了主要的思政教育任务，专业课则单纯关注基础理论知识的讲授，思政元素鲜有体现。然而，思政类课程数量在人才培养体系中的占比远远不及专业课等其他类课程，落实立德树人根本任务仅依靠思政课难以实现。习近平总书记在2016年全国思想政治工作会议上的讲话中指出，"要用好课堂教学主渠道，思想政治理论课要坚持在改进中加强，其他各门课都要收好一段渠、种好责任田，使各类课程与思想政治理论课同向同行，形成协同效应"。为此，课程建设必须要发挥育德育人的积极作用，每位教师都应寓德于教，既要做"教书人"，也要当"引路人"，让专业课程不仅有深度、有广度，更要有温度，让思政课与专业课形成合力，推动"思政课程"与"课程思政"的有机统一，实现全员育人、全程育人、全方位育人。

"课程思政"在本质上应该是一种课程观，是将高等院校思想政治教育融入到课程教学和改革的各项环节以及各个方面，实现立德树人润物无声，而非新增一门课程或是一项活动②。上海自2014年起在全国率先探索"课程思政"改革，经过多年实践，已形成可推广借鉴的"上海经验"，各高校也以各种形式推进和加强"课程思政"建设。作为我国国民经济的支柱产业，房地产业的发展具有牵一发而动全身的作用，且伴随着国家经济社会发展、住房制度深化改革的需要，社会对于高层次房地产经营与管理人才的需求也在急剧增长，因而房地产专业课程建设势必要发挥"课程思政"建设的模范带头作用。上海财经大学2017年起设立研究生的"课程思政"建设项目"中级房地产经济学"。本文以课程定位、教学理念、课程设计等方面示范效果为例，探索授课内容、教学方法、考核方

---

① 朱广琴：《基于立德树人的"课程思政"教学要素及机制探析》，《南京理工大学学报》（社会科学版）2019年第6期。

② 高德毅、宗爱东：《课程思政：有效发挥课堂育人主渠道作用的必然选择》，《思想理论教育导刊》2017年第1期。

感、安全感，实现人民对美好生活的向往①。

其次，在知识探究方面，引导学生学习了解与房地产相关的制度、政策、金融、税收以及保障的基本知识和理论。以住房制度为例，住房制度是以房地产市场为核心，关于住房生产、流通、分配、消费、监管和保障等的基本制度安排。按照党的十九大精神和习近平总书记的系列讲话精神，坚持"房子是用来住的、不是用来炒的"新定位，"多主体供给、多渠道保障、租购并举"是三位一体的制度架构，也是新时代中国特色住房制度的核心内容。其核心目标是通过合理的制度安排，让市场发挥配置住房资源的基础性作用，更好地发挥政府的住房保障作用，实现全社会的住有所居和居住条件的不断改善。新时代中国特色住房制度下，应明确"以市场为主满足多层次需求，以政府为主提供基本保障"的政府与市场定位，强调因地制宜、因城施策发展商品住房市场与住房保障体系。住房制度要充分发挥作用，需要配套法律制度、户籍制度、土地制度、财税制度、金融制度等加以支撑。具体而言，通过法律制度，完善法制健全、执法严格的市场管理；通过户籍制度，实现新老市民共享公共资源；建立人地挂钩的土地供应体制、差别化的税收政策、扶抑结合的金融政策等促进住房供应体系的优化，稳定预期和落实规划。此外，还需借助互联网和大数据技术，建立定期普查、动态信息更新的数据系统，以便及时应对市场异常波动，做出科学决策。

再次，在能力提升方面，有别于传统的灌输式教学，引导学生充分参与到课程中来，自组团队，收集资料，整理分析，书写报告，交流讨论，培养其发现问题、分析问题、解决问题的研究能力，交流表达能力和合作精神。能力素质在个人素质中居于核心地位，本课程教学注重学生能力素质的提升，期望通过学生积极主动参与到课程中，进一步提升以下四种能力：一是敢于面对挑战，积极应变创新的能力；二是处理各种矛盾、协调各种关系的能力；三是聚集人力高效率完成工作的组织能力；四是具有全局意识、能有效预测和进行决断的能力。

最后，在态度养成方面，课程在讲授"中级房地产经济学"课程基本知识点的同时，更注重帮助学生培养自主学习、探究知识的能力和批判

---

① 陈承新：《城市化进程中的基层社会治理动向之特殊形态社区治理》，《民主与科学》2019年第6期。

性思维。没有批判就没有创新，知识经济的时代，唯有具备良好的思辨能力，才能适应新时代所赋予的要求。本课程试图通过推行探究式学习方式，充分激发学生的学习动机和学习兴趣，并采用小组合作形式，启发学生批判性思维养成。

三 课程设计与实施：寻求思想政治教育与知识体系教育有机结合

为实现上述课程目标，课程设计与实施坚持以习近平新时代中国特色社会主义思想为指导，贯彻落实党的十九大精神，落实立德树人根本任务，把立德树人成效作为检验教育教学工作的根本标准，强调以学生为中心[1]，深入挖掘课程知识架构和教学方式中所蕴含的思想政治教育元素，努力建设成为适应新时代要求的具有一流教师团队、一流教学内容、一流教学方法、一流教学材料、一流教学管理 5 个 "一流" 特征的课程，让课程优起来、教师强起来、学生忙起来、管理严起来、效果实起来。围绕授课内容、教学方法、考核模式等方面，"中级房地产经济学" 在教学设计与实施过程中展开对研究生思想政治教育与课程知识体系教育有效结合的探索。通过课程内容中对学科前沿与社会热点的结合，鼓励学生进行探究式学习，促进知识传授与价值引领相结合；通过教学方法的革新，架设师生交流的桥梁，隐性渗透，寓道德教育于课程之中；通过调整评价方式，促使学生在合作氛围中表述观点，修正认知，训练其研究素养，增加对情感、态度与价值观变化的评价。

（一）丰富授课内容：知识传授与价值引领相结合

"中级房地产经济学" 课程改革了原本基础性和常规性的教学内容，在尊重课程知识体系的基础上，有意识地扩充了实践案例、前沿理论等内容，使教学内容兼具广度与深度，再充分发挥课程的价值引领功能，引导学生独立思考，拓宽学生的思路和视野。在深度方面，完善课程教学体系，在传授房地产经济经典理论的基础上，辅之以必要的定量方法以及相

---

[1] 岳松：《基于 "以学生为中心" 教育理念的 "四接式" 思政课教学法》，《课程教育研究》2019 年第 11 期。

关房地产实践案例。通过实证方式检验基础理论并把握学科前沿，透过实践案例分析，实现专业理论与实际经验的有机结合。在广度方面，拓展课程内容的涵盖面，涉及学科体系除包含房地产经济基础内容、房地产经营实务之外，还包含城市经济学、区域经济学、政治经济学等相关理论，统领学生后续的应用型课程学习。并进一步设置"十九大房地产政策学习""新时代中国特色住房制度建设""以租购并举为核心，合理引导住房需求""以政府引导为方向，建设多渠道住房保障体系"等七大思政专题，推进学生思想政治教育与课程知识体系教育的有机统一。

（二）改进教学方法：通过隐性渗透，寓道德教育于课程之中

丰富的课程内容还需要通过合适的教学方式来呈现。一方面，"中级房地产经济学"课程推行"文件学习+知识讲授+专题讨论"的方式，帮助学生悟透与课程有关的政府文件精神。从国家意识形态战略高度出发，深入学习和解读党的十九大报告中与房地产相关的内容，结合房地产经济学基础理论进行阐释，并透过专题展开讨论，形成思想政治理论、综合素养、专业知识的三位一体。另一方面，通过案例教学的方式，将房地产基础知识与相关思政元素融入案例分析，提高学生缘事析理、明辨是非的能力。房地产（业）的经营与管理是一项复杂且灵活的经济活动，实践中有大量的案例，为此本课程在每个教学模块中都设置有案例，诸如"新时代背景下中国房地产业十大趋势""任泽平：房地产调控反思和长效机制建设""楼市已沦为中国最大的赌场：房价一跌先保银行，个人则倾家荡产？"等。整个课堂教学，师生之间、学生之间互动频繁，学生参与度高。

此外，由于硕士研究生培养需具备一定的科学研究素养，因而，本课程在教学过程中，还融入课程团队研究内容，从拟定研究选题、论文写作规范等多方面与学生展开相应探讨。例如，根据当前消费贷款增速攀升以及居民消费增速下降的情景，确定探讨家庭债务对于消费影响的选题。且考虑到住房债务与一般债务在借贷金额、还款期限、消费指向性等各方面的差异[①]，重点关注于住房债务与一般债务这两种不同债务类型对于家庭

---

① 张雅淋、孙聪、姚玲珍：《越负债，越消费？——住房债务与一般债务对家庭消费的影响》，《经济管理》2019年第12期。

消费影响的差异。并基于家庭住房贷款在家庭贷款中占据主体地位与短期消费贷款增速开始直逼中长期贷款的特征事实，深入探究这种现象背后隐藏的逻辑，即购房开支骤增透支了部分居民的消费能力，使其转向"短借长用""借新还旧"策略以维持消费水平，抑或是利用消费贷等产品规避购房首付比的限制。最后，基于定性定量分析结论，为完善消费体制机制创新、扩大消费内需，以及寻求供给侧结构性改革背景下"促消费"与防范化解系统性金融风险之间的平衡，提出具有针对性的政策建议。与此同时，还根据时下热点案例，或社会经济动态展开相应探讨，以头脑风暴形式寻找研究选题，以激发学生的自主研究兴趣。

不仅如此，本课程还设有实践教学环节，通过对房地产项目的实地考察，给学生提供一个对未来所涉行业深入接触和了解的机会，并对学生进行相关职业道德教育。组织学生实地调研新江湾尚景园公共租赁住房项目、上海院子商品房项目以及湾流国际中山公园 HIVE SPACE 长租公寓项目等，在考察过程中学生们有机会与项目负责人进行深入讨论，亲身体验到从业者的情感，引导学生在学习中实践、在实践中反思，以思促学、学用结合。实践教学环节的设置在开阔学生视野的同时也启发了学生的思维。例如 2017 年 10 月 19 日在对上海湾寓投资管理有限公司进行实地调研之后，同学们对长租公寓这一新兴业态的发展历程及运营方式等都有了更加深入的了解和认识。

（三）优化考核模式：增加对情感、态度与价值观变化的评价

"中级房地产经济学"课程构建了"主体多元、形式多样、注重过程和能力"的考核评价模式。将学生成绩的评定模块设置为平时考勤（10%）、课堂讨论（10%）、小组汇报（30%）、期末论文（50%）四部分。其中，小组汇报是指小组成员围绕选定的主题来展示自己的观点，汇报后进行组内成员自评、组员互评以及老师评价，在评价过程中融入对学生表现出的情感、态度、价值观变化的考核。此外，关于期末论文的写作，鼓励学生团队合作，从而有助于相互启发，培养团队合作精神，同时老师也给予相应的指导与帮助。整个考核过程与学生的学习参与度紧密结合，旨在充分发挥学生的自主性与能动性。

四 课程特色与建设成效：科研反哺教育，显性与隐性教育融会贯通

"中级房地产经济学"课程除在教学理念、教学模式等方面开展了一系列的创新和探索之外，其特色或创新点还体现在如下三个方面：一是课程建设基础好。我校房地产专业建设历史较长，教学资源丰富，师资队伍科研能力强。本课程已组建校际、校企、校政结合的课程团队，配有专职教学人员和校外实务教师。专职教学人员主要负责学生的课堂教学，传授基本理论知识；校外实务教师主要负责课程实践调研工作，引导学生从实践中把握理论知识，实现对专业知识的深入理解。二是课程内容多视角。房地产涉及面广，课程内设计包括微观、中观和宏观视角，将投资、价格、金融、税收、调控和保障融合其中。三是科研反哺教育。课程内容按专题有机设置，每一个专题都是课程团队多年科研的成果。在此过程中，课程团队科研工作的开展也以有效促进教学质量为导向，并有计划地引导学生参与到科研工作中，在教师专业指导和师生的交流合作中逐步培养学生的科研素养、思辨能力以及独立创新能力。

"中级房地产经济学"的课程思政建设得到了师生们的充分认可，思政教育与专业提升相互推进效果明显，为"课程思政"工作贯穿教育教学全过程，实现全程育人、全方位育人提供一个可借鉴的范本。一方面，本课程将基础理论、学科前沿、社会热点以及思政专题进行有机融合，形成了一套系统、完整并符合"课程思政"建设要求的教学体系。教学实施过程中既注重在价值传播中凝聚知识底蕴，又注重在知识传播中强调价值引领，有效促进了显性教育和隐性教育的融会贯通。

另一方面，本课程推行的"知识讲授+文件解读+小组汇报+实地教学"研讨式教学模式，改革了过去"单一的""灌输式""封闭式"的教学模式。在讲授基本知识的基础上，注重培养学生的经济学思维，引导学生独立思考，培养学生分析问题、解决问题的综合能力；在解读政府文件的基础上，帮助学生树立正确的社会主义核心价值观；通过小组汇报，将所学知识融会贯通，增加学生的课堂参与感和获得感；在实地教学过程中，实现专职教师与实务教师的交叉讲解，使学生在掌握理论知识的基础

上，进一步接触社会，培养综合素养。

五 优化建议：跨学科教师合作，"因势而新"完善教学内容

（一）建立专业教师与思政理论课教师之间的合作

房地产专业是一门应用性很强的学科，高等院校作为人才培养的集中地在房地产人才培养中，就天然需要集成社会资源，通过校际联动、校企联动、校政联动方式形成集校内外精英之力，共同培养了解理论、熟悉市场、具备实践经验的复合型人才。为了更好地培育高层次房地产经营与管理人才，还可重点吸引国际专业教师，在充分借鉴其他国家房地产专业人才培养先进经验的基础上，依据我国经济、社会、文化等发展的实际，进一步优化改革房地产专业人才培养路径。本课程通过校际联动、校企联动、校政联动方式组建了由各高校房地产专业领域专家学者、房地产界企业家、政府房地产管理部门官员构成的教师队伍。

但进一步来看，专业教师仍然难以全面把握课程中所蕴含的思政元素，"课程思政"建设还需要借助多方力量来推进，尤其是建立专业教师与思政理论课教师之间的相互交流与合作[1]。一方面专业教师在制定教学内容的过程中可以邀请思政理论课程教师参与指导，共同挖掘、提炼"中级房地产经济学"课程中的思政元素和承载的德育功能。另一方面，可以组织专业教师参加思政课程培训，聆听思政理论课教师对如何帮助大学生树立正确的思想观念、政治观点、道德规范的专业讲解。

（二）紧跟新时代特点，不断更新教学内容

我国经济已从过去持续高速增长向中高速增长的发展方式转变，以习近平同志为核心的党中央基于这一现实背景以新常态描述与判断新周期中的中国经济，并将之上升到战略高度，显示中央对当前中国经济增

---

[1] 刘桂宇：《"课程思政"视域下艺术类课程融入思政元素的教学改革研究——以广西艺术学院"'话'校史，'画情怀'"教学实践活动为例》，《科教文汇》（中旬刊）2019年第3期。

长阶段变化规律的认识更加深刻,正在对宏观政策的选择、行业企业的转型升级产生方向性和决定性的重大影响。2014年底召开的中共中央政治局会议指出,"我国进入经济发展新常态,经济韧性好、潜力足、回旋空间大"。新常态之"新",意味着与以往发展模式不同;新常态之"常",意味着发展状态应是相对稳定,主要表现为经济增长速度适宜、各类产业结构优化、社会保持和谐稳定。2017年,党的十九大报告指出,"我国经济已由高速增长阶段转向高质量发展阶段,正处在转变发展方式、优化经济结构、转换增长动力的攻关期,建设现代化经济体系是跨越关口的迫切要求和我国发展的战略目标。"作为未来中国经济发展的新方向,高质量发展意味着中国经济开始由过去追求数量逐渐转入质量优先的新时代。与此相适,中国经济在提质增效、转型升级方面的要求更加紧迫。

在当前国家宏观经济发展形态转变和迈向新时代的时代特征的背景之下,作为我国国民经济的支柱产业,房地产业也面临着由高速增长转向中高速增长的换档期。1998年起,中国房地产进入"大建设"阶段,城镇化大幅推进、经济高速增长,住宅新开工年复合增速16.8%。2013年城镇住宅新开工峰值出现,2017年城镇住宅套户比达到1.07,北京、深圳等5个城市二手房成交套数稳定超过新房,进入存量房市场。住房来源结构方面,当前城镇住房存量中商品房约占40%,自建房占30%左右,其余为原公房、保障性住房等。从国际经验来看,我国房地产市场已基本告别总量短缺的局面,也不存在明显的总量过剩问题,住房市场预期将逐步切换至中高速、高质量发展阶段。那么,适应经济新常态下提质增效的迫切要求,如何构建出新时代的中国特色住房制度,让房地产市场形成稳定健康的长效机制是进一步的努力方向。对此,"中级房地产经济学"课程中的基本理论知识也应不断更新,围绕房子是用来住的、不是用来炒的科学定位展开对房地产高质量发展的深入探讨。与此同时,应紧跟教学内容的变化挖掘课程中新的思政元素,始终保持其先进性[1],遵循因事而化、因时而进、因势而新的规律。

---

[1] 伍玉鹏、胡荣桂、赵劲松、姜炎彬、唐铁军:《"生态学基础"课程思政改革探索》,《科教文汇》(中旬刊) 2019年第3期。

Promoting the Construction of Graduate Courses through Integrating Ideological and Moral Cultivation: "Mid-level Real Estate Economics" as an Example

Zhang Xuewen, Yan Huan, Zhang Yalin

Abstract: Teaching is the main way of cultivating students at universities. While imparting knowledge, it is more significant to place equal importance on intellectual education and ideological and moral education so as to help students cultivate the right worldview, outlook on life, and values they should embrace. It is an effective way to integrate ideological and moral education into the major courses that will play a role together with the ideological and political courses in cultivating students. As one of the first pilot courses of the program of "Integrating Ideological and Moral Education into the Graduate Courses" at Shanghai University of Finance and Economics, "Intermediate Real Estate Economics" underscores cultivating students' ability of critical thinking through the combination of value guidance and knowledge imparting. Aiming at cultivating versatile, exported-oriented and innovative talents, students are the center of course design and implementation. Through fully exploring the elements of ideological and moral education contained in the course, it seeks ways to combine ideological and moral education with knowledge system as well as to effectively promote the integration of explicit education and implicit education.

Key words: Integrating Moral Education into the Course Teaching; Ideological and Moral Education; Imparting Knowledge; Value Guidance

以德性为目的 依格物之方法 构建五位一体的教学体系[*]
——"从网购到国际贸易"课程的设计与实践

谈 英[**]

摘 要：随着思政元素在高校课堂的融入，让教育的视角从强调为个体带来现实的社会效益这一外部价值转而关注是否可以促进个体内在全面发展等内部价值。德性养成应成为教学的核心目的，是人才培养的软实力。笔者以一门面向大一新生的通识课为载体，从微观层面探寻"知识"与"德性"、"术"与"道"相得益彰的可行性方案，形成以德性为目的、依托格物之方法论、构建起五位一体的教学系统。

关键词：德性；思维革新；五位一体

目前思政元素融入高校课堂是时代所需，是对教育领域呈现出的"泛工具化[①]"的倾向打入的一针强心剂。过度强调教育的外部价值，导致学生对教育或知识的兴趣完全受制于外部利益的驱动，而无法体验到教育过程及知识习得本身的趣味和价值，使教育偏离了正确的方向。正如20世纪英国教育哲学家怀特（White, J.）提出的"不同于把拥有知识作为受过教育的人的主要特征的观点，美德处于中心位置[②]"。可见，从根本上说，一个受过教育的人是一个具有德性的人，"德性培育"应是教育

---

[*] 基金项目：上海对外经贸大学2019年度校课程思政建设项目（项目编号：A1A-0100-00-082-039）。

[**] 作者简介：谈英（1978— ），女，上海对外经贸大学商务实习中心讲师，硕士。

① 程亮：《教育中的反智主义及其超越》，《湖南师范大学教育科学学报》2014年第3期。

② 怀特：《再论教育目的》，教育科学出版社1997年版，第89页。

的核心。

那如何将这一宏观抽象的教育哲理真正融入微观具象的教学课堂，能够依托可行的方法，形成系统性的教学方案？实际教学效果又将如何？带着这些思考，笔者以面向大一新生的一门通识课《从网购到国际贸易》为载体，通过近年来的教育探索与课堂实践，逐步形成了富有成效的"以德育培养为核心目标、依托格物之方法论的五位一体教学体系"，收效明显。

一 剖析"教学目的"
——"上德培育"为核心，"思维革新"为抓手

古希腊先哲们尤以苏格拉底和柏拉图为代表强调"知识即美德"，而这里的"知识"并非停留在表层的"知其然"（Know-how）之类的知识，而是深入本质的"知其所以然"（Know-Why）；"知识"应是有活力的，不应是僵化的；要能将"知识"转化为自己看待事物的方式。希腊先哲们述说的"知识"从严格的意义上实为"真知"，即是"知识"与"德性"的结合体，是"术"与"德"的有机结合。笔者以此为教学方向，将这门课程的教学目的由表及里拆分成如下子目的：

1. 上德培育：知己不足、取他之长、补己之短；虚心求教、学无止境。

2. 核心革新：打破"思维定势"，突破、改变、提升对外界事物的认知模式。其具体体现在：

（1）拓展思维的广度；（2）加大思维的深度；

（3）提升思维的密度；（4）形成系统性的思维，不丢中心。

3. 意识状态：将"要我学（Have to Learn）"转为"我要学（Willing to Learn）"。

4. 行为体现：自觉学习、主动思考、积极钻研（获得才智）。

其中以"思维革新"为抓手，通过多轮、多主题的思想碰撞，打破原有的认知模式，逐步启动多维度思维习惯，无形中在学习意识层面产生了正向的影响，从"要我学"转化为"我要学"，并自然体现于外在的言行——学生能够自觉学习、主动思考、积极钻研，让才智的习得变得水到渠成。

这个过程虽看似以才智习得为最后的显像之果，但这一外在显现的果必须依托"上德"的培养，只有将德育因子融入其中，思维的拓展才有恒心，认知模式才能沿着正确的轨迹不断提升；也唯有如此，才能转"才智"为"智慧"。正如教育哲学"伦敦学派"先驱彼得斯（Richard Stanley Peters）所言，一个受过教育的人虽然从事某种专业的工作，但是，必定在视野上超越了专业的范围①，在知识上表现出一定的广度。他随时可以在已经获得的各种理解之间建立起关联。据此，如果教学只一味重"知识—术"，但对知识背后所具有的内在方面（即真理）毫不关心，或者仅仅视其为获取开水或热狗之类的工具②，那这样的人算不得是一个受过教育的人。

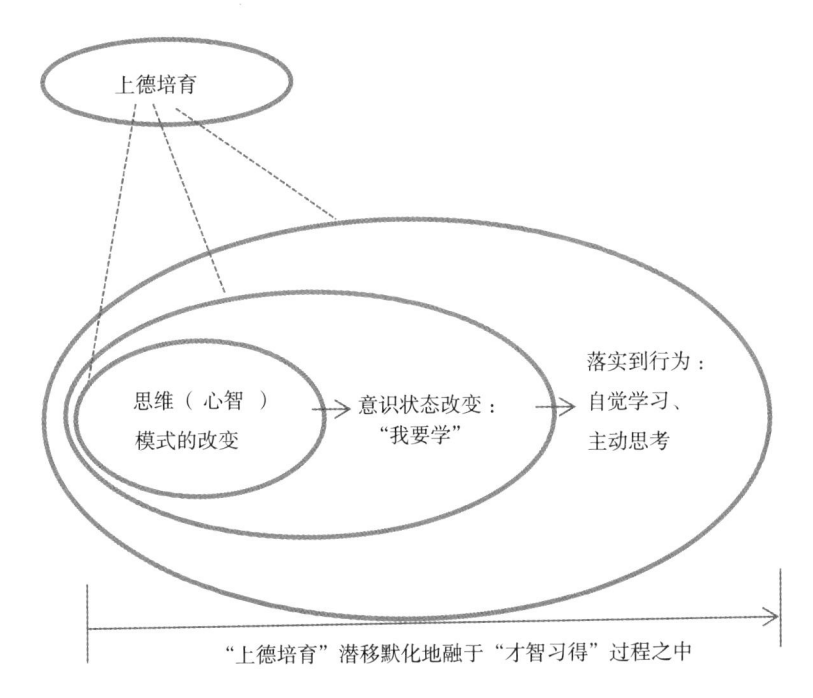

图1　四项子目的为一有机整体

① 程亮：《什么是受过教育的人——彼得斯的观点及其批评》，《教育学报》2012年第6期。

② 同上。

二 探究教学手段
—— 依托"格物"之方法论

《礼记·大学》篇中云：致知在格物，格物而后知至。这里的"知"并非指凭灌输记忆获取的二手知识，而是通过各角度、多方位、借助眼耳鼻等五官观事物、动用原有的知识记忆来探察事物内在的本质。此时的"知"是一场思维实践的成果，并非拿来主义下的产物，而是苏格拉底和柏拉图所称之为的"善的知识"。

格物的过程是剖析人（主体）对外界人事物（客体）的认知过程。人通过五官（眼耳鼻舌身）感受外在世界的多样繁杂，差异化的感知（感性认识）引发人的好奇心，激发探求内在原因（理性认识）的欲望，继而落实于行为，主动思考、积极学习，直至提炼出众多现象背后的共性（本质）和本质还原成具体现象的特殊条件。这一落实于言行之前的"思维实践"让五官（感觉器官）不仅是人感知外在世界的门户，更重要的是人认知内在世界、提升认知维度的媒介。

在探究客体的"善的知识"的过程，德性潜移默化地发挥着作用。缺乏德性者，由于持有很强的个人主观偏见，因此，格物过程中是很难带着开放的心态，听闻各方意见、观察众多现象。由于"视而不见、听而不闻"，无法实现全面而深入的洞察，"善的知识"自然很难企及。正如麦金泰尔所言"美德是一种获取性人类品质，拥有并践行它，我们将能够获取那些内在于实践的善，缺乏它则会严重地阻碍我们获取那些善[1]"。唯有不断提升德性，即培养"眼睛里不能容沙子"，让格物过程细致入微、面面俱到，一切现象尽收眼底，实现彼得斯所言的"教育意味着一个人的见解已经被他的知识所转变"[2]。以下是格物过程的细化图示。

---

[1] 程亮：《道德教育：在规范与德行之间》，《湖南师范大学教育科学学报》2004 年第 5 期。

[2] Peters, R. S.: *Ethics and Education*, London: George Allen & Unvin Ltd. 1966 Version, p. 40.

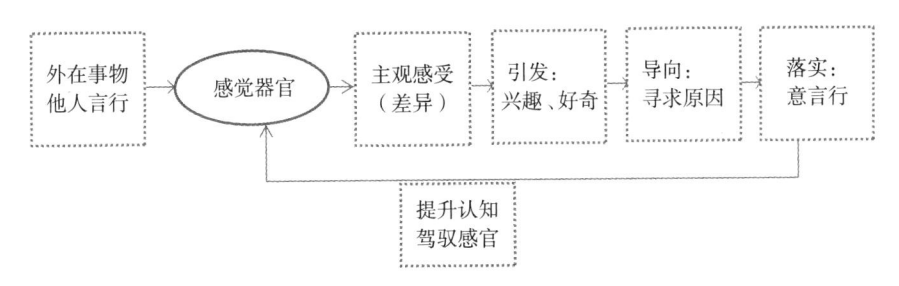

```
外在事物      主观感受   引发:      导向:      落实:
        →感觉器官→
他人言行      (差异)    兴趣、好奇  寻求原因    意言行
              ↑                                  │
              │         提升认知                  │
              └─────── 驾驭感官 ←────────────────┘
```

图 2　"格物"过程细化图解

三　细化课程设计
——形成聚焦"众、非、合"的五位一体教学体系

亚里士多德在其所著的《尼各马可伦理学》一书中提出,"我们通过做公正的事成为公正的人,通过节制成为节制的人,通过做事勇敢成为勇敢的人[①]"。可见,离开了德性的活动或行为,任何所谓德性的养成都是不切实际的[②]。那德性活动应如何架构,以上德培育为核心目标的课程应包括哪些必不可少的要素呢?

(一)"众、非、合"为中心

格物作为上德培育之方法论要求格之物(客体)尽量丰富多样,且客体之间存在较大的差异度,促使学生(主体)从感知"物"之众多不同出发,激发探求其内在善的知识,将看似外在的矛盾差异统一起来,达到"合一"的状态。因此,不论课程必要要素有多少,每个要素均必须围绕"众(多样性)"—"非(差异度)"—"合(统一性)"来实现。

(二)"主题""形式""环境""评估""角色"五位一体

首先,既然确立了格物为教育之方法论,那课程必须有"物"这一

---

① 亚里士多德:《尼各马可伦理学》,廖申白译,商务印书馆2003年版,第36页。
② 程亮:《"实践智慧"视野中的教育实践》,《华东师范大学学报》(教育科学版)2008年第3期。

要素，即"主题"。通过选取学生能感知、有亲历体验的主题，激发积极参与格物过程的兴趣。它是德性活动实施的载体。

然而，仅有好的主题，无相得益彰的组织形式和环境设计加以配合，如同好的食材因缺乏科学配菜和烹饪厨具无法成为好的菜肴一样。此两者与前者的"主题"是"形式"与"内容"的关系，课堂组织形式和环境依赖于主题，并随着具体主题的不同而有所改变；同时，形式和环境又作用于主题，影响主题发挥的效果。当组织形式和环境与主题高度契合时，对主题效果的发挥起着有力的促进作用；反之，则起阻碍作用。只有经过在具体场景下"格物"与"德性"多次结合之后，个体才可能达至德性的养成。可见，组织形式的科学设计、沟通环境的巧妙布局是课程设计的另两个要素。

作为衡量和检验学习效果的评估环节不仅是常规教学的必备一环，在德性活动中更是必需的要素。科学化、多元化的评估体系能使教学活动具有德性指向，利于学生在活动中始终将德性内化于心，达到"形散神不散"。

"主题""形式""环境""评估"四要素能否有序合理地落实于教育实践必须以是否由具备德性的教师来实施为前提。而一位具备德性的教师必然对自身的角色定位有清晰的概念：灵魂的设计师、德性的引导员。

可见，"主题""形式""环境""评估""角色"五要素织成了一张德性活动之网，彼此相应、相辅相成，却始终不离"众、非、合"三点。以下是各要素的具体设计内容：

1. 主题设计

"从网购到国际贸易"这一课程名称的设计就本着从学生亲历的网购体验出发，通过交流，感知各种各样的网购故事，而后，在众多看似不同（众、非）的故事背后挖掘核心要素，提炼"网购"与"外贸"之间的共性之处（合）；在此基础之上，延展外贸的特殊性，让专业知识的习得不再高高在上、脱离感受。

从网购到国际贸易是课程主题内容的主线，它由各项小主题循序渐进地串起来。各主题均以"提问的方式"发布，对思维中习以为常、理所当然的"答案"提出质疑，促使学生直面问题、打破思维定势、深入思考，从"非异"走向"合一"，转"假知"为"真知"。

2. 形式设计

课堂组织形式单一化会在感受层面出现疲倦、乏味之感，不利于兴趣的持久。因此，课程设计了三种不同的组织形式：小组讨论、辩论、大作品答辩（"众"上下功夫）。同时，小组讨论也会因主题的不同，适时地调整小组组员；辩论形式也会将原有的小组组员结构打破，让每位学生在课程中尽可能地与更多的同学交流（充分感知"非"），并逐步提升思维模式，探究表象之下的本质，达到合一的状态。期末大作品答辩会则不仅是对个人整体思维的考察，也在无形中反映团队合作程度。

3. 环境设计

课程一开始就以"组"为单位开展教学活动。在总计 30 人的情况下，每 5 人编为一组，6 组一期。参加每一主题的每位学生至少可以听到 9 名学生的想法（4 名为本组组员＋5 名为他组代表）；其间网购故事在小组分享的基础上，会再以购物商品划分小组，扩大聆听的范围；另一些以选择项为题的讨论，则会按照学生个体的选项分组。多样但有序的分组，在最大范围内让学生听见他人的想法和意见，在"非"的状态下不断提升思维，达到"合一"。

4. 评估设计

评估设计的"众、非"主要体现在评估者方面，教师不是唯一评估人，每位学生均参与评估环节。小组讨论采用"学生自评""组内互评""小组他评"；辩论形式中每场辩论正反双方学生不参评，由第三方（中立）学生和教师参评；大作品答辩则除了"小组他评"＋"教师参评"外，校外专家也会参与评估。学生既是被评估对象，又是评估者，双重身份能有效地促使其摆脱"孤立、线性"的单向思维，拓展思考维度，自然而然地能站在他人的角度考虑问题。

5. 角色设计

师与生在这门课程中的角色定位与传统"一言堂"式的教学完全不同，师生的关系更像是导演与演员的关系，或者说教师更像是医院里的"导乐 Doula"（通俗的讲法：助产士），不是将概念、结论等自上而下灌输给学生，而是通过一连串的问题（学生提出＋教师提出）使学生陷入矛盾之中，激发渴求解决矛盾的兴趣，而后启发、引导学生，使学生通过自己的思考，得出结论。课堂现场是学生的舞台，教师如同导演一般，隐在台下，懂得如何在恰当的时间（学生多方意见很难合一之时、学生全体已达成共识）、恰当的地点以恰当的方式将恰当的学生引向思考更深处①。

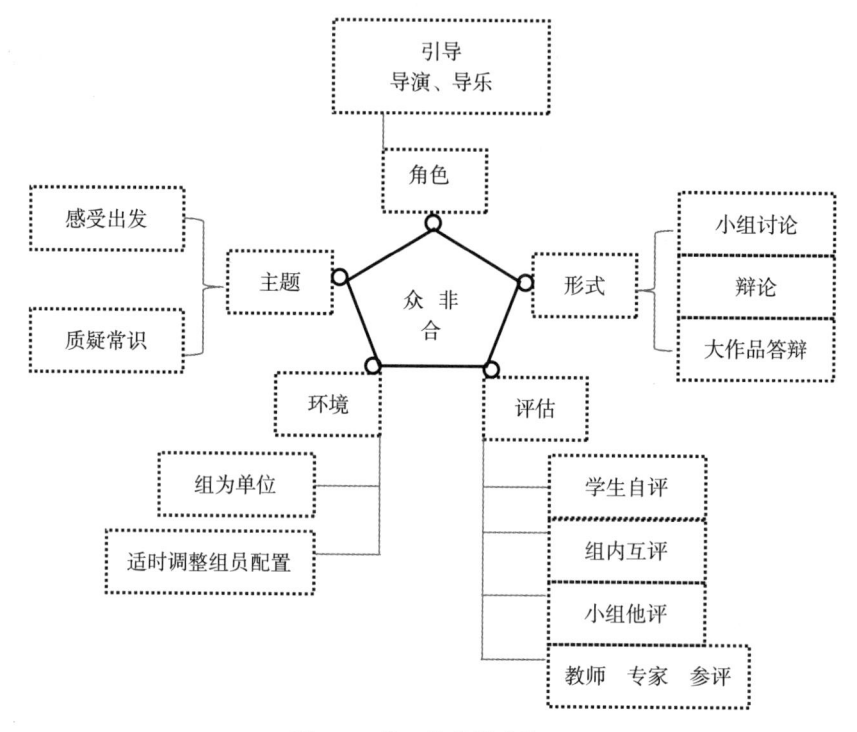

图3 五位一体的教学体系

四 分析教学效果
——思维提升尤为显著

最新一期课程结束后，收到30名学生的教学问卷反馈，有效文字反馈（2—9题）217条（第10题是课程满意度打分）。基于这217条记录，分析本期教学效果，考量课程预设的教学目的的实现程度。

在217条文字记录中，除去第9题30条有关课程不足之处的记录外，其余187条是学生对整期课程的学习感受。分析187条记录，其中，156条记录明确显示了学生在"思维提升、才智获得、德育"等方面的提高，

---

① 程亮：《教学是麦金泰尔意义上的实践吗?》，《教育研究》2013年第5期。

占 83.4%。课程整体目标很大程度得以实现，尤其是思维的提升，共 104 条记录，66.67%；才智获得 40 条；德育（主要提及团队合作）12 条。

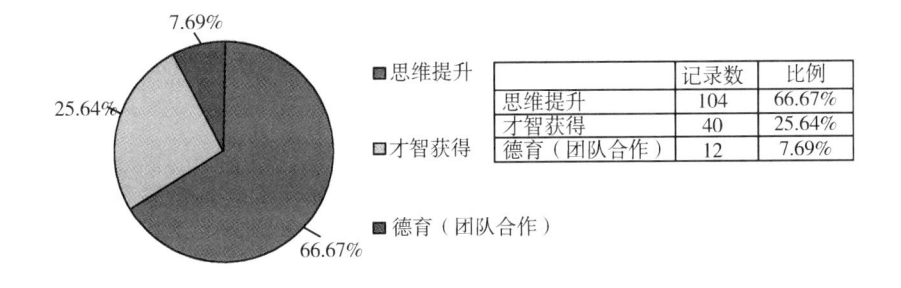

	记录数	比例
思维提升	104	66.67%
才智获得	40	25.64%
德育（团队合作）	12	7.69%

图 4　教学效果分布图

在 104 条思维提升的记录中，有 68 条记录明确提及了思维提升的具体方面（即广度、深度、密度、整体性），以下是 68 条记录在这四方面的分布：

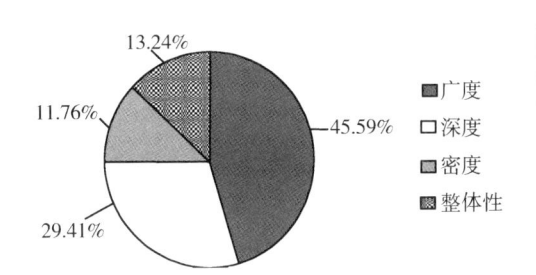

	记录数	比例
广度	31	45.59%
深度	20	29.41%
密度	8	11.76%
整体性	9	13.24%

图 5　思维提升分布图

从上图中不难看出，在思维的各个方面上学生均有涉及，其中"思维广度"和"思维深度"面向上感受尤为明显。较之课程开设第 1、2 轮时（那时在"主题"和"形式"两方面显零散、未完整体系化），大部分学生在问卷中只提及"思维广度"的提升，其余三点很难感受到；而在搭建起完整的"五位一体"教学体系后，课程在思维的四方面均有涉及，且"思维深度"提高很大，实现了思维全方面提升的目标。

五位一体的教学方案让学生对课程保持着很高的兴趣，30 名学生中 25 名对课程很感兴趣（占比 83.3%），仅 5 名学生坦言没有特别感兴趣的地方（兴趣一般）。

最后 30 名学生为课程满意度（10 分满分）打分，平均分 8.4 分，其中 8.5 分及以上者 16 名，占 53.3%。这些学生都很接受"教师引导"、乐于自我思考；而在打 6—8 分档的 14 名学生中有 6 名学生在课程结束后，仍建议"教师多讲，期待干货"（其中打 6 分的 2 名学生中的 1 名、打 7 分的 4 名学生中的 3 名、打 8 分的 8 名学生中的 2 名）。

分析 30 名学生在第 9 题（有关课程不足）的记录，4 名觉得课程不错，无不足；8 名学生仍建议"自上而下"的交流，而这从反向角度证明了课程实施的良好效果（即打破教师一言堂灌输的思维模式）。

表 1　　　　　　"从网购到国际贸易"结课时的调查问卷

请先回顾一下整期课程，结合你真实的感受，用心填写，谢谢配合。
1. 你的姓名及专业：
2. 谈谈你对本课程的整体感受：
3. 对事物的认知，是否在课程学习前与后有所不同？请具体谈谈两者的差异（可举例说明）：
4. 通过本课程的学习，你受益最多（收获最大）的是：
5. 本期课程安排了"小组讨论""辩论""大作品答辩"等几种形式，最令你印象深刻的是哪一种呢？谈谈你的理由。
6. 你觉得本课程多次讨论中，哪一讨论内容对自己启发最大？为什么？
7. 不论之前是基于何种原因选择了这门课程，想问问此刻你对课程是否感兴趣？为什么？
8. 这门课程的教学方法是否适合你呢？
9. 你觉得本课程还存在哪些不足？如何改进，想听听你的想法。
10. 如果课程满意度满分为 10 分，请为本课程打分：

五　结语

正如知名教育哲学家诺丁斯所言，教师的工作不只是根据预设的目标引发学生的学习，而是需要对学生应该学习什么以及为什么应该学习这些进行反思。作为教学第一线的教师，笔者不断地反思课程除以显性的知识习得为目标外，长远的、能让学生受益终身的目标是隐性的思维模式（心智模式）的提升，而德性是其实现的关键所在。通过多年的教学实践，课程搭建起的以"非、众、合"为特点的五位一体的教学体系让显性目标与德性目标相得益彰、相辅相成，是将"德育"因子润物细无声地融入大学专业课程的一次成功尝试，望能对同行有所启迪。

The Establishment of an Integrated Teaching System with Virtue Development as the Goal and Research as Method
——Curriculum Design and Practice on E Commerce

Tan Ying

Abstract: As the ideological elements entering higher education courses, the perspective of education has been changed from "external values" (i.e. pay attention to the social benefits for individual) to "internal values" such as all-round development for individuals. Obviously, virtue cultivation should be the key, which should also become the main purpose of teaching and soft power of talent cultivation. Based on the specific course named E Commerce101 for freshmen, the author has been trying to find the feasible curriculum integrated knowledge and Virtues and Skills and Dao, and to establish an integrated teaching system with virtue development as the goal and research as method.

Key words: Virtue Development; Transformation of Ways of Thinking; Integrated Teaching System

"伦理与公司治理"专业课程思政教学改革的探索[*]

张少萱[**]

摘　要：为了贯彻习近平总书记在全国高校思想政治工作会议上的重要讲话精神，发挥专业课程在高校思想政治教育和德育上的作用，上海对外经贸大学开展了课程思政教育教学改革工作，推进专业课程思政教育改革与建设。通过教学设计和模式的改革与建设，"伦理与公司治理"作为专业课程，其思政和德育元素得到了充分发掘并用于实际教学，取得了良好的效果。

关键词：专业课程；思政教育；德育；教学改革

一　课程建设背景

2016年12月，习近平总书记在全国高校思想政治工作会议上发表了题为《把思想政治工作贯穿教育教学全过程　开创我国高等教育事业发展新局面》的重要讲话，强调高校思想政治工作要坚持把立德树人作为中心环节，把思想政治工作贯穿教育教学全过程，实现全程育人、全方位育人；要坚持不懈培养和弘扬社会主义核心价值观，引导广大师生做社会主义核心价值观的坚定信仰者、积极传播者、模范践行者；正确认识中国特色和国际比较，全面客观认识当代中国、看待外部世界。讲话指出，要用好课堂教学这个主渠道，思想政治理论课要坚持在改进中加强，提升思

---

[*] 基金项目：上海市高等学校一流本科建设引领计划资助。
[**] 作者简介：张少萱（1976—　），男，上海对外经贸大学国际商务专业副教授，硕士生导师。

想政治教育亲和力和针对性，满足学生成长发展需求和期待，其他各门课程都要守好一段渠、种好责任田，使各类课程与思想政治理论课同向同行，形成协同效应。为贯彻落实习近平总书记的重要讲话精神，上海对外经贸大学开展了课程思政教育教学改革建设项目工作。① 要求以坚持立德树人和加强社会主义核心价值观教育为原则，推动学校课程思政教育教学体系改革，逐步推进专业课程改革。推动中华优秀传统文化全面融入课程思政教育教学改革，完善课程体系，充分挖掘和发挥专业课程德育与思政教育元素和作用。②

"伦理与公司治理"是中澳合作国际商务专业引进的一门专业课程，以伦理道德特别是商业伦理和企业治理的基本理论与实践应用为教学内容，其中伦理方面从基本的哲学与心理学层面开始阐述和分析，再将其理论逻辑和观点应用到商业与组织环境中形成商业伦理道德理论。以商业伦理理论为前提和基础，构建企业与组织管理和治理的理论与结构。该课程是国外商科管理类院校普遍开设的一门重要的理论专业课程，现在也成为国内相关院校一门重要的专业课程。

在我国社会经济发展的现阶段，德育是教育系统特别是高等教育部门人才培养的重要目标之一，也是社会主义教育的要求和需要。就高等教育而言，社会主义高等教育必须通过德育，培养知识、能力、素质结构优化，全面发展，具有创新精神与创造能力的高级专门人才。③ 因此，德育是高等教育培养目标和规格的必然性和普遍性要求。由于伦理道德理论是本课程教学内容体系的基础和开端，因此本课程非常符合我国高校思想政治教育和德育的要求和需要。就本课程教学而言，德育就是通过本课程的教学内容和活动，对学生群体进行道德品质、政治思想与心理品质的教育和培养。这既是国家教育方针和目的，也是民族文化及道德传统和时代与社会发展的需要。④

---

① 陈璨：《供给侧改革视角下提升高校思想政治工作实效性探究》，《新西部：中旬理论》2017年第24期。

② 杜江：《思政元素融入〈政治经济学〉教学探索——基于应用型人才培养模式的视角》，《中小企业管理与科技》（上旬刊）2018年第12期。

③ 吴菲菲：《教学研究型大学的人才培养目标与途径研究》，硕士学位论文，内蒙古农业大学，2007年。

④ 陈才开：《学分制实施刍议》，《高教探索》2000年第4期。

二 课程的德育内涵、特色与存在的问题

(一) 课程的德育内涵

本课程从哲学和心理学层面对伦理道德基本理论与实践知识的阐述，并与案例和社会实际的结合，能够在完成其作为经管类专业课程教学任务的同时，对学生进行人道主义和社会公德教育、科学世界观和人生观教育，促进学生心理健康与发展。本课程所采用的案例教学方法能够有效地促进学生对伦理道德理论与思想的理解和认同，符合道德认知与道德实践并重的德育原则，避免了空洞说教的负面影响。本课程作为经管类专业课，将伦理道德理论与商业活动和企业治理理论与实践密切结合，这也是本专业课程的突出特色。经管类学生将来会大量参与和承担商业及企业活动，参与者的伦理道德品质必然影响其在商业和企业活动中的认识、行为与后果。伦理与商业和企业治理是目前经济管理领域内重要的问题。

商业伦理又称为企业道德，是企业经营本身的伦理。不仅企业，凡是与经营有关组织都包含有伦理问题。只要由人组成的集合体在进行经营活动时，在本质上始终都存在着伦理问题。一个有道德的企业应当重视人性，不与社会发生冲突与摩擦，积极采取对社会有益的行为。企业伦理观念是美国20世纪70年代提出的，我国对企业伦理的认识与研究尚处于起步阶段，对企业伦理的内涵尚缺乏了解。有人认为，企业是将赚钱作为主要目标的，伦理则是追求的道德规范，企业的经营目标与企业社会责任没有必然联系，因此，认为企业经营目标和伦理是相矛盾的。追求利润为唯一目标的思维方式是落后于新时代的。在当今时代，如果企业只追求利润而不考虑企业伦理，则企业的经营活动已越来越为社会所不容，必定会被时代所淘汰。也就是说，如果在企业经营活动中没有必要的伦理观指导，经营本身也就不能成功。树立企业伦理的观念，体现了重视企业经营活动中人与社会要素的理念。①

同时，本课程的另一教学内容即公司治理也与伦理道德有着密切的联

---

① 360百科：《企业伦理》，https：//baike.so.com/doc/6694920-6908829.html，2019-12-10。

系。公司治理是指一套程序、惯例、政策、法律及机构，影响着如何带领、管理及控制公司。公司治理方法也包括公司内部利益相关人士及公司治理的众多目标之间的关系。主要利益相关人士包括股东、管理人员和理事。其他利益相关人士包括雇员、供应商、顾客、银行和其他贷款人、政府政策管理者、环境和整个社区。公司治理中常见的伦理问题，如大股东控制公司、委托代理的利益平衡、[①] "股东至上"还是"利益相关者至上"等，在中国企业尤其是上市公司中，股东、董事会、管理层、信息披露、内幕交易等方方面面都存在着突出的伦理道德问题和困境。

因此，本课程的思政教育和德育作用正是体现在以科学的伦理道德思想理论体系为基础构建正确完善的个人思想体系与道德标准，并与公司治理理论与实践相结合，在未来的商业活动中发挥和弘扬正确的思想理念与道德伦理标准，坚持社会主义核心价值观，从而使课程的德育内涵和元素能够在学生进入社会和企业后继续发挥更大的作用，实现高校培养德才兼备的经管类商科人才的目标。

（二）课程特色

1. 从哲学和心理学理论层面阐述伦理道德理论

在伦理道德理论部分，课程首先从最基本的哲学与心理学层面分析和阐述人具有的不同动机和行为方式，形成了以结果为基础的伦理目的理论和以道义为基础的伦理义务理论两大流派，目的论具体有以追求个人利益的利己主义和追求群体及社会利益的功利主义与美德论，义务理论包括以动机和责任为原则的康德主义与公正论。这些理论使学生能够从基本原理和人性特点出发深刻理解伦理道德理论与构建道德判断标准，从而建立完整的伦理道德标准和判断体系。

2. 强调案例教学和以学生学习为中心的教学模式

由于该课程伦理道德的内容属于非常基础的哲学范畴，同时，课程教学以英文为主，对学生而言非常抽象和难于理解与掌握，所以，在教学活动设计上以教师教授和学生案例分析与问题导向学习两者并重，重点强调

[①] 张扬、贾晋京：《创新及其制度环境：历史、制度与文化对创新的影响》，《第三届(2008)中国管理学年会》，2008年。

学生主动学习。课程教学以"讲授为辅、辅导自学为主、小班教学、① 以学为重"为基本理念，突出"以学生学习为中心"的教学模式，强调激发学生学习的主动性，② 教师对课程内容的讲授只是基础。案例教学是贯穿整个课程学习的主要模式和方法，同时，强调激发和培养学生思考与研究分析的能力，而非知识灌输模式，因此，本课程为学生提供了大量的学术研究文献，以便帮助学生理解和掌握课程教学内容。此外，该课程教学形式和考核方法多样化，配以丰富直观的教学资料，如案例、视频等，③ 提供足够的课堂时间用于启发学生发表意见和观点并将其作为考核内容之一，学生论文和回答论述问题是主要考核内容，重点评估学生研究和逻辑思维能力。

3. 采用问题导向辅导，着重培养学生独立思考分析能力

该课程在外方合作高校实际教学中采用了理论知识讲授与问题案例导向辅导的教学模式，每星期安排3课时完成一个专题教学，1课时用于基本理论知识及研究现状讲授（Lecture），2课时用于学生学习辅导（Tutorial）。理论讲授通常为大班授课，通常学生人数不少于60人，教学模式与国内专业课程没有差别。与国内专业课程教学最主要的差异是学生辅导这种模式，其内容主要是在前面理论知识讲授之后，通常将大班分为3个20人左右的小班，事先要求学生下载打印或课上分发专门辅导内容，辅导内容包括思考题（Review Questions）和案例分析（Case Study）两部分，课堂上要求学生就这些问题进行思考和回答，之后单独或分组对案例进行分析，主要侧重将所学理论应用于案例研究，加强对理论知识的掌握和应用。同时，在每一个专题的教学过程中，要求学生阅读指定的必要的学术研究论文，以巩固对该专题研究的各种思路与观点，强化学生对该领域研究现状的全面把握，培养学生进行自主研究、独立思考的习惯和能力。④

---

① 徐志清：《研究生管理之管见》，《学位与研究生教育》1987年第3期。
② 潘丽辉：《基于项目式翻转课堂的企业管理类课程教学改革实践研究——以旅行社经营与管理课程为例》，《南方职业教育学刊》2017年第5期。
③ 许云：《普通地质学教学改革初探》，《黑龙江教育（高教研究与评估）》2012年第8期。
④ 陈冰、李时春：《现代制造技术课程的实践教学探讨》，《当代教育理论与实践》2017年第9期。

(三) 课程存在的问题

由于本课程原先是中外合作国际商务专业的外方引进课程，教学内容基本以国外资源为主，尤其是伦理道德的相关理论全部都是近现代西方伦理思想与理论体系，仅对中国古代孔子的儒家思想做了极为简单的介绍。教学中使用的实际企业案例也均为外国公司案例，没有收录和使用中国的实际企业案例。原有课程教学内容既没有全面包括中国传统伦理道德思想和理论体系，没有阐述马克思主义伦理思想和当代社会主义核心价值观，也没有通过分析中国特色的企业案例将有关基础理论与中国商业伦理和企业治理实践相结合。因此使得中国高校学生不能在对比中西方基本伦理哲学理论内容的基础上进行国际比较，也就不能正确认识中国特色以及全面客观认识当代中国和看待外部世界，从而不能发挥专业课程思政教育和德育的作用。[①]

三 课程教学设计与模式改革

(一) 教学设计改革

在课程教学内容的设计方面，为了使学生在掌握西方伦理理论的同时，全面理解中国伦理道德理论的发展与演化，在伦理理论内容方面增加了一讲即"中国商业道德"，该讲全面介绍和阐述了中国传统伦理思想和商业道德理论及其历史演变，包括孔子儒家、道家等古代主要道德理论流派，以及当代中国特色社会主义道德思想和核心价值观。通过与西方理论对比，掌握中国商业道德理论体系的基础和特点，以及与西方理论共有的内容与差异。同时，为了使学生全面了解中国公司治理理论与实践的发展，在公司治理内容方面增加了一讲即"中国的企业治理"，介绍和回顾中国公司治理的历史和发展现状，以及存在的突出问题和解决对策。

教学设计总体上由教师讲授教学、教学辅导、教学问题与案例研究、课后文献研读、课后教师答疑与辅导等部分组成。在教学活动实施过程

---

① 肖波：《高校思政当找准三个"点"》，《光明日报》2017年2月19日。

中，采用教师与学生双向交流互动的模式，运用反馈式教学方法，[1] 促进教与学的融合和互动，教师要及时收集学生对课堂教学、问题与案例辅导等教学活动实施效果的反馈信息，把握学生学习节奏和效果，适时调整或设计教学计划和教学方法，有效提高了实际教学效果。[2]

（二）教学模式改革

本课程着重实施以理论学习和案例分析相结合的教学模式。理论学习以课堂传授为主，要求学生课前对教学内容进行预习，通过实际案例的阅读和分析加深对理论的理解和掌握。注重学生对课程内容的讨论，激发学习的主动性。案例教学贯穿于整个课程教学过程中，[3] 引用国内外经典案例来说明和解释商业伦理和公司治理的发展实践及其对市场活动和企业发展的重要作用。

在完成每一主题内容的课堂教授之后安排教学辅导，主要是对理论问题的辅导和指导学生研究案例，以加强学生对教授基础内容的理解、掌握和应用。此外，要求学生对相关研究论文等文献进行阅读和学习，掌握伦理和公司治理的最新发展动态和研究前沿。

为了进一步丰富教学资源、提高学生对教学内容的掌握和应用能力，本课程编写完成了"思考题与案例库"；选取了六本国外优秀教材或参考书作为教学资源的参考来源；整理了与本课程教学内容直接相关的所有必须及推荐阅读的学术研究文献。

运用网络信息技术教学手段，实现了网络化互动式教学模式的全面应用。以学校 Blackboard 教学体系为平台，现已完成完整教学资源的网络化共享，包括教学大纲和方案、教学课件、辅导思考题和案例库、[4] 相关学术研究文献；同时，利用该平台实现教学互动和练习作业提交及课程教学反馈与调查。

---

[1] 袁运浩、葛洪伟、杨金龙、罗晓清：《面向对象程序设计的交互式教学模式探讨》，《教育教学论坛》2015 年第 40 期。
[2] 顾启猛：《高中英语测试与教学脱节问题调查》，硕士学位论文，鲁东大学，2012 年。
[3] 符水波：《翻转课堂视角下课堂教学管理分析》，《教育现代化》2018 年第 12 期。
[4] 刘明广：《本科〈计量经济学〉课程教学的几点建议》，《统计与咨询》2008 年第 2 期。

四 课程教学改革实施的效果

按照课程建设项目的实施要求，本课程教学改革方案分别在 2016—2017 学年和 2017—2018 学年的第 2 学期的两个教学班进行了实施。课程教学改革与建设主要预期效果是以专业课程模式深化高校思想政治教学体系的改革，发挥专业课程对高校学生进行思想政治教育的作用，达到育人的目的。[①] 通过网络教学平台对选课学生就该课程教学效果进行了调查，总共有 46 位学生对课程教学情况进行了反馈。根据综合分析和总结，本课程教学改革已经实现了预期目标和效果。

（一）通过课程教学提高了学生伦理道德和思想素质与修养

根据调查，46 位学生中有 38 位特别强调课程内容对个人及企业伦理道德与思想修养有重要的作用，伦理道德理论学习对自身行为有重要的指导意义。在参加该课程学习之前，绝大多数学生认为本课程只是一门国际商务的专业课程，不认为通过该课程学习可以认识和提高自身及他人伦理道德与思想素质，也不认为该课程与思政教育或德育有明显或必然联系。但是，在课程学习即将结束的时候，绝大多数学生都认为该课程教学内容对自身认知和评价伦理道德和思想素质具有突出的理论和现实指导作用，尤其是中西方伦理理论使学生对个人及企业的伦理道德有了透彻的系统性认知，并将其作为管理和指导自身思想和行为的基本原则。

（二）学生普遍认为伦理道德理论即思政德育与企业商业行为有着重要的关系

据调查，同样有 38 位学生认为伦理道德与企业治理之间存在紧密的关系。作为商科大学，包括国际商务专业在内的毕业生大部分将来要从事包括公司治理在内的大量不同类型的企业与商业活动，在校期间会学习大量的经济管理类专业课程。在以往的学科专业课程体系中，思政类课程与专业课程分属不同类别，它们之间无明显的紧密关联，教师学生也普遍认为两者各司其责、互无关联，因而，造成专业课程与思政教育和德育脱

---

① 潘威：《高校思想政治教育网站建设研究》，硕士学位论文，太原科技大学，2011 年。

节,造成学生在学习以及日后工作中仅从专业角度考虑问题和决策。但通过本课程的学习,学生认识到即使是企业商业活动和决策也必须从伦理道德角度进行考虑,所作决策也必须具有道德性和符合社会伦理价值观。

(三) 启发式教学与以学生为中心模式强化了学习效果

本课程在进行教学内容设计和实际教学活动中充分借鉴了国外合作高校的教学模式和方法,首先,强调"以学生为中心"的教学理念,着重激发和鼓励学生自主学习,① 通过要求课前预习和阅读有关学术文章了解教学内容,对于案例分析和回答问题不做先入为主的判断和结论,不预设前提条件,设想多种情景进行具体分析和判断,教师仅起到辅助启发的作用。在这种教学模式下,学生通过自主研究归纳得出结论,会强化自我认知,从而激发学习兴趣和强化自我学习的结果和效果,印象深刻。案例教学模式和大量实际典型案例的使用加深了学生对基本理论的掌握和具体应用,同样强化了课程教学内容的实际效果。

五 结论和建议

通过对该专业课程的思政教育和德育教学改革与建设,充分和深入探究与发掘了其在思想政治与品德教育方面的内涵和元素,并将其运用于课堂教学实际过程中,取得了既定的预期效果。这门课程的建设与实施切实贯彻了把立德树人作为中心环节、把思想政治工作贯穿于教育教学全过程的要求,实现了全程育人和全方位育人的要求。体现了我国高等教育培养德智体美劳全面发展的社会主义事业建设者和接班人的重大任务和政治方向。真正发挥好了课堂教学这个主渠道,② 突出了学科专业课教学应有的思政与德育作用,与思想政治理论课及其他课程协同配合,提升了思政教育亲和力和针对性,满足了学生成长发展的需求和期待。③ 在以后的教学

---

① 孙中廷;赵玉艳:《浅析模块教学中的在线学习课程设计》,《出国与就业》(就业版) 2011 年第 24 期。

② 王功名、王志强、赵晓乐、宋浩、蔡萃:《探索基于"微平台"的高校思政课实践教学模式改革》,《课程教育研究》2018 年第 45 期。

③ 李建伟:《"大思政"视域下的高校辅导员角色探析》,《国家教育行政学院学报》2017 年第 5 期。

工作中，应进一步加强专业课程师资的思政教学能力培养，努力发现和挖掘各类专业课程的思政和德育的内涵与元素，运用多种教学模式和方法发挥专业课程教学的思政和德育作用。

Exploration of Ideological and Political Teaching Reform in Professional Course——Ethics and Corporate Governance

Zhang Shaoxuan

Abstract: Shanghai University of International Trade and Economics has undertaken the tasks of ideological and political education reform in courses and advancing the reform and development of ideological and political education in professional courses in order to implement the spirit of the speech made by the general secretary Xi Jin-ping in National conference on ideological and political work in colleges and universities. Ethics and Corporate Governance as a professional course, with the essence of ideological, political and moral education, has been fully excavated and actualized in teaching and achieved the favorable effects through the teaching design and reform.

Key words: Professional Course; Ideological and Political Education; Moral Education; Teaching Reform

商学教育

新财经的历史演进、时代内涵和一流之路探析*

陈益刚 侯嘉茵 彭颖怡**

摘 要：新财经与新工科、新医科、新农科一样，是新时代高等教育创新发展的总体要求和主流趋势。从法商教育到财经学科再到经济学、管理学及商学，我国已经建成世界上最大的财经高等教育供给侧体系，取得举世瞩目的伟大成就；但同时也呈现出学科布局不够平衡、发展水平不够充分的阶段性特征。新时代，新方位；新财经，新使命。新财经既面临着重大不确定性和巨大挑战性，也蕴涵广阔的生成空间和无限的发展机遇。我们必须以习近平新时代中国特色社会主义思想为指导，勇立潮头，担负新财经新使命；五育并举，构筑新财经学科与专业激荡相生新态势；一流引领，开创新财经和谐共进新格局；以学科共同体为纽带，实现新财经高质量发展新愿景；以质量革命为导向，构筑起具有中国特色、一流水平的新财经评估新体系。

关键词：新财经；财经高等教育；一流学科；一流专业；新格局

党的十九大以来，在习近平新时代中国特色社会主义思想指导下，党和政府在"五位一体"和"四个全面"的总体布局中始终把教育摆在基础性、全局性和先导性的战略地位，高等教育迎来了更上层楼的黄金发展期，驶入了高教强国的历史新航程。习近平总书记在北京大学120周年师

---

* 基金项目：教育部人文社会科学研究规划基金项目（项目编号：17YJA880012）；西南财经大学"中央高校基本科研业务费专项资金"高等财经教育研究项目（项目编号：JKB19FG02）。

** 作者简介：陈益刚（1965— ），男，西南财经大学发展规划处、高等财经教育研究中心，副研究馆员；侯嘉茵（1988— ），女，西南财经大学发展规划处，硕士；彭颖怡（1990— ），女，西南财经大学发展规划处，硕士。

生座谈会上、全国宣传思想工作会议和全国教育大会上的重要讲话，是引领新时代高等教育改革发展的纲领性文件。

2019年4月29日，教育部等十三个部委在天津联合召开"六卓越一拔尖"计划2.0启动大会，全面实施"六卓越一拔尖"计划2.0，全力推进新工科、新医科、新农科与新文科，全过程展开高等学校质量革命，全方位揭开高等教育质量中国品牌建设序幕。① 从"复旦共识"到"天大行动"再到"北京指南"，新工科三部曲越奏越响亮；从新工科到新医科、新农科、新文科，质量革命的举措越来越周密。在不到三年的时间里，新时代高等教育改革与发展的强劲东风，激荡着每一所高等学校，变革着每一个学科与专业，激励着每一位师生员工。在风云际会、奋发图强的时代大潮中，新财经呼之欲出。什么是新财经、内涵是什么、如何构建新财经新格局？

一　新财经的历史演进与时代内涵

（一）新财经的历史演进

新财经与新工科、新医科、新农科和新文科一样，是新时代高等教育改革与发展的总基调和主旋律。关于新工科，有学者（2017）指出，"新工科，'工科'是本质，'新'是取向，要把握好这个'新'字，但又不能脱离'工科'"。② 可见，新财经相对于财经，"财经"是内核，"新"是取向。在我国现代大学120余年的进程中，"财经"一词具有特定的历史内涵和学科属性。

"财经"一词源于我国中央人民政府的组成机构以及高等教育分科办学的独特背景。新中国成立后，中央人民政府政务院设4个专门委员会和主管内政外交的30个部（委、院、署、行）。其中财政经济委员会由陈云副总理任主任，指导财政部、贸易部、重工业部、燃料工业部、纺织工业部、食品工业部、轻工业部、铁道部、邮电部、交通部、农业部、林垦

---

① 教育部：《"六卓越一拔尖"计划2.0启动大会召开》，http：//www.moe.gov.cn/jyb_xwfb/gzdt_gzdt/moe_1485/201904/t20190429_380009.html，2019-04-29。

② 钟登华：《新工科建设的内涵与行动》，《高等工程教育研究》2017年第3期。

部、水利部、劳动部、人民银行和海关总署等16个部门,这是政府部门的"财政经济",简称"财经"。① 在高等教育层面,一是,设立财经类院校。1949—1952年,通过"接管、接收、接办"的方式,中央人民政府对旧中国高等教育系统进行全面改造。② 其后,进行两次大规模的院校调整:第一次在1952—1953年,调整后大多数省份都有一所综合大学和工、农、医、师等专门学院。第二次在1955—1957年,经国务院批准,在武汉、兰州、西安、成都等内地城市新建一批高校。按办学类型,分为综合、工业、师范、农林、医药、财经、政法、语文、艺术、体育和其他,财经类院校成为高等教育的主要类型之一。二是,调整和改造财经专业。院系调整后共设置专业215种,其中财经专业13种。1953—1957年再次进行调整,调整后,设置专业323种,其中财经专业12种。1963年,国务院发布《〈高等学校通用专业目录〉和〈高等学校绝密和机密专业目录〉》。通用目录分为工科、农科、林科、卫生部分、师范部分、文科、理科、财经部分、政法部分、体育部分、艺术部分十一类,373个专业(不包括绝密、机密专业和试办专业)。政治经济学专业列入文科,财经部分则包括国民经济计划、工业经济、农业经济、贸易经济、财政金融、统计学、会计学、对外贸易经济、世界经济、经济地理等10个专业,允许部分高校将财政、金融分设为2个专业。③④

新中国成立之前,财经教育是以法商教育的形式存在,并与我国高等教育相生相伴、曲折成长。1898年创办的京师大学堂,法科(经济学包含其中)和商科是其主要科门、科目之一。创设之初,京师大学堂课程设置分为普通学科(必修)和专门学科两大类,政治学、商学作为专门学科供学生选修。《钦定京师大学堂章程》规定,大学堂分为大学预备科、大学专门分科和大学院,分科设目,共七科三十五目。其中政治科下

---

① 《国务院历次机构改革》,http://guoqing.china.com.cn/2013-03/10/content_28191284.htm,2013-03-10。

② 唐任伍、刘泰洪:《中国高等教育管理体制演进:1949—2009》,《改革》2009年第11期。

③ 张健:《中国教育年鉴(1949—1981年)》,中国大百科全书出版社1984年版,第270—271页。

④ 郭振雷:《我国高校本科专业目录修订的演变——兼论目录对高校专业设置数量的调节》,《现代教育科学》2013年第2期。

分政治学、法律学二目。商务科下分簿记学、产业制造学、商业语言学、商法学、商业史学、商业地理学六目。1910年3月，京师大学堂的分科大学正式开办，商科下设银行保险一门。① 在清末民初的专门学校中，法政专门学校设法律科、政治科、经济科三科；政治、经济二科不分设者须另设政治经济科。商业专门学校以养成商业专门人才为宗旨，修业年限为三年，设预科，修业年限一年。

改革开放以来，除财经学科的称谓之外，经济学、管理学、经管学科、商科的称谓日渐泛化。研究生教育层面，1981年后，历经1983年、1990年、1997年和2011年4次学科专业目录调整，学科门类由10个增加至13个，一级学科由63个调至110个。1997年的学科专业目录调整中，增设管理学门类，将经济学门类的部分专业调整到管理学门类的一级学科工商管理，其下设置4个二级学科；本科教育层面，历经1987年、1993年、1998年和2012年等4次专业目录调整。1998年，增设管理学门类，经济学门类的工商管理类专业调整到管理学门类；经济学类下设4个专业，工商管理类下设6个专业。2018年3月，中央财经领导小组改组为"中国共产党中央财经委员会"，由习近平总书记任组长，"财经"一词被赋予新时代、新内涵。

（二）新财经的时代内涵

由新工科到新医科、新农科、新文科，掀开了高等教育质量革命新征程。有学者（2017）从理念新、要求新、途径新三个层面解读新工科，探讨新工科的理念、路径和方略。② 有学者（2018）认为新医科是现有医学教育体系改革的升级版，具有"新理念、新结构、新模式、新质量、新体系"的五大内涵。③ 有学者（2019）提出，新农科建设要实现四大转变。④ 有学者（2019）提出文科是"人文社会科学"或"哲学社会科学"的简称，新文科要从观念重构、结构改造、模式再造、平台垒筑、类型分

---

① 萧超然等：《北京大学校史（1898—1949）》，上海教育出版社1981年版，第6—25页。
② 钟登华：《新工科建设的内涵与行动》，《高等工程教育研究》2017年第3期。
③ 顾丹丹等：《"新医科"内涵建设及实施路径的思考》，《中国高等医学教育》2018年第8期。
④ 应义斌、梅亚明：《中国高等农业教育新农科建设的若干思考》，《浙江农林大学学报》2019年第1期。

中国成立至"文革"（1949—1966），只设专业。第三个阶段从改革开放至今（1978年起），学科与专业并行发展，我国政府先后启动了"211工程""985工程""协同创新"及"双一流""一流本科教育"重大工程。

在习近平新时代中国特色社会主义理论的指引下，高等教育被赋予立德树人新使命，迈入高教强国新征程。伴随着"三步走"战略的全面推进和不断迈向新高，在2020年、2035年、2050年的三个重要节点上，将是教育强国的关键期、决胜期和达成期；高等教育将是"第一个百年目标"的基础支撑平台和"第二个百年目标"的战略引领力量。陈宝生部长展望2049年，指出中国教育将"稳稳地立于世界教育的中心，引领世界教育发展的潮流"[①]。从"跟跑"到"并跑"再到"引跑"的变革中，新财经也将在质量革命的时代大势中锐意创新，展现出发奋图强的新风采，呈现出引领潮流的新态势。

4. 结构新

大学是一个典型的利益相关者组织，有学者将其划分为核心利益相关者、重要利益相关者、间接利益相关者和边缘利益相关者。[②] 美国教育学家克拉克·克尔提出"多元化巨型大学"观点，认为多元化巨型大学拥有多个群体和目标、多个权力中心和多个服务对象。[③] 以利益相关者理论和多元巨型大学的观点透视大学的内部组织结构，可以发现，学科与专业是大学组织中最为基础、核心的一组概念。学科与专业的数量、规模、结构及其层次、质量与水平，决定着高校办学类型、规模结构、层次地位和社会影响，决定一个国家（地区）高等教育的大小强弱。40年来，大学发展主要循着两条主线：一是以学科、学科目录以及重点学科建设、研究生培养为主线，形成以国家级、省部级、校级重点学科为架构的三级体系；另一条是以专业、专业目录以及教育教学改革、本科质量工程为主线，形成国家级、省部级、校级特色专业与精品课程为主导的三级体系。

---

① 陈宝生：《未来"教育红包"会有啥？教育部部长告诉你》，http://www.xinhuanet.com/politics/2017-10/22/c_129724679.htm，2017-10-22。

② 李宝华：《利益相关者理论与大学管理体制创新》，《教育研究》2007年第7期。

③ 莫灿灿：《克拉克·克尔多元化巨型大学：缘起、理念及其启示》，《高教研究与实践》2016年第3期。

学科和专业的调整与优化，是为了适应国际国内经济社会发展要求进行的主动性、创新性变革，是"有选择的卓越"。① 国务院学位委员会下达的 2018 年动态调整撤销和增列的学位授权点名单（学位〔2019〕8 号）中，动态调整撤销的学位点 489 个，分布于 29 个省（市区）的 182 所大学（机构）。动态增列的学位点 218 个，分布于 28 个省（市区）的 147 所大学（单位）。动态调整撤销与增列变化呈现三个特点：一是，学位点撤销数是增列数的 2.24 倍，大大高于增列数，反映出更加注重内涵的取向。二是，既撤销现有的学位点，又增列部分学位点的高校达 105 所，反映出学科结构调整优化的思路。三是，既有部分高校撤销，也有高校增列学位点 40 个，反映出学科点布局与高校自身的目标定位相匹配、相适应的内在逻辑。

5. 评价新

大学评价伴随高等教育的发展而产生，是高等教育扩张到一定阶段后的必然产物。② 20 世纪 80 年代以来，世界范围内出现多种多样的排行榜：有由政府及相关职能部门的评估排名，如本科教学质量评估、全国一级学科评估；有由社会机构进行的各类排行榜，如上海交通大学的世界大学学术排名（ARWU）、武汉大学中国科学评价研究中心的世界大学排行榜（RCCSE）、泰晤士高等教育世界大学排名（THE）、世界大学排行榜（QS）和美国新闻与世界报道的世界大学排行榜（US News）。

大学评价具有"指挥棒"和"风向标"的导向功能，有多重理念、多元主体、多样标准、多个维度、多层指标体系和权重。习近平总书记多次强调，要"扎根中国大地办大学""把论文写在中国大地上"。教育部第五轮学科评估提出以"立德树人成效"为根本标准，以"质量、成效、特色、贡献"为价值导向，以"坚决破除四唯顽疾"为突破口，构建更具中国特色和国际影响的评价体系。③ 新财经评估体系要树立新理念，构建新标准，形成新导向。要坚持立德树人的初心和使命，把握"德智体

---

① 孟照海：《有选择的卓越：世界一流大学的学科布局调整策略》，《高等教育研究》2018 年第 3 期。

② 罗燕：《中国高校评价的制度分析——兼论"双一流"建设高校评价》，《清华大学教育研究》2017 年第 6 期。

③ 暨南大学：《教育部第五轮学科评估研讨会在我校举行 提出评估将以"立德树人成效"为根本标准》，https：//dzb.jnu.edu.cn/plus/view.php? aid＝894，2019-05-24。

美劳""五育并举"及核心能力和谐相生的发展机制,守正创新,引导新财经回归初心,着力破除高等教育评价中"四唯""五唯"的顽瘴痼疾,构建具有中国特色、世界水平的评价体系,推进世界一流大学建设。[①]

二 以供给侧改革为突破口 全面把握财经学科的阶段性特征

(一) 财经高等教育供给侧体系

高等教育供给侧结构改革是全面深化改革的重要部分。从供给侧的视角,财经高等教育具有"类型齐全,规模庞大;点多面广,体系完备;声誉卓越,影响巨大"的显著特点。

1. 类型齐全,规模宏大

从教育统计角度,据《中国教育统计年鉴》(2017)栏目设置,高等学校(机构)包括研究生培养机构、普通高校、成人高等学校、民办的其他高等教育机构四大类型。其中,研究生培养机构分为普通高校、科研机构;普通高校分为本科院校(含独立院校)、高职(专科)院校。

从2018年招生视角,博士研究生招生机构371家,其中普通高校289所、科研机构62所、军队院校19所、党校系统1所。硕士研究生招生机构861所,其中普通高校583所、科研机构219所、军队院校45所、党校系统14所。普通高校招生2726所。办学层次上,分为本科、本科/高职(专科)、高职(专科),分别为607所、644所、1475所。办学类型上,分为综合、工科、农业、林业、医药、师范、财经、政法、语言、体育、民族、艺术、军队十三类。其中工科类最多,937所,综合类次之,717所;师范类272所、财经类223所。林业、民族和军队院校分别是20所、17所、2所。财经院校中,本科院校53所、本科/高职(专科)院校49所、高职(专科)院校121所。

2. 点多面广,体系完备

从学科与专业目录的指向看,研究生层次,主要指三个学科门类与四

[①] 王战军、刘静:《构建中国特色评价体系 推进世界一流大学建设》,《清华大学教育研究》2018年第6期。

个一级学科，即经济学门类的理论经济学、应用经济学，管理学门类下的工商管理，既可设置在经济学门类也可设在理学门类的统计学，还有金融、应用统计等9个专业学位。本科生层次，主要指经济学、管理学门类的经济学类、财政学类、金融学类、经济与贸易类、工商管理类5个专业类及其包含的多个相关专业。专科生层次，主要指"财商贸易大类"及其下设置的众多专业。

研究生层次学位点。2018年，博士学位点上，理论经济学下设人口、资源与环境经济学的高校最多，84所；政治经济学、世界经济和西方经济学次之。应用经济学下，设置金融学、产业经济学的高校最多，分别是36所；除国防经济外，其他专业规模大致均衡。工商管理下设置企业管理专业的高校最多，40所。统计学专业，7所高校设置在应用经济学下作为二级学科；11所高校设在经济学门类、32所高校设在理学门类，作为一级学科设置。硕士学位点上，理论经济学下政治经济学设置高校最多，111所；人口、资源与环境经济学、世界经济、西方经济学次之，分别为84所、73所、69所。应用经济学下产业经济学设置高校最多，162所；区域经济学、金融学、国际贸易学在100所高校之上。工商管理下设置院校数最多，企业管理专业达258所；会计学、技术经济及管理开设院校分别达183所、166所。统计学专业，66所高校设置在应用经济学下，16所高校作为经济学下一级学科、34所高校作为理学下的一级学科设置。专业学位点上，最多的是会计，达176所，金融、应用统计、国际商务等设置的高校也较多。

本科生层次专业点。经济学类、财政学类、经济与贸易类、金融学类和工商管理类5个财经专业大类下，设置有36种财经专业（含大类），累计开设6827次，其中，工商管理类的专业点设置最多、分布最为广泛，市场营销、财务管理、会计学、工商管理等专业的开设院校，达500所以上；此外，金融学、金融工程、经济学、经济统计学、国际经济与贸易等专业的开设院校也较多。

3. 声誉卓越，影响巨大

改革开放之初，高等教育的学科与专业结构严重失衡、失调，研究生教育处于停顿。本科生教育中，财经类人才仅占全国高层次人才的4.2%，数量偏少，财经、政法、管理、教育等专业迫切需要重点发展。[1]

---

[1] 张健：《中国教育年鉴（1982—1984）》，湖南教育出版社1986年版，第326页。

40 年来，经历恢复发展（1978—1996）、快速成长（1997—2005）、规模稳定（2006 年至今）等三个时期，财经高等教育与我国高等教育同步甚至超速发展。[①] 据《中国教育年鉴》"普通本科分学科毕业生人数（1981—2000）"统计，财经类本科毕业生占全国本科毕业生总数的比重，由 1981 年的 1.49% 快速攀升至 1987 年的 10.13%，2000 年达 15.78%。2001 年之后，经济学、管理学分类统计，其中，经济学类占比维持在 6.20% 左右，加上管理学类，占比高达 18.68%—25.23%。

受益于改革开放和现代化建设的外部驱动力，得益于财经学科"经世济民"的内在原动力，经济社会各行业对于高层次经济、管理人才的需求日趋旺盛，经济学、管理学科成为社会科学的"皇冠"。据统计，2018 年，在博士、硕士、本科和专科层次，财经学科专业的院校开设率分别达 25.60%、41.23%、88.89% 和 81.88%。

（二）财经学科的阶段性特征

财经学科在取得巨大成就的同时，呈现出学科布局不够平衡、发展水平不够充分的阶段性特征。学科布局不够平衡，表现为专业设置的"冷与热"、学科生态位的"疏与密"、地域分布的"多与少"；发展水平不够充分，体现在办学层次的"高与低"、学科水平的"强与弱"和学科特色的"异与同"。

1. 学科布局不够平衡，冷热、疏密、多少现象并存

现象之一，学科专业的"热与冷"。在整体升温趋热态势下，学科专业冷热不均。偏热的专业，在研究生层次，有人口、资源与环境经济学和政治经济学、世界经济、西方经济学、金融学、产业经济学、国际贸易学、企业管理、会计学、技术经济及管理、统计学，以及专业学位中的会计、金融、应用统计、国际商务；在本科生层次，有市场营销、财务管理、会计学、工商管理、国际经济与贸易、经济学专业、金融学。偏冷的专业，在研究生层次有经济史、经济思想史；在本科生层次，有能源经济、商务经济学、国民经济管理、物业管理、体育经济与管理、财务会计教育、品牌代理经营、市场管理与服务等。

现象之二，学科生态位的"密与疏"。由于发展定位、办学层次和学

[①] 孙琛辉：《经济学 30 年：伴随改革开放不断升温》，《科学时报》2008 年 10 月 21 日。

科水平、特色的差异，在开设院校中，学科生态位疏密不均。学科专业点密集，在研究生层次，有中国人民大学、中山大学、云南大学、上海财经大学、西南财经大学等；在本科层次，专业数大于25个的高校有5所，专业数介于20—24个的高校有13所。学科点稀疏，在研究生层次，仅有1个博士学位点的高校有28所，仅有1个硕士学位点的高校49所，仅设置1种财经专业学位的高校107所；在本科生层次，专业数在5个以下的高校435所。

现象之三，地域分布的"多与少"。2018年，财经类高校223所，占总数的8.18%。其中，本科院校53所，本科/高职（专科）院校49所，高职（专科）院校121所。在地域分布上，北京、浙江、安徽、河南等地区分布较多，财经学科专业设置也较密集；西部地区财经院校相对较少甚至缺失，青海省、西藏空缺，内蒙古、新疆较少。同时，财经学科与专业，也存在着数量少、层次低的现象。

2. 发展水平不够充分，办学层次、学科水平与特色亟待提升

现象之一，办学层次的"高与低"。在财经高等教育中，以北京大学、中国人民大学为代表的世界一流大学建设高校和上海财经大学、西南财经大学为代表的世界一流学科建设高校，位于顶端，数量较少但影响面大；以应用型人才培养为导向的财经商贸类本科院校和高职院校，位于下端，数量较多、基数偏大。

现象之二，学科水平的"强与弱"。2002年以来，共进行四轮一级学科评估。从评估结果来看，财经学科的强弱特征明显。相对"强"，前三轮一级学科评估，54所高校的财经类学科进入前10（含并列）。其中，北京大学、中国人民大学、南开大学、厦门大学和上海财经大学均10次进入，实力最强；复旦大学、清华大学、武汉大学分别9次、8次、7次。第四轮一级学科评估，财经学科的A类学科（A+、A、A-），累计60个，其中理论经济学9个，应用经济学15个，工商管理24个，统计学12个。A类学科分布于32所大学，北京大学、中国人民大学、南开大学分别有4个。相对"弱"的财经学科，在前三轮学科评估中，排名靠后的高校；在第四轮学科评估中未进入学科排名或评估C-以下，水平相对较弱。

现象之三，学科特色的"异与同"。学科特色的"异"即差异，是高等教育特色化、多样化发展的必然要求。财经高等教育的差异化特征并不突出，特色并不鲜明。"同"即同质化，财经学科与专业的特色缺失，同

质化、趋同化现象突出，表现为办学定位与发展战略趋同、学科与专业设置趋同、培养目标与方案趋同、课程体系与评价趋同。

三　以质量革命为导向，开创新财经学科与专业和谐共进新格局

（一）勇立潮头、迎接挑战，担负新财经新使命

从概念分类看，新财经的上位概念有新文科、新社会科学，同位概念有新经管、新商科，下位概念有新金融、新经贸、新财会等。新财经是新的财经，其显著特征是面向未来挑战、应对重大不确定性和挑战性的主动选择，是财经高等教育的新业态、新格局和新态势。当今世界，正经历百年未有的大变局、大变革。伴随经济体制的深刻变革、社会结构的深刻变动、利益格局的深刻调整、思想观念的深刻变化，经济社会发展既蕴涵着巨大的发展潜力和空间，同时也承受来自人口、资源、环境约束而带来的巨大压力。科技革命和产业变革深刻影响着财经学科发展，至少体现在三个方面：一是学科和专业由于不适应社会需求变化而遭到压缩调整乃至停止淘汰；二是学科和专业与时俱进，随着时代变化增添新内涵，获得新生机；三是在社会进步和科技变革中酝酿新机遇，形成新理念，生成新内容，提出新要求。

党的十九大确立了习近平新时代中国特色社会主义思想的指导地位，中国特色社会主义进入新时代，高等教育进入"质量革命"的涅槃再生期和创新发展新生期。习近平总书记多次强调，要认真吸收世界上先进的办学治学经验，更要遵循教育规律，扎根中国大地办大学。[1] 必须走自己的高等教育发展道路，扎实办好中国特色社会主义高校。[2] 努力建设中国特色、世界一流大学。[3] 现代大学，只有回归到"大"的格局与担当，坚

---

[1] 习近平：《青年要自觉践行社会主义核心价值观——在北京大学师生座谈会上的讲话》，《人民日报》2014年5月5日。

[2] 习近平：《把思想政治工作贯穿教育教学全过程　开创我国高等教育事业发展新局面》，《人民日报》2016年12月9日。

[3] 习近平：《抓住培养社会主义建设者和接班人根本任务　努力建设中国特色世界一流大学》，http://www.xinhuanet.com/politics/leaders/2018-05/02/c_1122773880.htm，2018-05-02。

守住"学"的初心与本心，才能守正创新、不辱使命，才能面对挑战、引领变革。站在国家富强、民族繁荣和引领未来的发展全局和历史高度，世界一流的新财经，必定是财经学科高峰、高原和高地的有机融合与相得益彰，必定是一流人才培养、一流科学研究、一流社会服务和一流大学文化的互通贯通与相互促进。新财经必须以习近平新时代中国特色社会主义思想为指导，主动回应科技革命和产业变革的要求，融入全面建成小康社会和实现"中国梦"的进程中，锐意创新、改革图强，担负新使命，作出新贡献。

（二）立德树人、五育并举，构筑新财经学科与专业激荡相生新态势

现代大学置身于错综复杂的国内外环境之中，必须直面滔滔大势，勇担天下大事；必须扎根中国大地，回归大学初心，立德树人、五育并举，构筑新财经学科与专业激荡相生新态势。大学之"大"，既表现在教师、员工和学生的数量众多又体现在校园面积、资产、藏书的规模宏大，更反映在学科生态、专业设置和组织结构的复杂多样。随着时代进步和理念更新，现代大学之"学"，被赋予人才培养、科学研究、社会服务、文化传承与创新多重功能。"大"字立基业，长青学府，需要大格局、大视野、大担当；"学"字赋魂，百年树人，学习、学研、学科共发展。立德树人，为国造士，为党育才。人才培养是一个复合概念，包括专科生教育、本科生教育、研究生教育（博士、硕士和专业学位）、博士后流动站、留学生教育、MBA教育、国际交流、国际教育和继续教育等。大学拥有数量众多、类型各异、功能突出的科研机构，如研究院、研究所、创新中心、实验室与智库。这些研究机构，围绕着国家、行业和区域重大需求联合攻关，成为人类社会进步的发动机与加油站，原始创新和科技创新的首发地和集散地。

面向未来，为了适应国际政治、经济、科技趋势和经济社会发展的总体要求，高等院校必须保持对学科与专业的调整优化，追求主动性与创新性变革，以期实现"有选择的卓越"。北京大学坚持"有所为，有所不为"的原则，在"双一流"中提出"30+6+2"学科建设项目，重点放在一流学科，进一步加强学科布局的顶层设计和战略规划，既要继续支持传

统优势学科，又要大力促进学科交叉融合；既做加法，又做减法，不断调整优化学科布局和结构。① 上海交通大学对标世界一流大学编制学术发展路线图，瞄准世界科技前沿和国家重大需求，优化学科布局，由原来69个缩减为56个。② 南开大学的《一流本科教育质量提升行动计划（2019—2021年）》，针对一流本科教育中的重点难点问题，提出40条创新举措。新财经在学科布局与发展战略上，应当是上承历史传承，下启未来愿景；外应时代之呼，内聚民心民意，顺应世界大势和国家行业的重大需求而不断调整、优化学科专业结构。在"双万计划"中，国家级一流本科专业点拟建数最多的是工商管理类，674个。此外，经济学类126个，财政学类38个，金融学类206个，经济与贸易类144个，统计学类85个。专业植根于学科又区别于学科，从专业到特色专业再到一流专业与"双万计划"的精心打造，贯穿于教育、教学活动的始终。新财经必须以立德树人为根本、五育并举为抓手，构筑新财经学科与专业激荡相生新态势。

（三）一流引领、融合发展，开创新财经和谐共进新格局

作为"多元化巨型系统"，学科与专业是大学组织结构中最为基础与核心的概念，是学科建设的基本细胞和人才培养的基本单元，共同构成大学的组织肌理与微观子系统。以中国人民大学的机构设置为例，组织机构分为院系、党群组织、行政单位、教辅单位、学生社团和其他等六大类子系统，每大类子系统下设置若干个二级子系统，如院系设置下有48个教学科研组织（学院、系、部、研究院），13个党群组织（室、部、委、会），26个行政单位（处、室、院、中心），4个教辅单位（馆、中心）、7个学生社团（中心、协会、联合会）和18个其他组织机构（中心、社、会、司、园、器）。每个二级子系统又设置若干个三级子系统，如应用经济学院的"系所架构"中，设置2系1所；系下设置若干个基层学术组织（教研室），如在国民经济管理系下设3个教研室。作为典型的利益相

---

① 北京大学：《北京大学一流大学建设高校建设方案（精编版）》正式发布，http://pkunews.pku.edu.cn/xwzh/2017-12/28/content_300847.htm，2017-12-28。

② 樊丽萍：优化学科布局：有所为有所不为，http://www.bit.edu.cn/xww/djsz/114261.htm，2019-04-21。

关者组织，可以分为学生、教职工、校友、考生及访客等四类群体。其中，学生主要分为新生、本科生、研究生、毕业生四类子群体，教职工则分为教师、管理职员、专业技术人员、工勤人员和非事业编制五类子群体。①

习近平总书记指出，"全国高等院校要走在教育改革前列，紧紧围绕立德树人的根本任务，加快构建充满活力、富有效率、更加开放、有利于学校科学发展的体制机制，当好教育改革排头兵"。②《中国教育现代化2035》和《加快推进教育现代化实施方案（2018—2022年）》提出了八大基本理念、七个基本原则、总体目标和十大战略任务，系统勾画出我国教育现代化的战略愿景，明确教育现代化的战略目标、战略任务和实施路径。③新财经是面向未来、引领创新发展的财经高等教育，应以现代大学制度为基本架构，在学科与学科、专业与专业、学科与专业之间，构建起激荡相生、和谐共进的学科与专业生态体系，在院系、党群组织、行政单位、教辅单位、学生社团和其他等六大类子系统及其组织内部以及在教师、学生、职工、校友、社会公众等不同的利益相关者间，建立起风清气正、和谐协同的现代大学制度，营造出教书育人、管理育人、服务育人的新风尚，形成一流引领、融合发展的大学文化，开创新财经和谐共进的新格局。

（四）以学科共同体为纽带，实现新财经高质量发展新愿景

就整体而言，财经院校设置和财经学科分布规模庞大、数量众多，已经成为世界上最大的财经高等教育供给侧体系，财经学科的学位点和专业点种类齐全，层次完备，分布广泛，影响巨大。但另一方面也呈现出学科"布局不平衡、水平不充分"的现实困境，学科布局"冷与热、疏与密、多与少"三大现象并存，办学层次、学科水平与特色亟待提升。在"双一流"建设队列中，既有以北京大学、中国人民大学、上海财经大学为

---

① 中国人民大学：机构设置，https：//www.ruc.edu.cn/department. 2019-07-19。
② 《围绕立德树人根本任务当好教育改革排头兵——十二论学习贯彻习近平总书记五四重要讲话精神》，《中国教育报》2014年5月19日。
③ 教育部：《中共中央、国务院印发〈中国教育现代化2035〉》，http://www.moe.gov.cn/jyb_xwfb/s6052/moe_838/201902/t20190223_370857.html, 2019-02-23。

代表的国家重点建设高校，也有江西财经大学、安徽财经大学等地方重点建设高校，以及特色鲜明的应用型、技能型的重点院校和职业院校。在"双一流"外，还有一个数量更为众多、规模更为庞大的高校群体及其学科群与专业群体，即"非双一流"。这些高校及财经学科与专业，虽然各自的办学定位、培养目标、服务面向有所区别，但"经世济民""经济匡时"的学科属性却是相通的，共同构成了新财经教育的学科与专业生态体系。

以学科共同体为纽带，实现新财经高质量发展的新愿景。面向未来，必须清醒认识到学科布局不平衡和发展水平不充分的矛盾制约，引导和发挥多种协同力量，主要包括：一是国家级和省（市区）设立的各级各类教育教学指导委员会的主导力量；二是各级各类教育教学协会、学会及其协作网络、协作小组的组织力量；三是国家和地方"双一流"建设和"双万计划""双高计划"等重点项目建设高校及其学科与专业的骨干力量；四是工商企业、社会组织的支持协作力量。同时，亟须充分运用现代信息网络技术、学术论坛、研讨会、MOOC、在线课堂等新技术、新手段，构建和谐包容、协同共进的新财经学科与专业建设共同体。

（五）以质量革命为导向，构建具有中国特色、世界水平的新财经评价体系

构建更高水平的中国特色的学科与专业评估体系具有重大的现实意义、理论意义和更加深远的历史意义。[①] "中国特色"是对世界一流财经学科的内在要求，中国问题需要根据自己的经验加以总结，需要在经验的基础上概括新的理论；一味地把西方经济学搬过来是不行的。[②] "世界高度"是对世界一流财经建设的现实要求，在高等教育的百年历史中，经历移植、模仿、引进与学习等阶段，已经进入到一个新的历史方位。

以质量革命为导向，构建起具有鲜明中国特色、世界一流水平的评价新体系，第一，必须全面深刻把握质量革命的鲜明特征，以"全面、全

[①] 黄宝印等：《加快构建更高水平的中国特色学科评估体系》，《中国高等教育》2018 年第 17 期。

[②] 刘灿：《经济学专业导论公开课》，http：//www.icourses.cn/viewVCourse.action?courseCode=10651V002，2017-11-16。

员、全方位、全过程"视角审视质量革命的丰富内涵。第二，必须加深和深化对于大学特色的认识理解，不断凝练和优化大学办学特色与学科水平，彰显和提升大学的社会影响力与国际竞争力。大学特色应当是多元多层而色彩丰富的，既有鲜明的个性特征又有独特的文化魅力，是共性与个性的高度统一。民族的、区域的、行业的、高校的、院系的、学科的、专业的、课程的……都可纳入大学特色中，应当充分发掘、认识和定义特色对于一流大学、一流学科建设的现实重要意义，形成包容特色、鼓励特色、发掘特色和彰显特色的氛围，在评价目标、对象、内容、标准、评价方面，落实、细化和量化特色，由大学特色到高等教育特色进而形成中国特色。第三，构建引领时代发展、契合社会需求、推动质量革命的评估体系。必须把习近平总书记"扎根中国大地办大学""把论文写在中国大地上""办出第一个北大、清华、浙大、复旦、南大等著名学府"的重要思想细化为、落实为评估评价的具体指标点和观测点。第四，树立新理念，构建新标准，形成新导向。坚持立德树人的初心与使命，把握"德智体美劳""五育并举"的核心能力和谐相生的发展机制。着力破除评估中"五唯"的顽瘴痼疾。第五，植根于我国经济社会建设的主战场，融入"百年强国梦"的进程中，在国际坐标和世界高度的大舞台上，在特色发展与品牌建设中，构建起具有中国鲜明特色、世界一流水平的评估新体系。

Analysis of New Finance and Economics of the Historical Evolution, Time Connotation and First-class Road

Chen Yigang, Hou Jiayin, Peng Yingyi

Abstract: The new finance and economics, like the new engineering, new medical science and new agricultural science, is the general requirement and mainstream trend of innovative development of higher education in the new era. From legal and business education to the discipline of finance and economics then to economics, management science and commercial science, China has built the largest supply-side system for higher finance and economics education in the world, which made great achievements that attracts worldwide attention. But at the same time, it also presents the stage characteristics of unbalanced discipline layout and insufficient level of development. New era, new orientation; new finance, new mission. New finance and economics not only faces great uncertainty and great challenge, but also contains vast generating space and unlimited development opportunities. Guided by Xi Jinping's thoughts on socialism with Chinese characteristics for a new era, we must rise to the top to take on a new financial and economic mission; and conduct all around development of moral, intellectual, physical, aesthetics and labor education simultaneously to build a new situation of mutual development between discipline and specialty of the new finance and economics. Led by the first-rate, we need to create a new pattern of harmonious intergrowth of new finance and economics; to realize the new vision of high-quality development of new finance and economics with the link of discipline community. Guided by the quality revolution, we need to build a world-class new financial and economic assessment system with Chinese characteristics.

Key words: New Finance and Economics; Higher Finance and Economics Education; First - class Discipline; First - class Specialty; New Pattern

新中国高等财经教育历史传承与发展

贾怀勤　苏隆中*

摘　要：财经教育是新中国高等教育的重要组成部分。本文通过对新中国成立后各个不同时期高等财经教育的概念之称谓、内涵、特征、分布和演变等方面进行深入探讨和研究，提出重视和做好大学文化传承、面向数字经济搞好高等财经教育的创新发展等建议。

关键词：高等财经教育；大学文化；数字经济

中国高等财经教育历经 70 年的发展历史，是中国高等教育事业宏伟发展历史的一个缩影。其优良的办学传统和宝贵的办学经验，值得我们深入地总结和凝练并进一步传承和弘扬。随着科学的发展与社会经济的进步，现代社会许多重大问题已愈来愈多地与高等财经教育发生直接或间接的联系。把握高等财经教育现状，洞悉高等财经教育发展趋势，深化高等财经教育改革，实现高等财经教育新的超越，已成为我国高等财经教育事业发展中亟待解决的问题。

一　高等财经教育的历史探究

高等财经院校是财经教育系统中的重要主体之一。王裕国（2002）认为，高等财经教育是以高等财经院校、其他高等学校的财经系科为主体的，涉及管理体制、教育对象、教育规模、教育内容及资源配置等的综合系统。作为我国高等教育的重要组成部分，是以服务于国家及社会经济发

---

* 作者简介：贾怀勤（1947—　），男，对外经济贸易大学教授、博士生导师，曾任校党委副书记；苏隆中（1973—　），男，对外经济贸易大学档案馆/校史馆研究员。

展需要为宗旨，以推进社会物质文明和精神文明进步为基本职责，以促进社会主义现代化经济与管理发展为准绳，在政府宏观调控与学校自主办学基础之上，推崇自由、科学进步、注重实践、高扬科学和人文精神，以培养为国服务的应用型、研究型财经人才为主，提供各类财经在职培训同时以为社会提供高水平的经济与管理研究成果为重要义务的以学科为主体的大学，包括普通高等财经院校、成人高等学校等①。本文主要探讨普通高等财经院校的历史传承和学科发展。

一般而言，财经学科是指经济学和管理学（主要是指工商管理学科）两门学科的总称。根据2012年教育部颁布的《普通高等学校本科专业目录》和《普通高等学校本科专业设置管理规定》，我国高校现行共有12个学科门类（不含军事学），按序号编码排序分别为哲学（01）、经济学（02）、法学（03）、教育学（04）、文学（05）、历史学（06）、理学（07）、工学（08）、农学（09）、医学（10）、军事学（11）和管理学（12）。其中，经济学门类下，设4个二级类共10个专业，财政学、金融学为国家控制布点专业；管理学门类下的工商管理类，设10个专业，工商管理、会计学为国家控制布点专业。另外，统计学作为二级类，设在理学门类，分统计学、应用统计学2个专业，也可授予理学或经济学学位。

"财经"之于中国高等教育，是一个用于区别于其他类别高等教育约定俗成的说法②。高等教育中使用"财经"一词，可以追溯到1946年的华北联合大学设立的财经系。但是，一年后它就改称经济系。天津解放后，1949年6月23日，南开大学在政治经济学院内增设财政学系，将原货币银行学系改为金融贸易系，将工商管理系改为企业管理系，并将政治经济学院改称财政经济学院，简称财经学院③。这是著名高校第一次使用"财经"一词作为内设学院的属性名称，并且是首次明确"财经"是"财政经济"的简称。

1952年，"财经"首次用于大学的校名，是年有中央财经学院（现中

---

① 许德昌、黄韬、陈益刚等：《中国高等财经教育现状、问题及建议——"国家中长期教育改革与发展规划纲要"专题调研报告》，西南财经大学课题组2008年12月，第13页。

② 无论是国家标准委员会的学科目录，还是教育部的学位授予目录，都没有"财经"这个学科（一级、二级、三级学科都没有）。

③ 张秀珍、周立群等：《南开大学经济学院史（1919—2004）》，南开大学经济学院史编辑委员会2004年10月，第96页。

央财经大学)①、东北财经学院（现东北财经大学）②和四川财经学院（现西南财经大学）③成立。1960年，上海财政经济学院更名为上海财经学院。1985年，上海财经学院更名为上海财经大学，辽宁财经学院和西南财经学院也分别改称东北财经大学和西南财经大学。由此，国内高教圈逐渐形成共识，将以经济、金融和商贸为主要专业的高校称为财经类大学。此后建立的（新建、升格和合并）以经济、金融和商贸为主要专业的高校，绝大多数都称为××财经大学（××通常为地域名）④。

二 计划经济时期的高等财经教育

财经教育密切联系国家经济建设，其专业设置和讲授、研究内容不能脱离当时的国家经济体制。具体来说，改革开放以前，高等财经教育以部门经济组成的国民经济的体制、运行和管理为研究对象和教学重点内容，宏观经济理论的研究和教学为前者提供理论基础；改革开放以来，高等财经教育以应用经济学为研究对象和教学重点内容，理论经济学的研究和教育是为前者提供学理支撑。

计划经济时期的高等财经教育具有三个特点：首先，按部门经济设置学科，称为部门经济学；其次，寓"管理"于经济学之中；最后，在学校管理体制上以部委办学为主线⑤。

1953年，国家开始全面学习和推行苏联的建设经验，体制上实行计划经济，国民经济总体分为工业交通、农业和财贸等大门类，每个门类之下再分设部门，各个经济门类和部门都严格按照计划组织生产和流通，在机构设置上相应地就是国务院的各个"口"（公交口、农林口、财贸口

---

① 1952年8月，中央财政学院与北京大学、清华大学、辅仁大学、燕京大学的经济系科合并成立中央财经学院。其更早的历史可追溯到创办于1949年11月6日的华北税务学校。

② 1952年，由东北财政专门学校、东北银行专门学校、东北计划统计学院及东北人民大学财政信贷系、会计统计系合并组建东北财经学院。

③ 1952—1953年，以成华大学为基础先后并入西南地区16所财经院校或综合大学的财经系科，组建四川财经学院。

④ 少数高校使用"经贸"或"工商"冠名，如河北经贸大学、浙江工商大学。

⑤ 这里有两层含义，第一层意思是学校隶属于某部委，第二层意思是学校的隶属关系虽然在地方，但接受部委内设教育机构的业务指导。

等）和各部委。为各部门培养专门人才的专门学院，分别由国务院的部委领导。这个时期国务院财贸口的部委高校有"五院一专"，即隶属财政部的中央财政金融学院和上海财政经济学院，隶属外贸部的北京对外贸易学院和上海对外贸易学院，隶属商业部的北京商学院，隶属国家工商管理局的北京工商管理专科学校。这五校的专业设置和课程设置成为全国同类院校的标杆。

财经类高校讲授所属部委业务经济制度和运行规律的学问称为部门经济学。财经学院开设财政经济学，商学院开设商业经济学，对外贸易学院开设对外贸易经济学。部门经济学专业所开设课程，既有国民经济理论课程、部门经济理论课程和部门业务运行课程，也有对该部门业务进行管理的课程。由于当时的管理是围绕计划进行管理，所以，不称为管理而称为核算。以对外贸易经济专业为例，开设有政治经济学、国际贸易、中国对外贸易概论等理论课程和国际贸易实务（时称"组织与技术"）课程；根据苏联的对外贸易"三核算"——业务核算、统计核算和会计核算原则，在国际贸易实务中体现业务核算，另外，开设对外贸易统计学和对外贸易会计学课程。各个部门的统计指标各异，会计科目设立和记账原则（权责发生制/首付实现制）也不统一。

各地方政府（早期存在过的大行政区和各省政府）也兴办了一些专门学院，它们的专业和所开课程基本也如上文所述。这些地方财经类院校——它们中有的在某一段时期也曾划归过部委管理，办出了自己的特色，如辽宁财经学院是"文革"中唯一不曾中断办学的财经院校，其统计专业和外贸专业都在国内有重要影响。又如黑龙江商学院，很有特色，是财经院校中唯一办有药学系的学校。

高等财经教育也存在一些财经类高校之外的高校，主要是设有经济学科的工业院校、农业院校和综合大学。前者也是遵从上述三原则，如北京农学院（现称"北京农业大学"）开设农业经济学专业，北京林学院（现称"北京林业大学"）开设林业经济学专业，北京钢铁学院（现称"北京科技大学"）开设冶金经济与企业组织专业，北京铁道学院（现称"北京交通大学"）开设铁路运输经济学，等等。这些高校的部门经济学中也开有管理课程。中国人民大学开设有计划统计、财政经济、工业经济、农业经济和商业经济等专业。厦门大学也开设统计专业。两者的财经教育都属于部门经济学类型。与部门高校相比，经济理论则是北京大学、南开大学、复旦大学和武汉大学等综合大学的强项。

这个时期国家部委和地方政府还办有许多中等财经类学校。如全国有外贸学校（外贸中专）37 所，隶属关系在地方，但教学活动受外贸部指导。进入 21 世纪后，许多中等财经学校升格为本科大学或高职院校。

三　改革开放时期的高等财经教育

改革开放以来，高等财经教育经历了最初几年的恢复，20 世纪 80 年代中期开始转变办学模式，很快驶入发展的快车道，为我国经济社会发展作出了不可磨灭的贡献。

首先，是高等财经院校学科布局开始拓宽。如前面提到的 1985 年上海、东北和西南三所财经学院更名为财经大学，这标志着这些财经学院向以原有部门经济学为主的多科性大学转变。而此前一年北京对外贸易学院已更名为对外经济贸易大学，其学科涵盖了经（应用经济学之国际经济与贸易、国际金融）、管（管理学、营销学、人力资源管理、会计学、财务管理、公共管理）、文（英语和诸多语种的语言文学和商务外语）、法（国际经济法、海关管理）和理工（信息管理、统计学）等。

学科的拓宽，反映出财经类高校学科建设理念的重大变化：一是由部门经济学向应用经济学的拓展，不再囿于以前"对口"的窄领域；二是一改"管理隐含于部门经济学之中"的学科套路，将管理学置于与经济学平行的地位。这表明国内高等财经教育跳出了苏联模式，开始借鉴西方经、管教育模式，为后来国家探索建设社会主义市场经济提供了学术支撑和人才供应。当然，它们并没有全盘照抄西方经济学院和商学院的课程，仍然保留原有的一些特色课程并对之进行改造和创新。

其次，是高等财经院校的数量迅速增加。随着中国人民银行被明确为中央银行，与商业银行分立，保险业和证券业兴起，它在京城内外开办了数所金融学院。随着对外经济贸易的大发展，经贸部开办了广州对外贸易学院和天津对外贸易学院。国家统计局开办了西安统计学院，这是统计系统唯一的高校。这几家财经类高校，因为历史短、规模小，在跨世纪的高校管理体制大调整中被合并到其他高校中，其中西安统计学院与陕西财贸学院合并成立西安财经大学。北京商学院与北京轻工业学院合并成立北京工商大学，从而引出了数所地方主管的商学院易名为工商大学（如杭州商学院易名为浙江工商大学,兰州商学院易名为兰州工商大学,黑龙江商学院更名为哈尔滨工商大学)。而后又有北京经济学院和北京财贸学院合并成立首都经济贸易大学,河北财经学院易名为河北经贸大学。物资部所办的北京物资学院得到保存。至此,财经类高校形成了财经大学、工商大学和经贸大学三种命名方式。这些财经类高校也走上了经、管立校,多科并举的办学道路。至于中央财政金融学院更名为中央财经大学,则比前面的上海、东北和西南"三财"晚了11年。2000年中南财经学院与中南政法学院合并为中南财经政法大学。上海对外贸易学院更名为上海对外经贸大学,则是在2013年。

同期,理工科高校的经济系也转变成经管学院,将管理学置于与经济学平行的地位,而且其管理学发挥了技术经济与工程管理的优势。

最后,财经教育成为中国高等教育的重要组成部分。截至2018年年底,全国共有高等财经院校265所(含高等职业学校139所),占教育部普通高校总数近10%,数量仅次于理工院校(932所)和综合大学(631所)。高等财经院校经济学在校本科生人数为96.2万,管理学在校本科生人数为299万,两者合计395.2万,占全国在校本科生总数的24%;经济学在校研究生人数为8.9万(含博士生1.4万),管理学在校研究生人数为36.3万(含博士生2.6万),两者合计45.2万人,占全国在校研究生总数的17.1%。经济学专任教师数为8.9万,管理学专任教师数为14.5万,两者合计23.3万,占到了全国高校专任教师数的14.3%。

在全国第四轮学科评估中,共有9所高等财经院校的16个学科获A档,占A档总数(60个)的26.7%。具体为:应用经济学——中央财经大学A+,对外经济贸易大学、东北财经大学、上海财经大学A,江西财经大学、中南财经政法大学、西南财经大学A-;工商管理——对外经济贸易大学、上海财经大学A,中央财经大学、东北财经大学、西南财经大学A-;统计学——东北财经大学、上海对外经贸大学、浙江工商大学、江西财经大学A-。[①]

[①] 教育部:《全国第四轮学科评估结果出炉(全国高校学科评估结果)》,http://www.moe.gov.cn/jyb_xwfb/gzdt_gzdt/s5987/201712/P020171228506450281540.pdf,2017-12-28。

四 高等财经教育发展中的文化传承

(一) 重视和做好高校精神的传承

高校精神(或曰大学文化),是支撑一所高校发展的精神动力,是体现一所高校社会影响的软实力所在。没有一流的文化,就不会有一流大学。一所高校的精神是多年积淀、凝练下来的,可以由专门人士或组织归纳成精炼的文字,也可以体现在各种文字、声音、图像等信息资料中。

高校办学,很重要的一点就是高校精神的传承。相比于学科建设、教学和科研等具体方面的传承,高等财经教育的精神传承更为重要。因为前者是随着时代不断进步的,而后者相对稳定,也更具有内涵指导意义。

新中国财经类高校的大学精神概括为下述几个方面。

1. 学科和课程设置体现的经邦济世导向

财经类高校的财经教育瞄准国家经济建设主战场,为国家经济发展战略提供理论支撑,为部门/产业发展建设智库和人才培育基地。

2. 师生们的家国情怀

新中国早期建立的财经类高校是共和国的长子。它们因响应国家启动大规模经济建设而诞生,承担着重要的历史使命。无论是承担教学科研任务的教师,还是经国家选拔出来接受高等教育的学生,都具有家国情怀,以国家的需要为自己的志愿,为"大家"奉献自家。教师在教学任务和研究课题选择上,在埋头苦干的工作中,处处体现家国情怀。学生在刻苦学习知识和服从祖国需要,在工作岗位上拼搏,也时时不忘家国情怀。

3. 严谨的治学态度

新中国前30年实行计划经济是由历史条件决定的,在社会主义建设中取得了旧中国所不能比的伟大成就。导向于部门经济学的高等财经教育,也为此作出了历史性贡献。此时期广大教师在教学和科研工作中,遵从科学精神,秉持严谨的科学态度。认真钻研理论,深入经济建设一线把理论与实践相结合的精神,是高等财经教育取得成就的重要保障。这个传统在改革开放时期得以发扬。

以上三点所体现的财经类高校的大学精神,在中国特色社会主义新时代,仍需要继承和光大。

(二) 对外经济贸易大学的探索

近年来，对外经济贸易大学在上述方面不断进行探索和尝试，并取得了一定的成效。

1. 重视校志和年鉴编撰工作

对外经济贸易大学简称贸大，成立于1951年，是新中国高等教育历史上第一所国际贸易类多科性高等学府。1994年9月，《对外经济贸易大学校志》出版，翔实记录了学校初创、建设、发展、改革、创新各个阶段，以及人才培养、教学科研、发展学科、对外交流等方面所取得的成就，反映出几代人励精图治、奋发进取、求实创新、争创一流的精神风貌和高尚情操。2001年9月，《对外经济贸易大学校志》经修订后再次出版，重点补充了1994—2000年与原中国金融学院合并前的史实，增加了"概述"和"大事记"两部分内容。2011年8月，学校又组织力量编撰出版了《对外经济贸易大学校志（2000—2010）》。

《对外经济贸易大学年鉴》作为全面记载学校年度工作和发展成就的综合性资料工具书，由对外经济贸易大学年鉴编纂委员会主持编纂，截至目前已出版10本，每本都在120万字以上，对于积累和保存学校历史文化、研究教育现状、传承学校精神，发挥了重要的现实意义和深远的历史意义。

2. 重视校训精神递延

1994年6月，学校颁布了经广泛讨论后通过的校训——"博学、诚信、求索、笃行"，并写入代校歌《UIBE之歌》，从学业、品德、精神和实践四个方面对师生提出明确要求。2000年6月，原对外经济贸易大学与原中国金融学院正式合并，两个学校的主楼和老教学楼分别被命名为博学楼、诚信楼、求索楼和知行楼（"笃行"二字与楼配合听起来有点不顺，因而作了变通），同时9座公寓楼皆用"汇"字开头（汇为"惠"的谐音，以示汇聚天下英才于此），后面的字取育人要素，统一冠名为汇德、汇智、汇康、汇美、汇文、汇才、汇宾、汇忠、汇贤。2005年后新建或改造的教学楼和宿舍楼，又取八字校训派生出来的有意义、有特色的词汇和含义，陆续命名为清远、宁远、虹远、高远、行远、求真。校训精神深入人心，成为师生开拓进取的不竭动力。

2015年3月，学校开展"贸大校训纵横谈"主题活动，并将征文集结成册，出版发行《贸大校训纵横谈》，共收集优秀文章近 40 篇，从不同角度诠释出师生员工对校训的理解和对学校的热爱。

3. 重视校史校情教育

2011 年 9 月，对外经济贸易大学校史馆正式建成并对外开放，由原中共中央政治局常委、对外经济贸易大学校董会首任主席李岚清同志亲笔题写馆名，占地面积 480 平方米，展陈珍贵实物 300 余件（套）、历史照片 3000 余张，复原历史场景 3 处，布置大型主题浮雕墙 2 幅，全景式地描绘了学校的办学历程和所取得的辉煌成就。开馆以来，校史馆服务于学校的教学、科研和对外宣传等工作，为学校各部门接待来宾、校友等活动提供团体参观服务，共接待中外来宾 3 万多人次，已成为学校对外宣传办学理念、展示办学成就的主要窗口。尤其每年在学校开展新职工、新生的爱校教育活动和主题党日、团日活动方面，校史馆更是发挥了不可替代的作用，成为加强校史校情教育、实现"三全育人"和校园文化传承的重要基地。

2012 年以来，学校关心下一代工作委员会每年面对新生举办校史与校园文化教育专题报告会，档案馆通过举办专题档案展览、追思会、出版著作等校史文化活动，对保护学校的人文资产、传承学校历史精神，也都起到了积极的促进作用。

4. 整理出版系列文集

（1）校庆文集

逢校庆必征文，这是贸大的惯例。征文活动得到了师生员工及历届校友的热情支持，先后公开出版了《我与经贸大学——庆祝建校三十五周年"五矿杯"征文集》《风风雨雨四十年——"中轻杯"经贸大学四十年征文集》《惠园情——纪念对外经济贸易大学建校 50 周年征文集》《母校情——纪念对外经济贸易大学建校 60 周年征文集》，展现了学校不同时期不同阶段的发展历程、建设成就和校园生活风貌。2001 年建校 50 周年时，学校还出版了《岁月如歌——纪念对外经济贸易大学建校 50 周年校史图文集》。2011 年，建校 60 周年之际，学校集中各个部门力量，出版了《甲子华章——纪念对外经济贸易大学建校六十周年》及科研成果汇编系列校庆图书，如《推进党建创新，引领科学发展——党建与思想政治教育工作文集》《改革与探索——对外经济贸易大学学位与研究生教育成果集》《改革与探索——对外经济贸易大学本科教育教学论文集》

《足迹——对外经济贸易大学来华留学生教育发展历程》《沧海瞭航——法学教师论文集》等。

（2）先贤文集

由于各种原因，公开整理和出版先贤文集尽管起步较晚，但成果颇丰。2013年10月，《袁贤能著述文集》由中国商务出版社公开出版发行，分上、下两卷，共收录著名经济学家袁贤能教授23篇文章近100万字。2015年9月，《沈达明文集》由对外经济贸易大学出版社公开出版发行，共收录中国当代杰出法学家、著名法学教育家沈达明教授著作23部，包括《法国/德国担保法》《准合同法与返还法》《知识产权法》《英法银行业务法》《国际贸易法》《国际商法》等。2017年10月，《姚曾荫著述文集》由中国商务出版社公开出版发行，分上、中、下三卷，共收录国际贸易学科奠基人姚曾荫教授著述和文章60多篇近115万字。先贤文集的出版，不仅使得前辈名师的学术成果得以重新面世和传播，而且也为后人研究他们的学术思想和治学精神提供了可能。

（3）校友、校史文集

2006年10月，《他们，从这里走向世界》出版发行，共收入80多篇校友采访文章近34万字。2011年9月，《校友风采（1951—2011）》公开出版，共60.4万字，以200多名校友代表近400个生动故事，展示了几代学子的事业历程和精神风貌。2015年11月，《远航——对外经济贸易大学校友访谈录》正式公开出版，共40.7万字。校友文集所记录的校友事迹，在一定程度上展示了学校历届校友的总体风采；校友的所为所思，亦能折射出学校在发展过程中所积淀的丰富文化内涵。

2015年9月，《走出车道沟的最初岁月——贸大老五届"四个面向"回忆文辑》出版发行。全书共30.4万字，收录了1966—1970届33位毕业生的回忆文章，主要讲述的是他们在大学毕业之后的经历和故事，家国情怀和贸大精神在他们身上得到了很好的诠释。

2015年12月，《惠园札记——贸大文化、校史与校友》出版发行，全书分"校史钩沉""惠园文化""学科建设"等8个部分，共收入134篇文章近68万字，均围绕贸大校史、学校文化和校友联谊活动而展开，既是对官方校史的拾遗补阙，也很好地体现了"博学、诚信、求索、笃行"校训精神。

5. 启动校史研究著作出版资助项目

2018年12月，学校设立校史研究专项经费，用于资助在校师生员工及历届校友有关学校校史研究的专著、编著、专家文集等的出版。此项工作旨在贯彻落实学校第十二次党代会提出的"梳理总结贸大历史，挖掘凝练贸大精神，保护贸大品牌和无形资产，构筑贸大精神文化体系"精神，重点倾向于资助学校各学院和职能部门编写学校的学科史（学院史、部门史），以期形成系列校史研究成果，提升学校校史研究的整体水平，发挥校史"存史鉴今、资教育人"的功能。

目前一些高校也在启动校史和学科（专业）史/学院史的编写，以图厘清本学科（专业）的发展脉络，总结经验，对重要学科人物和事件进行挖掘和整理。这些都不失为大学精神传承的抓手。财经类高校可以相互交流、相互借鉴，进一步推动这方面的研究。根据目前已出版发行的《北京大学经济学科发展史》《中国人民大学法学院学科发展史》《南开大学经济学院史》等，我们认为，编撰学科（专业）史有四个方面需要注意：(1) 学科（专业）史撰写不存在划一的体例；(2) 无论何种体例，都要写出学科定位、发展脉络、组织机构，教师构成及其教学、科研活动，及学科的成就（人才培养、科研成果、社会贡献）；(3) 上述高校举办的都是一级学科，而财经类高校所办多是二级乃至三级学科，因此，学科定位的描述更需要清晰、准确。

五 面向数字经济搞好高等财经教育的创新发展

财经类高校在传承自己学科/专业特色的同时，要注重创新发展。如对外经济贸易大学提出建设以对外开放经济学科群为引领的一流学科，既有传承，也有创新发展。这里讲的创新发展不是局部意义上的学科/专业的创新发展，而是整体性、划时代的创新发展，即面向数字经济搞好高等财经教育的创新发展。

1. 人类社会正进入数字经济时代

近五六年来，许多高校都建起了大数据专业或大数据研究中心，这相对于面向数字经济搞好高等财经教育的创新发展仍是局部举措。以大数据、云计算、3D打印、5G、区块链和人工智能为代表的数字技术兴起被称为第四次工业革命，正在全面改变着我们曾经所熟知的世界，在一定意义上颠覆着人类的认知。从经济角度讲，社会的生产、流通、交换和消费都可以被数字技术所"+"，或者说数字化。数字化改变着个人、企业和国家三类行为主体内部和他们之间的交往方式，包括生产、生活和交换、结算清算方式等，也提升了产业链和价值链的运营效率。如果说第一次工业革命使人类社会从农耕经济进入了工业经济，第二次和第三次工业革命使得工业经济得以更广阔、更快速地发展的话，第四次工业革命则是使人类社会从工业经济进入数字经济。

2. 数字经济对既有经济学和管理学理论的冲击和颠覆

诚然，基本经济学理论和管理学理论并未因为数字经济的到来变得没有意义，但是数字经济确实冲击了甚至颠覆了人们对经济学和管理学中的一些认知。

（1）资源稀缺性说——作为重要生产要素的土地及其承载的资源，是有限的，不可复制的。而数字资源是可以反复使用的，并且在使用中得到扩展。

（2）三次产业论——数字产业化和产业数字化正使第一产业、第二产业和第三产业融合。

（3）生产率差异性说——企业之间竞争胜负在于其异质性，而这种异质性主要体现为生产率差异。

（4）国际贸易高成本说——国际贸易的固定成本显著地高于国内贸易。

面对数字经济的到来，高等财经教育应该对其教学内容作相应的调整。譬如管理学，至少应该关注如下几点：（1）《生产与运作管理》由注重大批量生产转向定制式生产（包括有形产品和服务的生产）。（2）《企业管理》的企业组织和管理方式由注重科级式转向扁平式。（3）《营销学》的市场调查数据采集由注重问卷调查转向利用大数据。

再譬如，应用经济学学科项下的国际贸易学，应该关注：（1）国际贸易突破了原有的时空限制；（2）国际贸易商品出现了有形产品和服务的交融。如甲国内两个居民之间的卖与买属于国内贸易，但是他们的交易使用了乙国的平台，即乙国平台商向甲国居民提供了洽购和成交服务，从而收取服务费，即构成了国际服务贸易。这种贸易方式的出现，给国家对贸易的管理、征税和统计数据采集都提出了挑战。

数字在国家间的流动也会引发相关法律问题，如知识产权问题、数字流动的自由与监管问题。伴随互联网技术的发展，数字经济使得小微企业乃至居民个人都能够参与到金融业务中来，从货币银行学、投融资和保险角度也对金融学提出了新课题。以上这些挑战都是高等财经教育要回答的问题，应用经济学和工商管理学的教学内容和教学方式在面临数字经济面前都有待发展和创新。

六　结语

传承和创新，是大学发展过程中的"一体两翼"。离开了传承，大学就失去了根基；而离开创新，大学就失去了活力。面对世界范围内新一轮科技革命和产业变革的浪潮，面对新时代改革开放和社会主义现代化建设对高素质建设者的需求，面对中国高等教育整体进入世界第一方阵并将发挥领跑作用的形势，如何科学谋划高等财经教育的未来发展战略和学科布局，探索构建更高水平的卓越财经人才培养体系，打造形成与中国高等教育整体地位相匹配的中国高等财经教育国际竞争力和话语体系，有赖于从中国高等财经教育的发展历史中去寻找启示和智慧，从世界高等教育发展的大势中去积极思考和谋划，从高校学科建设的具体实践中去努力探索和创新。

Passing on and Carrying Out New China's Course of Higher Education of Finance and Economics

Jia Huaiqin, Su Longzhong

Abstract: The higher education of finance and economics is an important part of higher education in New China. This thesis put an in-depth analysis and discussion on the historic development of the financial and economic education. Meanwhile, it also made suggestions on its innovation and promotion in accordance with the rapid development of digital economy.

Key words: Higher Education of Finance and Economics; University Culture; Digital Economy

私立上海商科大学办学始末探析

高冰冰[*]

摘　要：私立上海商科大学在校名的争议中而起，在两度更改校名的申请中落幕，短短一年半的办学历史中，一直呈现为校名所累的现象，这在中国近代高等教育史上也是一个奇特的案例。其办学中呈现的种种不规范和投机取巧的行为，也足可反映那个时代高等教育发展的另一个侧面。而当时国立中央大学商学院校友们为维护母校权益而开展的斗争，也为上海财经大学的校史写下了光彩的一笔。

关键词：私立上海商科大学；国立中央大学商学院；校名更改

作为今日上海财经大学前身的上海商科大学，一直为人们所熟知。然而1928年一所名为私立上海商科大学的学校突然见诸报端，并进行招生，这不仅让当时社会公众颇为疑惑，即便是今日的人们，看到这则招生启事也难免产生疑问。通过史料的层层揭示，该私立上海商科大学与上海商科大学确有颇多刻意的联系，并且当时曾招致上海商科大学方面（其时已更名为国立中央大学商学院）的激烈反对，此后私立上海商科大学又一再更名，最终因办学违规而于1930年招致国民政府当局的查封。

本文以1928—1930年间《申报》刊载的私立上海商科大学消息为主，按照史实事件的顺序，完整呈现私立上海商科大学的办学始末，揭示其办学问题，总结其成败得失，在探源存史的同时，或可从一个侧面剖析近代中国高等教育的发展与问题。

---

[*] 作者简介：高冰冰（1979—　），男，上海财经大学档案馆（校史馆、博物馆）副馆长，助理研究员。

一　私立上海商科大学的创办

1928年6月20日,《申报》上的一则消息引起各方面的关注。该消息题为"私立上海商科大学之发起",称"工商界领袖及党国要人孔祥熙、许世英、马寅初、潘公展、冯少山、赵晋卿、方椒伯、王志莘等,因鉴北伐告成,南北统一,对于工商事业急需发展,以谋国家强盛,故特在中国工商枢纽之上海,购地自建校舍,创办私立上海商科大学",创办该校的目的,为"造就专门人才,对于办理合作事业及劳工储蓄等人才尤为注意",并称"闻已推定马寅初、王志莘、方椒伯等九人为筹备委员云"①。一方面,发起人孔祥熙等均为国民政府高官及工商界名流,颇引人注目;另一方面马寅初、王志莘、方椒伯等均与1921成立之上海商科大学②有较深的渊源关系:马寅初为上海商科大学创办人之一,并曾担任该校首任教务主任;王志莘毕业于上海商科大学银行理财系,并曾执教于该校;方椒伯曾担任上海商科大学委员会委员。这颇让人容易将私立上海商科大学与上海商科大学联系起来。

私立上海商科大学幕后的实际创办者是谁?这样的疑问在随后《申报》的连续报道中渐次明了。1928年6月22日"私立上海商科大学之缘起"称该校"利用工商储蓄会所办各项事业之设备与人才,如银行储蓄及合作事业等为本大学学习实验之所"③。7月12日"欢迎私立商大校董校长纪"记载,由工商储蓄会假座大东酒楼欢迎私立上海商科大学校董校长。工商储蓄会会长许世英"代表工商储蓄会发起人欢迎商大校董校长,并祝储蓄会暨商大前途发展无量云"④。1929年2月14日"工商储蓄会创办教育基金储蓄通告"称"本会之设立以提倡储蓄与办社会事业为宗旨……对于社会事业,已经开办者有私立上海商科大学……"⑤ 同年3

---

①　"私立上海商科大学之发起",《申报》1928年6月20日。

②　上海商科大学由1917年9月创办的南京高等师范学院商业专修科扩充改组而来,于1921年9月在上海设立,1927年7月更名为国立第四中山大学商学院,1928年2月更名为江苏大学商学院,1928年5月更名为国立中央大学商学院,均为今上海财经大学的前身。

③　"私立上海商科大学之缘起",《申报》1928年6月22日。

④　"欢迎私立商大校董校长纪",《申报》1928年7月12日。

⑤　"工商储蓄会创办教育基金储蓄通告",《申报》1929年2月14日。

月3日,"私立上海商科大学招生"启事中明确称:"本校由工商部备案之工商储蓄会设立。"①

根据当时上海特别市政府"市政公报",工商储蓄会经国民政府工商部"暂行备案,准其试办","以奖励储蓄、兴办社会事业为宗旨",会长为许世英,副会长为冯少山、方椒伯,董事有李伟侯、匡仲谋、殷芝龄等,监察人有胡朴安、王兢华等②。会长许世英为晚晴及民国政坛元老,曾任北洋政府国务总理,1928年任国民政府赈务委员会委员长,并任经济委员会常务委员兼主席,具有较高的声望和号召力。董事当中的殷芝龄还曾担任上海商科大学教授。③ 正因为工商储蓄会的背景,私立上海商科大学的发起和创办才汇集了众多政商学界的名流参与其中。

"私立上海商科大学之缘起"报道中对私立上海商科大学创办的目的、宗旨等做了说明。该文指出,上海作为世界通商巨埠、全国商业枢纽,其发展有赖于商业教育,"即就环境与人才关系而言,亦以办理商业教育最为切要",且私立上海商科大学的创办亦有助于便利商学两界的密切联络。因此,私立上海商科大学创办的微意即为"以期造就专门人才而谋工商业之发展","其课程则学理与实习并重"。值得一提的是,这些关于创办目的、宗旨的表述,与1921年因"人才与环境之关系"而在上海设立上海商科大学,1928年《国立中央大学商学院院章》中办学宗旨"培植商业专门人才,其学程则理论与实习并重"等颇有相似之处④。

私立上海商科大学设有董事会,校董有孔祥熙、许世英、王云五、冯少山、方椒伯、殷芝龄等,创办之初由马寅初担任校长。1928年6月24日,《申报》刊载消息称:"兹悉,该校校长一职已经校董许世英等议请商学经济专家马寅初博士为校长云。"⑤ 马寅初亦于该校招考日来临之际,专程由杭州来上海,"预为布置一切"⑥。在工商储蓄会举办的欢迎校董校

---

① "私立上海商科大学招生",《申报》1929年3月3日。
② 上海特别市政府"市政公报"第十九、二十期,1929年2月、3月。
③ 上海财经大学校史研究室编:《国立上海商学院史料选辑》,上海财经大学出版社2012年版,第94页。
④ 参见上海财经大学校史研究室编《国立上海商学院史料选辑》,上海财经大学出版社2012年版,第49、179页。
⑤ "马寅初博士为私立商大校长",《申报》1928年6月24日。
⑥ "私立商大定期欢迎校董校长",《申报》1928年7月9日。

长的宴会上，马寅初表示："谬承诸校董推之为校长，愧不敢当，提倡商大，系鄙人之夙志……得两星期到校一次，担任讲演关于中国货币财政及银行等科数小时之功课。此不但与学校有益，且与学生更有莫大实益。"①在该校开办初期的招生启事上，落款均为"校长马寅初启"。

私立上海商科大学校址在公共租界戈登路（今江宁路）海防路路口，主要建筑为两座四层校舍，与工商储蓄会合用。学校于1928年9月25日正式开学上课，本科设有银行系、会计系、工商管理系、国际贸易系，专修科设有合作事业系、商业教育系、报学系，还设有附中并开办了夜校。

私立上海商科大学的创办，迎合了社会需求，受到求学者的热烈欢迎。1928年招生后，7月9日《申报》即报道称："私立上海商科大学自开始招生以来，索章报名者颇为踊跃。"② 1929年7月17日《申报》在报道工商储蓄会开办以来的事业成绩时称："该会所创办之私立上海商科大学，各省来学者日多。"③

二 来自国立中央大学商学院校友们的激烈反对④

私立上海商科大学与上海商科大学校名相近，筹备发起人及首任校长均与上海商科大学有较深渊源关系，其办学宗旨等亦与上海商科大学、国立中央大学商学院（以下简称"中大商学院"）相类似，因此当其发起成立消息见诸报端，随后又大张旗鼓进行招生时，便引起社会各方面的关注和反应，欢迎者有之，疑惑者有之，激烈反对者更是发起了抵制活动。反对者主要来自中大商学院方面的校友等。

来自相关方面的反映，首先见诸报端的，是上海商科大学原主任（主持校务）程其保的声明。程其保于1925年12月至1927年3月担任上海商科大学主任，此时已辞职。在声明中，程其保一方面对社会上舆论以为私立上海商科大学是其"暗中主持"，"以致各方前来接洽或询问者日

---

① "欢迎私立商大校董校长纪"，《申报》1928年7月12日。
② "私立商大定期欢迎校董校长"，《申报》1928年7月9日。
③ "工商储蓄会招待报界"，《申报》1929年7月17日。
④ 激烈反对私立上海商科大学这个校名的，主要是南京高等师范学校商业专修科、上海商科大学、一直到国立中央大学商学院等各个时期毕业的校友，为方便起见，这里统一以"国立中央大学商学院校友"代指。

有数起"，因此"特郑重声明，其保对于该校，毫无关系"。但他又未言止于此，进而回顾他担任上海商科大学主任的历史，指出："二年以前，曾与上海商大有一段周旋，对于该校，亦尝有切实之计划，惜因阻碍继生，均未得贯彻"，言下颇为念念。而现在他正"息居读书，研究小学教育，正饶兴趣，何来精力，更办学校？"另一方面，他对私立上海商科大学的创办，又表示了赞成与期许之意："对于私立商大之设，颇觉其能适应社会一种急切之需要，果能本严紧之精神，造成纯洁之学府，极所赞同，惟个人窃未敢躬与其盛耳。"①

与程其保发表声明进行澄清并表示赞同的态度截然不同的是，中大商学院的校友们则表示了激烈的反对态度，并开展了系列抵制活动。据《申报》1928年7月20日的报道，"上海商科大学同学，为反对私立上海商科大学名称事，特于昨日下午五时，假南京路保安堂召集南高、东大、中大商科同学开会，讨论进行办法"。讨论的结果，形成了以下工作步骤："（一）发表宣言，（二）联络各地同学一致进行，（三）请该校自动更名，（四）请马寅初表示态度，（五）要求母校当局同时进行反对工作，（六）呈请大学院及市教育局取缔该校。"为保证工作的落实推进，还"推选出朱鸿杰、陈谟宪、薛福田、孙树兴、陆焕五人为临时委员，专办此事"②。中大商学院校友们提出的反对办法，目的诉求明确、实施步骤清晰、组织措施有力，反映了他们浓烈的爱校护校之情和成熟的斗争智慧。

7月22日，按照既定工作步骤，校友们公开发出了反对私立商大宣言。7月23日的《申报》对宣言内容进行了刊载。宣言首先对中大商学院的办学历史做了介绍，"现在的中央大学商学院，是由从前的上海商科大学改组的；从前的上海商科大学，是由再从前的南高商科改组的，一脉相传，系统分明"，因此，无论是南高时代的商科、东大时代的商大和目前的中大商学院，"都是我们的母校"。"我们离了母校以后，有的因为职务缠身，有的因为远涉重洋，所以不能时常到母校里去走走，可是我们的心，都是一刻不离地挂念着母校，凡是母校发生了什么重大问题，我们总是用着全副精神去注意的"。由此联系到私立上海商科大学校名这件事

---

① "程其保对于私立商大之声明"，《申报》1928年7月3日。
② "商大同学开会反对私立商大"，《申报》1928年7月20日。

上，指出"它的名称，与母校完全相同，虽然上面加着私立两字，但仍不免鱼目混珠"，"我们同学对于这个混用母校名称问题，大家都觉得十分愤怒"，"我们的能力虽是有限，我们的意志却非常坚决，无论如何不承认社会上有第二个上海商科大学，来混淆我们庄严灿烂的母校……我们绝对不唱打倒什么什么的口号，我们的目的，只在做到该校改名，其余一切，概不过问，谨此宣言"[1]。这个宣言，在传递出校友们炽烈的眷念母校之情的同时，对反对私立上海商科大学的斗争目标则做了进一步的节制和限定，即只要求其更改校名，不再鱼目混珠即可。

  中大商学院校友们的激烈反对活动收到了效果。首先是私立上海商科大学的首任校长马寅初的辞职。马寅初对于其1920年应郭秉文之邀参与创办、1921年担任首任教务主任的上海商科大学终其一生都甚为珍视。他一生曾在多所院校任教，并先后担任浙江大学、北京大学校长，但在他的有关文章及社会上的有关报道中，则屡次提及上海商科大学是他所创办，并曾作为国立上海商学院的代表参加有关活动（注：国立上海商学院由中大商学院改组独立设置而来，与上海商科大学一脉相承），表明了他与上海商科大学及其后续学校的密切关系。如1927年《国闻周报》"时人汇志"对马寅初的介绍中，有"九年……更襄助东南大学创立商科"[2]；1934年，他为国立上海商学院毕业生题词"经济匡时"，该"经济匡时"已成为今日上海财经大学校训的重要组成部分；1946年3月，在为国立上海商学院战后复员而组织的国立上海商学院筹备委员会在渝委员第一次会议上，他被公推为主席；1946年5月20日，他曾代表国立上海商学院参加上海经济文化团体联合会。1947年，他在一篇文章中夫子自道地介绍了自己的求学及工作经历，指出"今日的国立上海商学院，是于民国九年余与郭秉文先生所创办"[3]。同年，他在其《经济学概论》增订版自序中指出，"民国九年，余向北大请假一年，赴上海考察经济界实际状况，同时与郭秉文先生合办上海商学院"[4]。这些史料中的东南大学商科、上海商学院等，均指1921成立的上海商科大学及其后续学校，

---

[1] "商大同学反对私立商大宣言"，《申报》1928年7月23日。
[2] "时人汇志"，《国闻周报》1927年9月18日。
[3] 马寅初：《马寅初全集》第十二卷，浙江人民出版社1999年版，第446页。
[4] 马寅初：《马寅初全集》第十一卷，浙江人民出版社1999年版，第205页。

而非私立上海商科大学。正因为对上海商科大学的这份特殊情感，马寅初对当时中大商学院校友们的激烈反对自然会认真考虑。根据《马寅初年谱长编》，1928年6月马寅初"婉拒上海商科大学校长之聘……谢辞许世英美意"①。当然，此处的"上海商科大学"应为私立上海商科大学，时间和内容上可能也不太准确，毕竟1928年7月马寅初还去上海布置开学有关事宜并出席了工商储蓄会欢迎私立商大校董校长的宴会（详见上文）。

从1928年6月下旬至7月上旬，私立上海商科大学的招生启事文末落款均有"校长马寅初启"字样；但从7月中旬起，其招生启事已无落款。至1929年2月，私立上海商科大学招生启事文末落款又再出现，只是校长已改为殷芝龄②。

私立上海商科大学的校名最终也作了更改。1929年年底，《申报》刊载了一则题为"华国大学校董会成立纪"的消息，称"戈登路海防路私立上海商科大学，近因供社会之需要，增添文法两学院改名华国大学……"③自此，中大商学院校友们的斗争基本上取得了胜利。

三　私立上海商科大学的后续办学及其停办

华国大学在私立上海商科大学的基础上扩充改组而来。根据"华国大学校董会成立纪"，其校董会有所扩充，"除商大原有校董外，另聘于右任、褚民谊、吴经熊、林康侯、袁履登、林语堂、戈公振、何炳松等为校董"，于右任、褚民谊为正副董事长，殷芝龄为校长。1930年1月起，华国大学开始发布招生启事。根据其招生启事，华国大学设文学院、商学院、法学院三个学院，下设7个学系，同时设有国学、法律、高师、商业、英文、报学6个专修科，并设有预科。文学院院长为胡朴安，法学院院长为郑文楷，商学院院长为陈心铭④。从上述史料看，华国大学校董均为政商学界名流，院系设置亦大幅扩充，办学计划雄心勃勃，然而由于其

---

① 徐斌、马大成编著：《马寅初年谱长编》，商务印书馆2012年版，第150页。
② 参见1929年2—3月《申报》所刊载之各期私立上海商科大学招生启事。
③ "华国大学校董会成立纪"，《申报》1929年12月31日。
④ 参见1930年1—2月《申报》所刊载之各期华国大学招男女生启事。

办学本身的不规范，其时已走到穷途末路。

根据 1930 年 2 月 10 日《申报》报道，2 月 9 日上海市教育局奉国民政府教育部令前往华国大学调查。华国大学除配合调查、说明自私立上海商科大学以来的办学情况外，声称其更名为华国大学后，"当即登报通告，现正遵照部令，呈请校董会设立及立案，并补行呈请学校设立及开办，再于相当时期呈请立案"，并坚称"与部令严禁二月一日以后办之中等以上学校招生事，毫不抵触"①。也就是说，华国大学更名等手续尚未经国民政府教育部备案同意，即已开始发布招生启事，显然违背了国民政府教育部的政令。

颇具戏剧性的是，华国大学更名不及两月，1930 年 2 月 18 日起，《申报》上又连续出现"私立上海商科大学开学通告"的启事②。启事中称，"本大学遵照部令，易名私立上海商学院……本科工商管理、会计、银行、国际贸易各系……均尚有余额，报名从速"。这说明，华国大学校名的更改申请未被国民政府教育部同意，其学院扩充计划也未得通过，依旧以商学为限，还是设四个商科学系。而此时根据国民政府教育部发布的大学组织法，单科已不能称大学，所以遂将校名变更为私立上海商学院③。华国大学既不被允许，私立上海商学院又不为社会所知晓，所以其发布的启事标题依旧以私立上海商科大学为名。

然而私立上海商学院终究未能开办下去。1930 年 3 月 18 日《申报》刊载"为查封私立商科大学事"消息，根据市教育局函复市党部有关内容，"查私立商科大学改名华国大学，前奉部令饬，查该大学办理不合规程，勒令停办。旋据私立上海商学院校董会主席褚民谊呈报，私立上海商科大学易名为商学院请准备案，复经呈奉教育部指令，查照处置停闭私立学校办法，转饬停闭在案"，又称"该校如不遵办，仍有登报招生情事，自当再行查办"④。可见，自私立上海商科大学提出更名华国大学申请起，即已遭到国民政府教育部的否定，并勒令停办，但它不遵部令，反复易

---

① "华国大学呈复调查"，《申报》1930 年 2 月 10 日。

② 参见 1930 年 2 月 18—27 日《申报》所刊载之"私立上海商科大学开学通告"。

③ 需说明的是，国立上海商学院在抗战中由于未能内迁，坚持在上海办学，在当时的环境下，根据国民政府教育部的授意，国立上海商学院曾一度更名为"私立上海商学院"，与本文中的私立上海商学院非同一学校。

④ "为查封私立商科大学事"，《申报》1930 年 3 月 18 日。

名，且坚持登报招生，终至上海市教育局和市党部遵照部令，严行查封。

  私立上海商科大学自1928年9月25日开学，至1930年3月上旬遭到查封停办，实际办学仅有一年半左右的时间，其本科学生均未能完成学业即不得不转学，唯一见诸报端的毕业生，乃为1929年6月毕业的7名预科学生[①]。

四　结语

  私立上海商科大学在其极短的办学历史中，校名先后有私立上海商科大学、华国大学、私立上海商学院三度更易，后两次更名间隔不及两月，且其发布的启事中常有两个校名混用的情况。以校名的争议而起，在更改校名的申请中落幕，私立上海商科大学的办学一直呈现为校名所累的现象，这在中国近代高等教育史上也是一个奇特的案例。《论语》有云："名不正，则言不顺；言不顺，则事不成。"私立上海商科大学的办学历史，为这句话加了一个生动的注脚。

  当然，校名的"不正"仅是私立上海商科大学办学"不顺"进而"不成"的一个方面，根本原因，还是在于其办学的不规范、不遵从国民政府教育部的法令政令（其中也不排除背后有复杂的政治斗争因素）。从一开始以校名的鱼目混珠，招徕原上海商科大学创办人和教师加盟并大肆宣传，到办学仅一年多就意图扩充为综合大学，一举增设两个学院，再到不遵当局严令，持续顶风招生，类似种种违规不端行为，都是造成其办学失败的重要原因。

  持平而论，私立上海商科大学的设立，适应了当时中国民族工商业的发展对商业专门人才的急切需求，办学之初颇受社会欢迎。倘若其创办者以为国家为社会负责任的态度认真办学，摒弃急功近利的心态和种种投机取巧的行为，其办学成绩当必然是另外一幅景象。虽然历史不容假设，但与其形成鲜明对比的，是其意图效仿并超越（意图扩充为综合性大学即例证）的上海商科大学的办学历史。上海商科大学是中国创办最早的一所本科商科大学，从其办学源头南京高等师范学校商业专修科起，到历经烽火、几经更名，而至今日的上海财经大学，百年中学校始终定位为高等

---

① "私立商大本届预科毕业班"，《申报》1929年6月19日。

商学学府（鲜明的财经特色），以培养"富有创造力、决断力及组织力的卓越财经人才"[①]为使命，与国家民族的发展同呼吸共命运，已成为中国高等商学教育发展史的一个缩影。

值得一提的是，中大商学院广大校友们为维护母校权益而开展的系列斗争，并最后取得胜利，为上海财经大学校史写下了光彩的一笔。

The Whole Story of Private Shanghai College of Commerce

Gao Bingbing

Abstract: Private Shanghai College of Commerce came to public attention due to the controversy of the school name, which ended with the application for changing the school name twice. During the only one and a half years of its school history, it has constantly been burdened by name scandal, making it a peculiar case in the history of modern Chinese higher education. It also mirrored all kinds of malpractices and opportunistic behaviors in school running which provided negative example for higher education operators. Meanwhile, the alumni of the former School of Commerce in National Central University tenaciously fought for the rights and interests of their Alma Mater, leaving a glorious record in the history of Shanghai University of Finance and Economics.

Key words: Private Shanghai College of Commerce; School of Commerce, National Central University; School Name; Right and Interests

---

[①] 《上海财经大学章程》，中华人民共和国教育部 2014 年 5 月 5 日核准，第 7 页。类似的表述于国立上海商学院时期即已提出："培养富有创造精神、决断力及组织力之企业家"（上海财经大学校史研究室编：《国立上海商学院史料选辑》，上海财经大学出版社 2012 年版，第 407 页），可见该办学使命的一脉相承。

教育管理

大学生社会实践在高校履行
社会责任中的作用
——基于上海财经大学"千村调查"项目

葛晓菁 李 虹 张 薇[*]

摘　要：建立高校社会责任评估体系是提升高校社会责任建设必不可少的环节。大学生社会实践是高校履行社会责任，培养具有社会责任感的社会公民的重要方式。本文借鉴了高校社会责任评估理论VPI模型，以上海财经大学千村调查社会实践为案例，从四个方面评估了其有效性和对于学校社会责任建设及其重要利益相关者的影响。

关键词：高校社会责任；大学生社会实践；评估

一　高校社会责任发展概述

（一）高校社会责任概念及发展

当今世界面临着全球变暖、贫困、收入差距、难民、人口老龄化等诸多问题，如何解决这些问题对于每个国家和地区来说都是一项极具挑战性的任务。而大学通常被视为传播文化，孕育培养国之重器的教育科研重地，对于解决社会经济问题及促进其发展起到巨大的推动作用。人类社会的发展要求高校能够通过知识传播和创新提供持久动力，能够持续提供人

---

[*] 作者简介：葛晓菁（1982—　），女，上海财经大学国际教育学院专业教师，硕士；李虹（1992—　），女，上海财经大学国际教育学院专业教师，硕士；张薇（1985—　），女，上海财经大学国际教育学院专业教师，硕士。

才保障和智力支持。因此，承担社会责任已经成为高校的使命和发展基础。①

近年来，"高校社会责任"在国内外学术研究和实践领域得到了广泛的关注和探讨。丹尼尔·T. L. 舍克（2017）定义高校社会责任为高校为促进社会进步而分担的责任，在高校的管理、教学、研究、服务及公共活动中需要遵守社会责任方面的政策。他们认为高校社会责任的理论基础是企业社会责任，高校作为企业在承担企业社会责任的基础上，同时还承担提高人类生活质量和解决社会问题的使命。② 与国外研究中将高校视为企业不同，我国学者在这一领域的研究，更关注高校的非营利属性。康乐（2008）认为高校的社会责任可以概括为"培养对人民对社会有担当的人才；提升国家和民族的创造力和竞争力；引领中国未来社会发展等③"。张妍（2011）和叶静怡（2017）都依据高校社会行为从人才培养、传承文化与科学研究、服务社会及引导创新四个方面对高校社会责任的内涵进行了阐述。他们认为，高校在人才培养方面的社会责任是指高校培养的人才能否适应当前和未来发展的需要，高校是否能促进个人的全面发展，是否能保证高等教育的公平和质量；在科学研究方面，高校的社会责任是指高校坚持知识及创新、坚持以学术责任为核心、综合运用科学知识服务于社会发展及促进人类进步的责任；在服务社会方面，高校的社会责任体现在其对社会健康、稳定和可持续发展的促进及支持作用；在文化传承和创新方面，高校的社会责任体现在通过其深厚的文化意识及先进的思想观念，传承、弘扬和发展文化并影响和引导社会意识，不断推进人类文明的发展[4][5]。

---

① 张妍、侯立松：《论高校社会责任的来源与内涵》，《重庆文理学院学报》2011年第4期。

② Shek, D. T. L., Hollister, R. M. (eds.) *University Social Responsibility and Quality of Life: A Global Survey of Concepts and Experiences*, Springer Singapore, 2017: 13.

③ 康乐：《中国大学的社会责任初探》，《文教资料》2008年第3期。

④ 张妍、侯立松：《论高校社会责任的来源与内涵》，《重庆文理学院学报》2011年第4期。

⑤ Shek, D. T. L., Hollister, R. M. (eds.) *University Social Responsibility and Quality of Life: A Global Survey of Concepts and Experiences*, Springer Singapore, 2017: 209.

(二) 高校社会责任现状

根据丹尼尔·T. L. 舍克及罗伯特·M. 霍利斯特在 2017 年对曼彻斯特大学、北京大学、四川大学、比勒陀利亚大学、香港理工大学、海法大学、圣保罗大学、京都大学、华盛顿大学及圣路易斯大学高校社会责任实施经验的调研，目前全球高校社会责任的现状可以总结为以下几个方面：第一，不同的大学对其高校社会责任计划有不同的目标和策略；第二，当前全球有很多不同层次、不同成熟度和资源的高校社会责任项目，为新的相关政策和项目的设计提供良好的参考依据；第三，包括教师、非教学人员和学生在内的利益相关者都可以参与高校社会责任活动；第四，有必要加强对高校社会责任的评估工作，特别是考虑到其对不同利益相关者的影响；第五，由于高校社会责任的实施大多在一所大学的背景下进行，需要进一步促进机构间的高校社会责任合作；第六，由于高校社会责任的理论和研究尚处于起步阶段，需要加强对其理论框架和基础的研究[1]。

不同地区不同高校履行社会责任的方式各异，纵观 20 世纪下半叶以来高校的发展史，主要方法可以归纳为"个人行为"、"组织行为"和"共担社会责任"三个类别[2]。"个人行为"是指以高校师生为主体，在其个人的社会责任意识和社会服务精神的推动下，在组织内外自觉、主动地承担高校社会责任。教师和学者在教学、科研、服务等专业行为中所持的态度、信念和能力，是实现高校社会责任目标的关键，没有教师的监督学校无法承担任何社会责任职能和使命。大学生是履行高校社会责任最先进、最有活力的力量，一旦进入社会他们将成为社会责任的主要承担者。"组织行为"是指从 20 世纪 80 年代以来，随着社会对大学的期望日益提升，大学承担的社会责任越来越重大，当仅凭师生个人的行为无法有效地、系统地履行高校社会责任时，组织就成为社会责任的实施者和引导者。具体的行为如高校为了满足国家和社会的需要对培养的人才类型、从事的科研种类、提供的社会服务等方面做出的探讨和行动。当代大学也将社会责任融入组织的文化和价值观，逐步构建制度化的社会责任愿景。

---

[1] Shek, D. T. L., Hollister, R. M. (eds.) *University Social Responsibility and Quality of Life: A Global Survey of Concepts and Experiences*, Springer Singapore, 2017: 13-14.

[2] Ibid., pp. 208-210.

"共担社会责任"是指由高校、政府和企业三者共同承担社会责任。高校在政府机构的保障、社会组织（包括企业、非营利组织和公众等）的推动、媒体等机构的监督下形成与政府和企业的"社会责任共担机制"，三者以既竞争又合作、和谐发展、有效互动和动态平衡的方式共同承担社会责任。

二 大学生社会实践概述

大学生社会实践是在高校社会责任履行方式"个人行为"中的最主要的形式。大学与社会的关系是成功的高校社会责任的一个重要组成部分，大学与社会建立真正互惠互利的合作关系是最成功的关系①。

大学生社会实践是指大学生从了解社会、服务社会中接受教育，提升综合素质，树立正确的世界观、人生观和价值观的一种教育形式②。大学生们通过接触社会、了解社会，来磨炼品格，帮助和引导他们走出校门，进入社会，深入实际，培养德智体美劳全面发展。

毛泽东同志曾经说过"实践是检验真理的唯一标准"。理论与实践结合在一起的过程，即检查和巩固自身的理论知识水平的过程就是大学生社会实践教育的目的与初衷，通过不断的社会实践教育，不断产生新的理论知识，新的理论知识又反作用于实践教育，相互促进，为社会作出贡献③。

（一）中国大学生社会实践现状

我国大学生普遍存在的问题是唯分数、唯成绩论，目的性较强。而学校教育目前师资力量的差异及不足，社会不良因素影响等问题造成大学生社会责任感不足。因此，为鼓励大学生积极参加社会实践，通过社会实践增加学生的社会责任感就成为许多高校的一项重要任务。

---

① Shek, D. T. L., Hollister, R. M. (eds.) *University Social Responsibility and Quality of Life: A Global Survey of Concepts and Experiences*, Springer Singapore, 2017: 273.
② 姚林曼:《论改革开放 40 年来大学生社会实践教育的现状与发展对策》，《新西部》2018 年第 35 期。
③ 同上。

我国大学生社会实践活动具有主题性、多样性以及组织性的特点。如志愿者服务、大学生挂职服务、支教山村、扶贫救济、社会公益、"三下乡"暑期社会实践活动、大学生志愿服务西部计划、"挑战杯"竞赛，创新创业等。在各种主题性明确，活动丰富的实践项目中，学生可以依据自身的特点和专业，选择相应的项目，在社会实践的教育过程中，做好专业理论知识和实践紧密联系的前期准备，同时在实践过程中来证明其所学，从而得到实践后的反馈。如此，既可以提高大学生对所学专业的兴趣和认可，也可以给予大学生学好专业知识的鼓励和动力，推进大学生能力的发展[1][2]。但存在的问题则是国内大多数社会实践是由高校统一组织管理，内容统一，灵活性低，在实践过程中学生的自主性较低，自身能力的发挥受到局限等。

（二）中外大学生社会实践对比

海外大学生社会实践与国内大学生社会实践最大的区别在于海外大学主要以公民参与活动为主学校支持为辅，学生与社会群体自愿、自主参与各项社会活动，如义卖、消除贫困、照顾无家可归的人、志愿者服务等以满足社区需求。除此之外，海外大学提倡服务学习，通过加强社区生活能力来推进大学和学院的公共职责，培养学生的公民和社会责任。鼓励大学生从事社区服务和服务学习，帮助大学生锻炼领导力、创造力、批判性思维以及反思性思维能力，加强科学和技术方面的教育[3]。

随着时代的发展，中外大学生社会实践的目的也越来越接近。政府、社会以及家长对于社会实践也越来越重视。而在许多国家，社会实践的广泛普及更离不开政府、社会以及家长的大力支持。如中国国家教委、共青团中央在《关于广泛组织高等学校学生参加社会实践活动的意见》中就强调"高等学校除了要认真搞好已列入教学计划的生产实习和社会实践外，还要把在假期和课外组织学生参加社会实践活动，作为高等教育的一

---

[1] 姚林曼：《论改革开放 40 年来大学生社会实践教育的现状与发展对策》，《新西部》2018 年第 35 期。

[2] 李斌、刘佳：《美国高校服务学习模式与中国大学生社会实践比较》，《中国青年社会科学》2015 年第 1 期。

[3] O'Riordan, L., et al. (eds.), *New Perspectives on Corporate Social Responsibility*, Springer Fachmedien Wiesbaden, 2015: 604.

个重要组成部分"。① 在其他国家，如日本也在其教学大纲中曾指出良好的集体活动可以帮助大学生在身心和个性发展时，提高他们的自觉性，团结合作以及齐心协力的能力来建设美好生活。菲律宾政府强调加强劳动生产教育、实用工艺和职业意识与技能教育，明确要求教师利用一切机会把课堂教学和实际劳动生产联系起来，促使教学双方在社会需要的服从上达成共识。分析批判和解决实际问题的能力是在美国高等教育中提倡的重中之重，为确保所有高等学校学生对国家经济和政治生活中的现象具有其能力，有的州专门通过法案支持甚至明确规定学生必须参加这类活动才能毕业。②

此外，海外许多学校还成立了各种专门的大学生社会服务性的指导办公室为大学生提供社会服务的通道。在美国成立了几个主要的联盟，以便全国各学校能协调一致行动；另外，由 75 所院校校长建立了一个正式的全国性联盟——公共和社会服务计划，以协调全国学生的社会服务活动。印尼等国家也设立了相似的组织支持实践活动的顺利开展。

三 本文研究主题及理论基础

（一）本文研究的主题

本文旨在研究大学生社会实践在高校履行社会责任中的作用。大学生社会实践是以师生为主体的高校社会责任的主要履行方式，也是高校立德树人的重要形式。有效评估大学生社会实践项目，并研究其对高校社会责任的影响，有助于推进高校社会责任体系的建设。本文以上海财经大学为研究对象，以"千村调查"社会实践为案例，通过评估高校社会责任的VPI 理论框架，来评估学校大学生社会实践项目，进而分析其对学校社会责任体系产生的影响并提出建议。

---

① 国家教委、共青团中央：《关于广泛组织高等学校学生参加社会实践活动的意见》，http://laws.66law.cn/law-103996.aspx，1987-06-27。

② 马奇柯：《国外大学生社会实践的经验和启示》，《中国青年研究》2003 年第 3 期。

（二）本文研究的理论框架和研究方法

1. 高校社会责任评估理论框架

高校社会责任评估框架的理论建设，在国内外都并不多见。本文主要借鉴了由香港科技大学的学者卡洛斯、罗永雄（2017）提出的 Value-Process-Impact（VPI）模型①。

VPI 模型由三个方面组成，可持续发展价值观（V）要求大学形成社会责任和可持续发展的愿景和使命，能充分体现其战略定位；实践高校社会责任的过程（P）要求大学将高校社会责任管理制度化，并通过高校社会责任项目将其愿景和使命转化为行动；高校社会责任实践的影响（I）要求大学根据各利益相关者群体的福祉，评估其高校社会责任对经济、社会和环境可持续性的贡献。VPI 的良性循环是以价值驱动过程、过程产生影响、影响提供改进反馈的形式出现的。因此，VPI 方法使高校社会责任模型具有交互性和可进步性，从而指导大学通过持续改进实现可持续性。

该框架的第一步有关大学的价值观，即大学是否制定明确政策指导其履行社会责任，以及涉及哪些利益相关者。领导力是倡导高校社会责任的决定性因素。具有明确的社会责任意识，有权决定政策制定和资源配置的领导人可以发起自上而下的变革。该框架的第二步涉及高校的社会责任管理系统：高校社会责任目标和计划；正在进行中的项目管理；高校的社会责任预算；发布年度高校社会责任报告，与利益相关者沟通；以及高校社会责任管理的组织结构。如果没有结构良好的管理程序，高校社会责任的工作很难开展、执行和监测。第三步涉及创建一个大学利益相关者—战略矩阵，将高校社会责任实践，关键利益相关者和大学战略联系起来。对于这个矩阵，每个利益相关者群体以及相应的大学主要职能都得到了清晰定义和可量化的高校社会责任标准。框架的第四步考虑高校社会责任参与对利益相关者群体的有利影响。然后，这些评估将作为对前面框架步骤的验证或修订的反馈。

从利益相关者视角看高校社会责任建设是借鉴了企业社会责任理论（Corporate Social Responsibility）。明确谁是利益相关者，这是利益相关者

---

① Shek, D. T. L., Hollister, R. M. (eds.) *University Social Responsibility and Quality of Life: A Global Survey of Concepts and Experiences*, Springer Singapore, 2017: 44-47.

```
┌─────────┐
│  观念   │ ■ 书面的高校社会责任政策
└─────────┘ ■ 利益相关者视角
    ↓
┌─────────┐
│  管理   │ ■ 高校社会责任目标/计划/程序/预算
└─────────┘
    ↓
┌─────────┐
│  实践   │ ■ 为主要利益相关者设计的实践活动
└─────────┘ ■ 符合主要战略的高校社会责任实践
    ↓
┌─────────┐
│  影响   │ ■ 利益相关者的反馈/认知
└─────────┘
```

图1 VPI评估模型

管理策略的一个重要步骤[1]。当然与企业不同的是，大学最重要的利益相关者是学生。因此，高校社会责任的建设离不开以学生为主体，大学生社会实践更应该围绕着使学生获益的目标。这个收益不仅仅是显性的奖励，如学分等等，更主要是培养其身心健康、专业素养、实践能力、社会责任感发展，使其做好成为一个合格的社会公民的准备。因此，评价他们自身对于教育、发展的感受和满意度，检验其成为一个有责任感的社会公民的需求有没有得到很好的满足，这都是一个高校社会责任建设是否成功的一个体现。因此，在设计问卷时，借鉴埃尔南德斯和梅纳德在2016年的研究中对学生满意度测量的研究，加入了如"我很高兴参加了这项社会实践活动"等问题。

巴斯克斯·J. L. （2016）等学者验证了学生对于学校社会责任建设的感知是学生整体满意度的一个决定因素[2]。可见，高校社会责任的建设和学生这个重要的利益相关者存在着相互影响、密切联系的。因此，我们

---

[1] Sánchez-Hernández, M. I., Mainardes, E. W., University social responsibility: a student base analysis in Brazil, *International Review on Public and Nonprofit Marketing*, 2016, 13 (2).

[2] Vázquez, J. L., Aza, C. L., & Lanero, A., University social responsibility as antecedent of students' satisfaction, *International Review on Public and Nonprofit Marketing*, 2016, 13 (2).

评估社会责任建设的重要环节可以从学生角度，以及其他利益相关者如教职工的角度去衡量和评价。

2. 国内社会实践的主要评估理论

通过研究，发现国内关于高校社会责任评估的理论和文献非常少。本文研究重点在于通过高校社会责任的一个重要方面，即大学生社会实践来分析其对高校社会责任的影响。因此，本文的评估方法借鉴了国内关于大学生社会实践的研究并与VPI模型相互结合。

社会实践的有效性可以从几个阶段进行评估，前期计划、中期执行、后期评价三者相辅相成，不可或缺。前期重在看学校对于社会实践整体规划、组织动员、实践方案等，中期主要看实践者的体验和参与过程的质量，后期通过总结评价看是否达到预期效果[①]。

在评价教育实践的时候过程评价是一个能够"通过诊断教育方案或计划、教育过程或活动中存在的问题，为正在进行的教育活动提供反馈信息，以提高正在进行的教育活动质量的评价"[②]。它重在诊断、反馈以及修正的整个过程，从活动参与者的理解和反思出发，积极调动了参与者的能动性，进而达到了教育实践活动的目标[③]。

教育的对象是学生，教育的目标是塑造学生，使得他们成为身心全面发展的社会青年。因此，对于大学生社会实践的评估也应该通过形成性评价促使教与学的相互促进[④]。重视大学生在社会实践当中的心理感受，把握他们的心理成长规律。结合知、情、意、行几个角度，从而评估他们在实践过程中的"知——对实践方案、动机或目的理解程度，以及对实践对象的了解、知识及信念；情——对实践对象的情绪感觉，包括喜欢—讨厌、尊敬—轻视、赞成—反对等正负面的感觉；意——为实现预期目标所做的自觉努力，以及通过权衡自觉克服困难的心理过程；行——对实践对

[①] 肖述剑：《基于学生满意度的大学生社会实践评价指标体系研究》，《学校党建与思想教育》2015年第15期。

[②] 陈玉琨：《教育评价学》，人民教育出版社1999年版，第12页。

[③] 丁浩、王婷婷：《新时期高校学生社会实践实效性评价探析——基于过程评价的分析视角》，《思想教育研究》2014年第4期。

[④] 朱琳：《高等中医药院校大学生社会实践实效性评价模式研究》，《中医教ECM》2016年第3期。

象的反应倾向,以及在此过程中形成的外显行为"[1]。因此,学生这个主体才是社会实际项目评估时该围绕的中心,从对过程的管理和反思中,全面的评估,才能够更加调动参与主体的积极性和能动性。专家在学生自我总结的基础上进行指导和补充[2]。

赵鑫等学者的研究发现,学生参与社会实践,其满意度和认知度有显著的正相关关系,认知度越高,满意度越高。学生参与活动的积极性和目的性会随着学生社会实践的意义和重要性的认识度的提高而提高,实践活动的本身的满意度也就得到提升[3]。

3. 研究方法

本文通过分析VPI模型和国内的社会实践评估理论,围绕着以下几个方面,通过发放调查问卷,电话采访和搜集二手数据来评估"千村调查"社会实践项目:

第一,千村调查是否有明确的学校制度和政策指导,并符合学校的战略发展定位;

第二,千村调查是否有规范的管理制度和管理流程;

第三,从参与学生和教职工的角度,分析千村调查参与者的反馈和对他们的影响;

第四,从千村调查的影响来看,它对学校的社会责任起了什么样的作用。

学生和教职工是本研究主要的一手数据收集来源。因此,千村调查的项目问卷包含20个问题,主要分为四个部分。第一,前期策划阶段,通过千村调查的意义和目的是否让学生了解和充分认识,来考察千村调查的使命和愿景是否足够明确,从而得到参与者广泛认知。从参与千村调查是否获得了领导的支持和鼓励,看千村调查参与者是否感知到了学校领导层面从上到下的充分推动。从主题是否贴合社会需求,考察了千村调查项目设计的是否"接地气",只有贴合社会需求,才能满足政府政策制定部门

---

[1] 张育广:《大学生社会实践的实效性评估机制浅析》,《江西社会科学》2014年第4期。

[2] 刘强强、刘翠柏:《浅谈高校"第二课堂"的构建——以社会实践项目化为视角》,《高教论坛》2016年第3期。

[3] 赵鑫、杨槐、李楠、陈升、余金莲:《大学生暑期社会实践认知度调查研究》,《成都中医药大学学报》(教育科学版)2019年第2期。

和被调查对象即农民的要求，也才能真正调动大学生的积极性。通过看千村调查是否有有效的行前培训和合理的计划来考察千村调查的前期设计策划和准备阶段是否具备推动其成功实施的必要条件，也满足了参与者做好实践准备的需求。第二，中期执行阶段。通过是否有过程管理和过程反馈，以及是否有足够的指导和支持，来分析千村调查中期执行的过程中是否及时通过与参与者的沟通反馈来实现对项目的管理，具备合理的管理流程；通过是否提高了参与者的团队合作、沟通和专业调研能力，看是否让参与者体验到了这方面的能力的锻炼。通过询问是否调研过程务实，数据真实有效，来考察千村调查参与者对于项目本身执行的认可度。第三，总结阶段，此部分通过询问是否高兴参与此项活动来看参与者是否对这项活动感到满意，是否参与类似活动意愿增加，是否加深了对社会问题的认识，是否增强了解决社会问题的责任感，从参与者的主观意识来看，千村调查是否使得参与者增强了社会责任感，也就是我们要考察的最主要的一个指标。这也是考察千村调查项目对于学校社会责任建设的影响的重要方面。通过这项活动是否对职业规划和研究方向产生一定影响，来看对于参与者是否存在长期深远的持续影响。第四，最后一个开放式的问题询问了对于千村调查的持续发展的建议。

四　上海财经大学"千村调查"社会实践项目案例

（一）上海财经大学简介

1917年，南京高等师范学校创办的商科是上海财经大学的起源地。经过68年的改革变迁，1985年，学校正式更名为上海财经大学。学校的办学理念是面向社会、求真务实、立德树人、经济匡时，以培养具有全球视野和民族精神，富有创造力、决断力及组织力的卓越财经人才为主旨；以探索真理，促进知识创造和知识传播为依托；以匡时济民，参与公共服务，引领社会发展为己任，传承文化并推动人类文明的进步。

为拓展学生知识、能力、素质、体格全面发展，学校致力于社会实践的广泛推进，学校开展了多项社会实践，如"三下乡"扎根乡村追梦人，"知行杯"感知社会调研人，暑期区县挂职锻炼——"挂职锻炼政务人"，爱心暑托志愿服务——"爱心陪伴守护人"，大学生创新创业计划项目研究——"精潜研思科研人"以及千村调查等项目（见图 2），其中千村调查项目是其规模较大的一个项目。

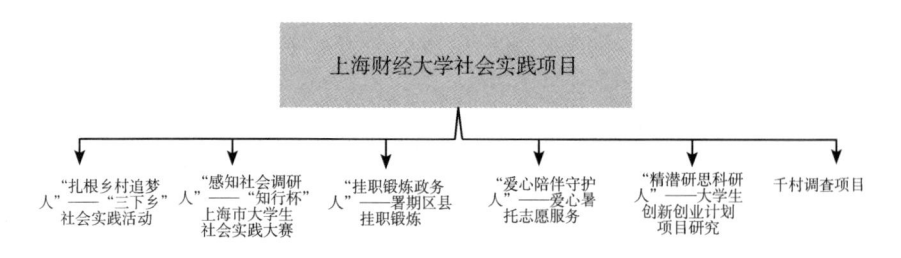

图 2　上海财经大学 2019 年暑期社会实践项目

（二）"千村调查"项目简介

上海财经大学"千村调查"是目前国内一个具有较大影响的社会调查品牌，以"走千村，访万户，读中国"为调查项目的核心内容。"千村调查"项目主要是以"三农"问题为研究对象的大型社会实践和社会调查研究项目，旨在通过专业的社会调查获得我国"三农"问题的一手数据资料，形成调查研究报告和决策咨询报告，供相关部门决策参考；同时，"千村调查"项目集社会实践、专业学习、科学研究、创新能力培养为一体，也是国家教改试点项目"财经创新人才培养模式改革"的重要载体和抓手。

（三）"千村调查"在高校履行社会责任中的作用

1. "千村调查"数据收集方法

本文采用一手数据与二手数据相结合的方式来进行相关数据的收集。在一手数据中主要采用问卷调查及电话访谈两种形式同时进行，调查共计收到 141 份有效问卷，问卷（20 道题）主要以学生为主（占比89.36%，其中，2019 年参加的学生占比为 88.65%）、教师和行政人员为辅的形式来了解千村调查项目准备前期的目的及意义，在项目进行过程中的管理，反馈指导以及项目结束后对于学生是否在各方面的能力有所影响，如沟通能力、团队合作协调能力、专业调研能力等等，同时，通过此次问卷调查来了解学生通过千村调查项目是否对于他们的社会责任感有所影响。

电话访谈于8月14日下午进行，针对千村调查项目相关参与者分别进行了为时半小时的访谈，通过他们来了解千村调查项目成立的目的以及在学校整体规划中起到的作用。同时，通过此次采访了解千村调查项目在社会责任中起到的作用以及在实施过程中存在的不足之处。

二手信息来源主要是由学生、教师以及媒体编撰的千村调查相关书籍来获取有用的调研数据。文献引用来源于知网、Springer、ScienceDirect等数据库以及相关的专业网站，如上海财经大学官网、高校社会责任报刊等。

2. "千村调查"项目评估

使用上文中提到的评估方法，以下从社会责任履行情况方面对"千村调查"项目数据分四个部分进行评估。

（1）千村调查是否有明确的学校制度和政策指导，并符合学校的战略发展定位

上海财经大学秉承"面向社会，求真务实，立德树人，经济匡国"的办学理念，坚持实践育人的办学传统。在学校的各个发展阶段都注重培养学生服务国家、服务人民的社会责任感，勇于探索的创新精神，善于解决问题的实践能力[①]。第八次党代会提出新时代学校发展战略目标是坚持"以立德树人为根本任务"以及"促进学生全面发展"。因此，学校进一步提出打造"千村调查2.0版"，要"进一步加强国情教育、社会实践、科学研究和学科建设四位一体人才培养模式的内涵建设"。

通过对相关组织老师的访谈，我们发现，上海财经大学对于千村调查有着整体规划和设计，从11年前开始实施以来，每年都有不同的主题设计，参与的指导老师和学生群体也逐年扩大。第八次党代会明确提出了打造千村调查2.0版的要求，从之前的国情教育、社会实践、科学研究三位一体的人才培养模式，变成了现在的和学科建设相结合的四位一体的模式。结合学科建设，有利于更充分发挥专业特色，形成课堂和实践相结合的长期可持续发展的模式，培养有实践能力、有责任担当的一流人才。同时，千村调查2.0版也强调了注重内涵建设，这里面包括进一步加强对于

---

① 上海财经大学千村调查项目组：《千村调查 十年回眸》，上海财经大学出版社2017年版，第1—2页。

学生调研能力的培训等。还要通过各种方式，如千村大讲堂，来助力乡村振兴和农村地区经济社会发展，反哺广大农民。

千村调查项目问卷中，第四项和第五项考察"活动前期我已经了解了千村调查的意义和目的"（平均分 8.49），"活动前期我获得了老师/领导的充分鼓励支持"（平均分 8.94）。这两个问题体现了学校对于千村调查的使命和愿景比较明确地传达给了参与者，以及千村调查参与者也能充分感受到了从上到下的支持和推动。这说明学校前期的宣传动员工作做得比较好，参与者大部分目标明确，绝大多数参与者都是自主报名参加，参加动力较强。近期学校通过组织"我心目中的千村调查"征文活动，鼓励学生即时反思在千村调查中的所见、所感、所想、所悟，把心得体会写成文字，在文字中进行反思、凝练，这样做其实就是对千村调查这个社会实践项目的一种软性评估。可以对千村调查会起到积极促进的作用，也能让后来参与者更充分地了解到这项活动的内容和意义。

（2）千村调查是否有规范的管理制度和管理流程

上海财经大学千村调查是一个举校体制的实践育人活动，为此，学校专门建立了由分管校领导直接负责推动，发展规划处与学工、教学、科研等部门相互配合，各学院具体实施的机制。通过一年一届的对中国"三农"发展状况的接力追踪调查，形成"连续性、主题式、项目制"的特征，形成了首席专家制、教育培训机制、学术诚信约束、成果转化机制、安全保障机制以及制度激励机制六大工作机制[①]。千村调查项目组每期聘请相关学科著名的学者专家为"千村调查"首席专家，首席专家组建由不同学科背景的校内外专家汇聚的年度课题组对项目进行设计、实施与指导。每年由分管校级领导牵头，项目组首席专家、数据组、培训组、课题组、发展规划处、学生处、科研处以及宣传部等单位共同参与每年的项目启动会，发展规划处下达年度调查工作实施方案和项目预算。学生处设有专门的千村调查办公室来负责每年项目的组织和协调工作。这些都体现了千村调查已经形成了较为完善的管理制度和流程。

千村调查项目问卷中，第6—10题是有关管理方面的反馈。"我获得

---

① 上海财经大学千村调查项目组：《千村调查 十年回眸》，上海财经大学出版社 2017 年版，第 3 页。

了有效的行前培训"(平均分 8.135),"千村调查活动的主题贴合社会需求"(平均分 8.220),"千村调查活动有着全面合理的计划"(平均分 7.681),"千村调查活动过程中有及时的过程反馈和过程管理"(平均分 7.894),"千村调查活动过程中有充分的支持/指导"(平均分 8.177),平均分都比较高。相比较而言,较弱的是参与者感知到的计划性和过程管理两个项目。

(3) 从参与学生和教职工的角度,分析千村调查参与者的反馈和对他们的影响

表 1　　　　　　　　描述性统计分析

答题项	性别	最小值	最大值	平均分	总体方差	标准差	总平均分
活动前期我已经了解了千村调查的意义和目的	男	3	10	8.323	2.943	1.716	8.489
	女	5	10	8.620	2.008	1.417	
活动前期我获得了老师/领导的充分鼓励支持	男	5	10	8.968	1.737	1.318	8.936
	女	4	10	8.911	2.313	1.521	
我获得了有效的行前培训	男	3	10	7.935	3.570	1.889	8.135
	女	3	10	8.291	3.696	1.923	
千村调查活动的主题贴合社会需求	男	1	10	8.113	4.495	2.120	8.220
	女	3	10	8.304	3.265	1.807	
千村调查活动有着全面合理的计划	男	2	10	7.468	5.892	2.427	7.681
	女	0	10	7.848	4.874	2.208	
千村调查活动过程中有及时的过程反馈和过程管理	男	2	10	7.790	5.021	2.241	7.894
	女	1	10	7.975	4.948	2.224	
千村调查活动过程中有充分的支持/指导	男	3	10	8.242	3.596	1.896	8.177
	女	2	10	8.127	3.676	1.917	
通过此活动我发挥/锻炼了自己的沟通能力	男	2	10	9.000	2.262	1.504	8.887
	女	4	10	8.797	2.420	1.556	
通过此活动我发挥/锻炼了自己的团队合作能力	男	2	10	9.081	2.108	1.452	8.950
	女	5	10	8.848	1.900	1.378	
通过此活动我发挥/锻炼了自己的专业调研能力	男	2	10	8.355	3.282	1.812	8.092
	女	2	10	7.886	4.589	2.142	
千村调查调研过程务实,数据真实有效	男	2	10	7.823	4.837	2.199	7.830
	女	1	10	7.835	6.114	2.473	

续表

答题项	性别	最小值	最大值	平均分	总体方差	标准差	总平均分
我很高兴参加了这项社会实践活动	男	5	10	9.242	1.432	1.197	8.957
	女	2	10	8.734	4.095	2.024	
我想参加此类社会实践活动的意愿增加了	男	0	10	8.677	3.927	1.982	8.440
	女	1	10	8.253	5.397	2.323	
我获得/加深了对一些社会问题的认识	男	2	10	9.210	1.775	1.332	9.050
	女	3	10	8.924	2.533	1.591	
我对解决社会问题的责任感加强了	男	7	10	9.081	0.993	0.997	8.823
	女	2	10	8.620	2.931	1.712	
这项活动对我的职业规划或者研究方向产生了一定影响	男	0	10	7.823	5.329	2.308	7.610
	女	0	10	7.443	6.404	2.531	

千村调查项目问卷表题项最大值为10，最小值为0，由描述性统计表1中分析所示，各题项均分都在7以上，证明各题项关于千村调查前期中期以及后期计划、安排、执行以及反馈等方面水平中等偏上。而学生表示对于社会问题的认知加深度的认可度最高，均值达到9.05，依次认可度排名为学生很高兴参与千村调查项目（均值为8.957）、通过此次项目锻炼了自身的团队合作能力（均值为8.950）以及在活动前期获得了老师领导的充分鼓励和支持（均值为8.936），锻炼了自身的沟通能力（均值为8.887）以及对解决社会问题的责任感加强（均值为8.823）。

相反，参与者认为千村调查活动对于他们的职业规划或研究方向的影响均值最低，为7.610。对于千村调查计划的合理性均值为7.681，千村调查务实、数据真实有效性这一项的均值则排在倒数第三位，为7.830。关于这一问题，通过参与者的建议以及访谈了解到其主要原因在于：在项目进行过程中，由于问卷题目的多而细造成参与者耐心的流失造成数据的失实。由于问题过多、时间有限，部分队员不能确保到每户登门调查，而采取由村干部召集部分村民在村委集中填写调查问卷的形式，村干部选择人选的非随机性及村民受环境影响的倾向性等因素在一定程度上影响数据的真实性和有效性。千村调查过程中的反馈及过程管理问题均值为7.894，排在倒数第四位。

调查结果显示参与者通过千村调查更能了解农村的艰辛，也很高兴参与了这样调查,让自己更进一步了解社会,在实践中增长见识,锻炼了自己的才干。但是,在调查过程中的计划以及管理有待改进。

另外,从男女平均分来看,女生在千村调查前期准备的认可度高于男生,而在于中期进行千村调查过程中,对于能力提升的认可,以及对解决社会问题责任感的加强则低于男生。以下是基于性别不同对参与此类社会实践项目的观点分析。

表2　　　　　性别与相关因素的对比（基于7分以上的占比）

	男	女
千村调查活动满意度（%）	95.16	84.81
参加相关社会实践的意愿程度（%）	90.32	77.22
解决社会问题的责任感（%）	70.97	60.76

如表2所示,从7分以上的占比来看,男生对于参加千村调查活动之后的满意度为95.16%,女生占比为84.81%。整体上看,男女生对于参加此次项目满意度非常高,但女生满意度要比男生低10.35%。此外,男生通过参加千村调查之后想参加此类项目的意愿程度比女性要高,占比为90.32%,而女生意愿占比为77.22%。男生通过千村调查之后对于解决社会问题的责任感要比女性高,男生占比70.97%,女生占比60.76%。

综合表1、表2的分析,可以看出,受性别因素影响,女生比男生在项目前的准备工作要详细,相对来说思想比男生细腻,考虑问题相对全面细致,主动学习意愿高于男生。而女生在调查之后参加此类项目的意愿以及解决社会问题的责任感要明显要低于男生,因此,建议在千村调查项目中可以结合学生自身的情况合理的分配调研地点,如家庭住址分配法（依据自身地区来分配）以便于参与者更能适应当地条件,了解和熟悉当地情况,更好地进行调研。

（4）从千村调查的影响来看,它对高校的社会责任起了什么样的作用

自2008年启动以来,千村调查年度主题涵盖农村医疗保障、农民收入、粮食安全、文化建设、劳动力城乡转移、农民养老、农业普惠金融、农民创业、农村互联网应用、农村生态文明以及乡村教育等领域。每年暑

假组织在校生深入广大农村地区开展调研,相继有 2 万多名学生参与,走访全国 31 个省(直辖市、自治区)的万余个村庄,调查 15 万余家农户,发放 20 多万份问卷①。如今,千村调查已成为学校的品牌项目,项目组每年发布主题报告,提出有针对性的建议;新闻媒体广泛关注,在报刊、网络等媒介有大量相关新闻报道。经调查形成的学生调查报告 1 万多篇;参与调查的师生在核心期刊发表学术论文 20 余篇,有多份和"三农"问题相关的决策咨询报告获国家相关部门批示。2017 年,上海财经大学建校一百周年之际,"千村调查"实践项目创办十周年,学校出版了《千村调查 十年回眸》一书,通过教师成果篇、学生成果篇和媒体报道篇三册,分别展示了十年间的调研成果。其中,教师成果篇收录了从 2008—2016 年的年度调研报告共 9 篇和咨询建议 25 篇,并汇总了 15 篇教师撰写的相关著作和 19 篇教师发表的相关论文;学生成果篇收录了学生撰写的调研报告 39 篇;媒体报道篇收录了媒体报道 65 篇及 2016 年上海观察系列报道 20 篇②。

中国农村被认为是经济学最好的自然实验室,是让大学生熟悉中国社会、了解中国国情最好的课堂③。高校师生作为高校社会责任的主体,通过参与"千村调查"项目"走千村,访万户,读中国"。项目每年聚焦一个"三农"问题,让学生了解中国广大农村改革开放以来的发展状况及生活质量变化,增强学生的社会责任感和使命感。

"千村调查"项目中培育的大批高质量的调研成果,具有相当的社会影响力。项目调研成果受到教育部、农业部等国家部委和上海市政府的高度重视,阶段性成果均作为专报提交给国家财政部、卫生部、教育部及上海市政府作为决策参考。项目得到新华社、《光明日报》、《中国教育报》、《解放日报》和《文汇报》等媒体的持续关注和报道,多篇学生的调研报告被当地媒体全文刊登,部分调查结论被全国人大作为议案引用,部分学生利用调研资料撰写学术科技作品获得全国大学生竞赛多个奖项,项目本身也获得国家级教学成果奖和高校思想政治教育优秀

---

① 上海财经大学教育发展基金会:《上财人助力千村,今天起双倍爱的力量》,2019 年。
② 上海财经大学千村调查项目组:《千村调查 十年回眸》,上海财经大学出版社 2017 年版。
③ 同上书,第 2 页。

成果奖和国家教学成果二等奖等多个重要奖项，积累了大量的资料及研究成果，形成了千村调查系列资源及数据库。"千村调查"项目逐步发展成为国内高校社会实践项目的品牌，也是上海财经大学履行社会责任的印证。

五　通过大学生社会实践提升高校社会责任的建议

高校社会责任对于国际一流大学的影响力越来越显著，在学校在进行"双一流大学"的建设中，可以参考国际一流大学的做法，完善高校社会责任的建设体系。学校可以加入国际高校社会责任的组织和平台，共同为提升大学社会影响，培养合格社会公民而努力；可以完善高校社会责任的管理框架，明确长期目标，制定高校社会责任预算、年度报告等，建立和完善评估体系，量化评估标准；可以加强与利益相关者的联系，更多与学生和教职工沟通，收集他们的反馈，促进共同目标的实现；可以更加注重一流的校园环境的建设，提倡和履行可持续发展的环保理念，如校园食堂可以减少一次性垃圾袋的使用。

在社会实践方面，学校可以开发一个参与各方主体共享的网络平台，以评价指标体系为核心，参与各方在此过程中客观、公正地评价大学生社会实践的时效性，并且评价方即时反馈评价结果。

根据通过问卷收集的数据，参与者对"千村调查"项目的建议主要有以下几个方面：

- 优化问卷问题，提高可操作性，更加贴合调研对象的实际，避免过于学术化。
- 优化问卷录入（平正云）系统，使得录入数据更加方便有效率。
- 根据调研任务量，适当增加调研天数，保证入户调研率，保证数据的有效性（因为有些调研是通过村民集中到村委会进行的）。
- 优化管理程序，提前培训告知大致流程安排，例如，对于补贴给到谁是否可以更加明确。
- 减少额定工作量，增强师生自主性。
- 进一步完善培训，使培训更加全面。
- 数据可以和校友共享。

六 总结

高校社会责任在个人培养、科学研究、服务社会、文化传承和创新等方面都有不同的体现形式。大学生社会实践是高校体现社会责任的一种重要方式。我国大学生社会实践的方式多种多样，具有组织性、主题性等特点，但与海外大学社会实践相比，缺少学生的自主性、创造力与批判性思维。本研究以上海财经大学"千村调查"项目为例，通过VPI模型评估发现千村调查项目能有效满足相关利益者的需求，对相关利益者都产生了积极的影响，学生对社会的认知加深了并且锻炼了自身的团队沟通能力，对解决社会问题的责任感加强了。但在调查前期计划的合理性、调查问卷的设计及调查实施过程中的相关因素对于数据的真实性产生了一定的影响。但值得说明的是，千村调查项目所产生出的调研成果，为社会、政府以及学校作出了一定的贡献，具有很大的社会影响力。

The Role of University Students' Social Practice in the Implementation of Social Responsibility at Universities
——Based on the "Thousand-Village Survey" Project of Shanghai University of Finance and Economics

Ge Xiaojing, Li Hong, Zhang Wei

Abstract: The establishment of social responsibility evaluation system at universities is indispensable to the development of university social responsibility. The social practice of university students is an important way for universities to fulfill their social responsibility and cultivate citizens with social responsibility. Based on the Value-Process-Impact model of social responsibility assessment in universities, and taking the social practice of "Thousand-Villages Survey" at Shanghai University of Finance and Economics as an example, this paper evaluates its effectiveness and influence on the construction of social responsibility and its important stakeholders at our university from four aspects.

Key words: University Social Responsibility; University Social Practice; evaluation

我国大学生参与高等教育质量保障的现状*
——基于北京市8所高校的调查研究**

饶燕婷

(中国教育科学研究院，北京 100088)

摘 要：对教师的教学质量评价和参与相关调查是我国大学生参与高等教育质量保障的两种主要途径。大部分学生在"评教"时态度都是认真的，然而，只有三分之一的学生认为"学生评教"对教学质量的改进有效，还有约三分之二的学生反映效果欠佳。目前，我国大学生参与高等教育质量保障的主要障碍是缺少话语权和参与渠道不畅。从大学生对参与质量保障的认知和情感来看，绝大部分学生都认为他们具有参与质量保障的权利，并有参与的意愿和认真态度，然而，在参与质量保障的知识和能力上他们却普遍表示准备不足。

关键词：高等教育；质量保障；学生参与；调查研究

一 问题的提出

中国特色社会主义建设进入新时代，高等教育肩负着民族复兴、国家富强的责任和使命，社会各界对高等教育质量的关注和问责也与日俱增，加强内涵式发展、提升教育质量成为新时期高等教育的中心任务，健全高等教育质量保障体系是实现这一任务的基本途径和重要举措。目前，我国的高等教育质量保障实行的是以政府为主导的质量保障模式，这种保障模

---

* 基金项目：中国教育科学研究院基本科研业务费专项资金项目"大学生参与高等教育质量保障的现状调查研究"（GYI2019028）。

** 作者简介：饶燕婷（1978— ），女，中国教育科学研究院助理研究员，博士。

式存在评估主体单一、质量标准统一化、效率不高、效果欠佳等问题，亟须改革。

质量保障主体从一元走向多元是世界高等教育质量保障发展的共同趋势，许多国家都认识到学生、家长、雇主、校友等利益相关者参与质量保障的意义，尤其重视学生在高等教育质量保障中的参与，形成了"以学生为中心"的质量保障新理念。例如，2015年版的《欧洲高等教育质量保障标准与指南》（ESG）以学生为中心，以学习结果为导向，以持续改进高校质量为宗旨，构建了欧洲高等教育质量保障基本框架。[①] 在欧洲高等教育区的政策推动下，许多欧洲国家的学生实现了在质量保障中的全面、充分参与，并取得了良好的效果，不少国家反映学生给高等教育质量保障带来了许多"增值"，促进了质量保障效力的提升。

相比之下，我国高等教育在建立健全以"学生为中心"的高等教育质量保障体系方面仍处于萌芽阶段，与国际高等教育质量保障的发展趋势有较大差距。然而，随着我国高等教育成本分担制度的施行和学费收入在高校经费收入中所占比重的增加，学生越来越被看作是高等教育的"消费者"，具有表达利益诉求、伸张质量主张的权利，在质量保障中的主体地位和作用日益受到关注和重视。调查和了解我国大学生参与高等教育质量保障的现状，对于进一步深化高等教育管理体制改革、完善高等教育质量保障体系都有重要价值。

参与是一个源自管理学的概念，"指的是个体卷入群体活动的一种状态，既指个体作为一种有形的实体，在群体活动中是否'在场'，是否与其他成员进行互动等外显行为，也包括个体在认知和情感方面卷入和影响群体活动的状态和程度"。[②] 从其在教育学中的应用来看，学生参与反映的是"学生在与学业有关的活动中所投入的生理和心理能量"，包括学生的参与行为，以及学生在参与思想和情感上的投入，"真正的'参与'不应该是被动的、被给予的、有物资条件驱使的，而应该是主动自发的、平等的、互动的"。[③] 因而，学生在高等教育质量保障中的参与应当涵盖参

[①] 陈凡：《欧洲高等教育质量保障新标准：理念与启示》，《中国高教研究》2016年第6期。

[②] 曾琦：《学生的参与及其发展价值》，《学科教育》2001年第1期。

[③] 陈向明：《参与式教师培训的实践与反思》，《教育研究与实验》2002年第1期。

与行为、参与认知、参与情感等基本内容。另外，从国外学生参与高等教育质量保障的情况来看，参与能力也是制约学生参与质量保障的一个重要因素。因此，本文将根据对北京市 8 所高校的调研数据，从学生的参与行为、参与认知、参与情感和参与能力四个方面，剖析我国大学生参与高等教育质量保障的现状。

二 研究方法与数据来源

本研究采取整群抽样方式，选取清华大学、人民大学、北京师范大学、北京邮电大学、中国政法大学、中央财经大学、首都师范大学和北京联合大学八所高校的在校大学生进行问卷调查，每所高校发放问卷 200 份，共计发放问卷 1600 份，回收有效问卷 1521 份，有效回收率为 95.06%。被试平均年龄为 21.24±2.28 岁。样本具体分布如表 1 所示。

表 1　　　　　　　　　研究对象的样本特征

	选项	人数	百分比（%）
学校	985 高校	580	38.1
	211 高校	551	36.2
	一般本科院校	390	25.6
层次	本科生	1178	77.6
	研究生	341	22.4
性别	男	721	47.6
	女	795	52.4
年级	一	337	22.4
	二	379	25.1
	三	473	31.4
	四	318	21.1
专业	人文	183	12.1
	社科	654	43.1
	理学	206	13.6
	工学	435	28.7
	其他	40	2.6

三 结果与分析

(一) 我国大学生参与高等教育质量保障的行为

1. 参与质量保障的途径

学生参与高等教育质量保障有多种实现途径和方式。国外的实践显示，从质量保障机构、外部评估小组、学校自评、评估座谈，到评估后续跟踪等都有学生的参与，多种参与途径的开辟能有效保障学生在高等教育质量保障中的全面、充分参与。本研究设置了题项"您曾通过以下哪些途径参与过学校教育质量保障？"调查结果显示，"对教师的教学进行评价"和"填写相关调查问卷"是目前我国大学生参与质量保障的主要途径，有67.9%的学生反映曾经参加过评教活动，54.3%的学生反映参加过调查问卷填写。此外，有近两成的学生反映参加过相关讨论和座谈会，还有少数学生表示曾以其他各种途径参与过质量保障（见表2）。

表2　学生参与高等教育质量保障的主要途径

途径	人数	所占比例（%）
对教师的教学进行评价	1002	67.9
填写相关调查问卷	802	54.3
相关讨论、座谈会	293	19.8
向领导、督导、教师口头反馈过教育质量信息	213	14.4
通过学生会等学生组织反映过教育质量问题	192	13.0
曾选举学生代表参加学校教育质量相关的会议	186	12.6
通过校长、教务长信箱反映过教育质量问题	178	12.1
作为学生代表参加学校的学术委员会或教学管理组织	107	7.2
曾在网上以匿名方式攻击、批评过学校的教育教学问题	81	5.5
参与过外部评估小组对学校教育质量的审查	77	5.2
曾采取罢课等不合作行动来抗议教育质量问题	60	4.1
其他	17	1.2
从未参与过以上任何教育质量保障活动	96	6.5

2. 参与质量保障的效果

根据以上调查结果，对教师的教学进行评价是我国大学生参与高等教育质量保障的最主要途径。我国的学生评教 20 世纪 80 年代中期开始出现，随着应用的日益广泛，各界对其的责难和质疑也日渐增多，其中很多反对意见都是建立在学生评教是否可行、有效的基础之上，不少人认为学生在评价时容易给教师乱打分，学生评教对教学质量的改进作用不大。为了了解学生参与质量保障的效果，进一步对学生评价教师教学的情况进行了调查，结果显示，75.9%的学生表示在评价教师的教学时"非常认真"或"比较认真"，只有 7.1%的学生表示"不认真"或"不太认真"。由此可见，大部分学生都能认真对待教师教学评价，"学生评教"是可信的、有效的。

学生参与高等教育质量保障是否有助于提升质量保障的效力？从学生自己反映的"评教"效果中可以管窥一斑。34.4%的学生认为"学生评教"对教学质量的提高"非常有效"或"有效"，34.1%的学生感觉"一般"，31.4%的学生认为"效果不大"或"无效"。总的来看，认为"学生评教"对教学质量提高有效、一般和无效的学生各占了 1/3 左右。可见，"学生评教"对教学质量改进的作用并不理想，有很大一部分学生认为它并没有对教学质量的提高带来很大的改进，这有可能是由于评估结果的反馈和应用不当所致。该调查结果也在一定程度上反映了学生参与质量保障的效果欠佳。

3. 参与质量保障的障碍

学生参与高等教育质量保障作为一项新生事物，在推进的过程中不可避免会有许多的现实障碍和困难。为了更加清楚地认识和明晰这些障碍，问卷中还设计了一道问题"您认为，对于学生参与高等教育质量保障活动，最大的障碍或困难是什么？"从学生的回答情况来看，选择"缺少话语权"的人数最多（50.9%），其次是"参与渠道不畅"（40.7%），此外，还有30%左右的学生选择了"缺少民主参与的氛围""相关的知识和能力储备不足""学生参与的热情不高"。不难看出，缺少话语权和参与渠道不畅是目前学生参与高等教育质量保障最主要的两个障碍。

（二）我国大学生对参与高等教育质量保障的认知和情感

参与不仅是一种在管理活动中的介入行为，也是一种思想和情感上的投入。学生在高等教育质量保障活动中的参与行为建立在他们的认知、态度、意愿和能力的基础之上，这些条件直接制约着他们的参与行为和参与程度。

1. 对参与质量保障权利的认知

对于学生参与高等教育质量保障的权利，绝大多数学生都持认可态度。调查显示，83.6%的大学生都认为学生有权参与高等教育质量保障，只有4%的学生认为无权参与，另外还有12.4%的学生表示不确定。对不同群体学生在该问题上的回答进行差异性分析发现，在学校、专业、学历层次上没有显著性差异，然而在年级（卡方值=16.267，$p<0.05$）上存在较显著的差异。其中，大一学生对学生参与质量保障的权利更加认可，大二学生对学生参与权利的认可度明显更低。这种差异的出现可能是由于大一学生刚入学不久，对学校治理结构还不太了解，怀有较多理想化的民主管理憧憬，因此，更多认为学生有权参与质量保障，而大二的学生在经历一年多的大学生活之后，对于学生在学校管理中的地位和作用有较清晰的了解，与之前的憧憬相比出现了较大的落差，因而出现了较多消极的情绪。

2. 参与质量保障的意愿

参与不仅是一种在管理活动中的介入行为，也是一种思想和情感上的投入。学生参与高等教育质量保障的一个前提是他们首先要有参与的意愿，要是没有参与的意愿，即使给他们参与的机会也不能真正使其投身于其中。从调查结果来看，学生在参与高等教育质量保障的相关事务上具有广泛的意愿，85%的学生都表示愿意或非常愿意参与教育质量保障，仅有15%的学生表示不愿参与。对不同背景学生的参与意愿进行差异性分析，结果发现不同学历层次（卡方值=9.963，$p<0.05$）、不同年级（卡方值=24.535，$p<0.01$）的学生在参与质量保障的意愿上存在显著差异。具体来看，研究生参与质量保障的意愿比本科生要高；一年级和三年级学生的参与意愿最高，二年级学生的参与意愿明显更低。这可能是由于研究生在年龄和心智上更加成熟，主体意识更强，具有更多的民主参与意识；而二年级学生在经历大学生活适应期之后，面临着较大的学业压力，因此参与意愿更弱。

3. 对参与质量保障的态度

参与态度直接影响着学生参与高等教育质量保障的效果。73.5%的学生认为应该认真参与高等教育质量保障，19.4%的学生认为参与只是形式，有无皆可，6.2%的学生持无所谓的态度，只有0.9%的学生认为无须参与。可见，绝大多数学生对参与质量保障所持的态度都是积极的、认真的。不同学历层次（卡方值 = 16.201，$P<0.01$）、年级（卡方值 = 28.740，$P<0.01$）的学生在参与质量保障的态度上存在显著的差异。认为应该认真参与质量保障的研究生明显多于本科生，本科生有更多的人持"有无皆可"和"无所谓"的态度。一年级和三年级学生认为应该认真参与质量保障的人数比最高，其次是四年级学生，二年级学生认为应该参与的人数比最低。该项调查结果与学生参与意愿的调查结果相似，说明学生的参与意愿与参与态度相互关联、互相作用。

（三）我国大学生参与高等教育质量保障的能力

学生参与高等教育质量保障除了要有正确的认识、态度和积极的参与意愿之外，还需要具备一定的知识和能力，例如，对质量保障相关政策的了解、组织管理能力、沟通能力等。那么，目前我国的大学生是否具备了参与质量保障的能力呢？从调查结果来看，54.3%的学生都对是否具备参与质量保障的能力表示不确定，24.9%的学生表示不具备，只有19.9%的学生认为他们已经具备了参与的能力。可见，大部分学生都在参与质量保障的能力上不够自信。这可能是由于学生参与质量保障的机会少，对具体需要哪些知识和能力不太了解，同时，学校也很少在这方面做相关培训，从而导致学生在该问题上不能从容自信地做出肯定的回答。

在参与质量保障的能力上，参与调查的学生在学历层次（卡方值 = 7.925，$P<0.05$）、年级（卡方值 = 26.206，$P<0.001$）、专业（卡方值 = 21.176，$P<0.01$）上存在显著的差异。其中，本科生认为尚不具备参与质量保障知识和能力的人数占比明显多于研究生，研究生在参与质量保障的知识和能力上准备更加充分。一年级和二年级学生认为不具备参与质量保障能力的人数比例更多，相比之下高年级学生比低年级学生更多具备参与的知识和能力。从不同专业学生的意见来看，理学、工学专业的学生认为不具备参与能力的人数比明显高于人文社科专业的学生，人文社科专业的学生在参与质量保障的能力上有更多的自信。

四 结论与反思

（一）研究结论

通过对问卷调查结果的分析，可以对我国大学生参与高等教育质量保障的现状作如下归纳。

1. 我国大学生通过多种渠道参与了高等教育质量保障，其中，"对教师的教学进行评价"和"填写相关调查问卷"是我国大学生参与高等教育质量保障的两个最主要的途径。大部分学生在对教师进行评价时态度都是严肃、认真的，然而，"学生评教"对于教学质量提高的作用并不理想。

2. "缺少话语权"是我国大学生参与高等教育质量保障的最大障碍，其次是"参与渠道不畅"。另外，"缺少民主参与的氛围""相关知识和能力储备不足"和"学生参与热情不高"也阻碍了学生参与质量保障。

3. 我国大学生普遍认为学生具有参加质量保障的权利，这说明他们对自己作为高等教育的"消费者"和重要利益相关者的权利有非常清晰的认识。相比而言，一年级的学生对参与质量保障的权利有更多认同，二年级学生对其参与权利的认同度更低。

4. 大部分大学生都有参与质量保障的意愿和积极态度，愿意认真介入质量保障事宜。研究生更加愿意参加质量保障，在参与质量保障的态度上也更加积极、认真。相比之下，一年级和三年级学生的参与意愿更高、参与态度更认真，二年级学生的参与意愿和态度明显不及其他几个年级的学生。

5. 仅有约 1/5 的学生表示具备参与质量保障的能力，大多数学生对其参与质量保障的知识和能力表示不具备或不确定。研究生、高年级学生、人文社科专业的学生在参与质量保障的能力上表现得更为自信。

（二）几点反思

1. 参与质量保障是学生权利的应有之义

学生是高等学校中数量最多、思维最活跃的群体，他们既是高等学校管理的对象，又是管理的主体，参与质量保障是学生应有的权利。高等教育成本分担机制的全面实行使大学与学生的关系发生了深刻的变化。学生不仅仅是受教育者,还是高等教育的消费者、出资者与受益者,他们的利益与高等教育质量休戚相关。学校教育质量的好坏直接影响到他们知识能力水平的提高、将来在就业市场的竞争力、收入高低,甚至未来的发展前景。因此,学生作为高等教育质量保障的核心利益相关者,是质量保障不可忽视的重要权利主体。

　　质量问题是一个政治问题、权力问题。政治与权力分配的根本是利益关系。在高等教育质量保障活动中存在着多个利益相关者,不同的利益相关者从各自的教育价值观出发,对高等教育质量有着不同的价值诉求和质量保证主张。[①] 我国由于长期以来实行的是政府为主导的质量保障模式,质量保障主体主要由政府和高校组成,对学生的权利和主体地位没有给予足够的重视和关注。近年来,虽然许多高校都开展了"学生评教",在院校评估中也要求专家组对学生进行访谈、专题研讨等,但是,总的来看我国大学生在高等教育质量保障中的参与还十分有限,基本处于缺失或空位状态。正如潘懋元先生所说:"现在我们的教学工作评估还有一个问题,就是作为最重要的利益相关者的学生,并没有参与,而是由政府规定的指标来衡量。"[②] 作为高等教育的消费者和核心利益相关者,学生在质量保障相关活动、政策制定和价值选择等方面应具有更多的话语权。

　　2. 学生参与质量保障对高等教育质量提升的作用

　　在后大众化时代,高等教育质量保障成为一项日益复杂、系统的浩大工程,单凭政府或高校某个单一主体的力量已经很难发挥全面、有效的保障作用。因而,越来越多的国家认识到,高等教育质量保障应当是利益相关者们的共同责任。在众多的利益相关者中,学生是人数最多的群体,也是高等教育质量最直接的参与者和体验者,如果广大学生能成为学校教育的主动建构者和保障者,将给质量保障注入一股新鲜的血液和巨大的能量。当高等学校中人人都是教育质量的监护者、捍卫者时,各种大大小小的质量问题将无处隐匿。21世纪初以来,在博洛尼亚进程"学生参与"

[①] 饶燕婷:《利益相关者视野中高等教育质量保障多元主体探析》,《大学(研究与评价)》2009年第7/8期。

[②] 洪彩真:《评估亦喜亦忧——访我国著名高等教育家潘懋元教授》,《教育与职业》2007年第3期。

政策的推动下，学生在高等教育质量保障中的权益和作用日渐被重视，欧洲许多国家都建立了较完善的学生参与制度，并在实践中取得了良好的效果。例如，挪威高等教育质量保证署（NOKUT）对于学生在质量保障中的参与给予了高度的评价："质量从一个其他人无法涉及的重要的位置被观察。学生可能被看作顾客、原材料、生产过程的一部分和终端产品。学生代表将带来无法预期的观点，在实质上改善评估。"①

3. 推动我国高等教育质量保障学生参与的建议

第一，尊重学生的质量观和利益诉求。高等教育质量保障应综合权衡多方利益相关者的利益诉求和质量保障主张，尤其是对一直被边缘化的学生的质量诉求应给予更多的尊重和观照，更多地以学生的成长和发展作为高等教育的质量标准，以是否满足学生的需求作为评价高等教育质量优劣的指标。这不仅是对学生利益诉求的满足，同时也是对其他利益相关者质量目标的实现，因为各方利益相关者对教育质量的诉求最终都要落到教育最初始的目标——学生的成长和发展上。

第二，拓宽学生参与渠道，将学生全面纳入质量保障体系。鉴于我国大学生处于高等教育质量保障权力结构的最底层，缺乏利益表达机制和利益实现途径。因而，有必要拓宽学生的参与渠道，建立通畅的利益诉求机制。在外部质量保障中，可以将学生纳入质量保障机构、外部评估小组、院校自评、现场考察与评估报告发布等各个环节，以参与形式的多样化保证学生参与的广度和深度。在内部质量保障中，可以通过将学生纳入学校内部评审专家小组、学生评教、相关调查、反馈质量信息等渠道实现学生的充分、有效参与。

第三，加强学生参与质量保障的制度建设。要实现学生在高等教育质量保障中的充分、全面参与，制度建设至关重要。国外学生参与高等教育质量保障的实践显示，通过立法确立学生参与质量保障的权利、通过制度安排将学生纳入质量保障的各个机构和环节，是其成功的经验所在。当前，我国高校的各项管理事务主要在行政权力和学术权力的支配和管辖之下，学生权力基本处于缺位状态。在这种情况下，以法律、法规的形式确定学生参与学校管理和质量保障的权利，并借制度之手予以落实就显得尤

---

① Hannna；Alaniska etc. Student involvement in the processes of quality assurance agencies，http：//www.enqa.eu/files/Student%20involvement.pdf，2019-08-06.

为重要。只有把学生参与质量保障的权利纳入法制轨道,用制度安排对学生参与的内容、范围、方式,以及学生代表遴选和培训等予以确定,使学生在质量保障中的参与有章可循、有据可依,才能真正实现学生参与的制度化、规范化。

A Survey on the Participation of Chinese College Students in Quality Assurance of Higher Education
——on the Basis of the Sampling Data from Eight Universities in Beijing

Rao Yanting

Abstract: Rating teaching and taking part in relevant surveys are the two main ways for Chinese college students to participate in the quality assurance of higher education. Most students are serious about the rating of teaching, but only one-third of students believe that "student rating of teaching" is effective in improving the quality of teaching. Currently, the main obstacles for Chinese college students to participate in the quality assurance of higher education are the lack of discourse power and poor participation channels. Most students think that they have the right, willingness, and good attitude to participate in quality assurance. However, they generally express their lack of the knowledge and ability to participate in quality assurance.

Key words: Higher Education; Quality Assurance; Student Participation

新入职辅导员职业认同现状、影响因素与对策研究*

柯乐乐　高银芳　吴新林**

摘　要：新入职辅导员是辅导员队伍中的新生群体，入职时间较短，流动性较大。为了解新入职辅导员的职业认同现状，分析其影响因素并提出相应对策。本文采用高校辅导员职业认同量表，对288名新入职辅导员进行调查分析，结果表明新入职辅导员职业认同总体情况较好，职业认知和职业信念方面尤为突出；不同学历、职业类别、学校类型对新入职辅导员职业认同有显著的影响。本文提出以下对策：规范辅导员考核指标体系，对新入职辅导员进行岗前培训和上岗考核，提升新入职辅导员自身素质；规范辅导员制度体系和职称评审体系，提升新入职辅导员的待遇、发展空间和地位。

关键词：新入职辅导员；职业认同；现状；影响因素

一　引言

国内外对职业认同的研究相对来说已经比较成熟，对职业认同的定义也有较为明确的解释。国外主要从职业认同的内涵和构成维度出发，认为

---

* 基金项目：2015年度教育部人文社会科学研究专项任务项目（高校思想政治工作）"地方高校优秀辅导员成长规律与培训机制研究——以100名浙江省优秀辅导员获得者为例"（15JDSZ3034）；宁波市教育局2018年加强和改进高校思想政治工作试点项目"高校辅导员胜任力研究及其专业标准构建——以宁波高校为例"（SZZD201813）。

** 作者简介：柯乐乐（1992—　），女，硕士，浙江大学宁波理工学院助教；高银芳（1998—　），女，浙江大学宁波理工学院本科在读；吴新林（1979—　），男，浙江大学宁波理工学院讲师，南京师范大学2019级马克思主义基本原理专业博士研究生。

职业认同是由自我概念为基础发展而来的，职业认同只是单一要素的心理构成，即个体对某一职业的相对稳定的态度或者行为倾向，也是动态变化的，并通过多种原因和路径才能形成[1]。Chope R 和 Johnson R A.（2008）在《动荡世界中的职业认同研究》中指出：职业认同指的是经验、技能、兴趣、价值观和个性特征的一体化[2]。国内对职业认同的观点主要分为两种，第一种观点认为，职业认同是对职业的主观看法或态度；另一种观点认为职业认同既是一个过程，也是一种状态。

对于辅导员职业认同的研究，近几年也渐渐从理论发展至实证研究。邵利明（2012）认为高校辅导员的职业认同一般偏高[3]。在影响因素研究方面，研究者们主要聚焦于个人、家庭以及环境因素。学者刘世勇认为高校辅导员个人因素会对其职业认同产生影响，主要有职业情感、职业兴趣、就业需要和人生价值实现。徐莉（2012）认为性别、学历、工龄、收入、行政级别、职称、学校类型对高校辅导员的职业认同影响较大[4]。张春华（2013）也认为高校辅导员的学校类型、行政级别对职业认同影响较大[5]。学者张淑梅（2011）分析辅导员职业认同较低的原因，其一是辅导员职业不能较好满足人的物质生存需要、联系需要及自我发展需要，其二是源自辅导员与高校机关管理人员、专任教师在各方面的横向对比[6]。

本文研究的对象为新入职辅导员，主要是指入职该领域三年以内的辅导员，职业认同是个人对所处职业的认同度，包括对职业的认知、情感、意志、信念、行为五个方面。通过研究新入职辅导员的职业认同现状，分析其影响因素，从而为丰富辅导员职业认同理论、推进辅导员队伍建设提

---

[1] 刘世勇、李姣艳、王林清：《高校辅导员职业认同现状研究》，《湖北社会科学》2016年第1期。

[2] Chope R, Johnson R A. Career identity in a turbulent world, *Perspectives in Education*, 2008, 26（3）.

[3] 邵利明：《当前高校辅导员职业认同现状调查与研究》，《教育教学论坛》2012年第36期。

[4] 徐莉：《江苏省高校辅导员职业认同现状调查》，《淮海工学院学报》（人文社会科学版）2012年第3期。

[5] 张春华等：《提高独立学院辅导员职业认同的对策》，《临沧师范高等专科学校学报》2013年第1期。

[6] 张淑梅：《高校辅导员职业认同研究》，学位论文，华东师范大学，2011年。

出相应对策。

二 研究对象和方法

(一) 研究对象

本次调查的全部样本选自新入职辅导员，样本对象包含浙江省某期高校新任辅导员岗前培训班全体成员及随机抽样的全国其他省份新任辅导员，比例约为1∶3。发放问卷共计312份，收回有效问卷288份，有效率92.31%。

(二) 研究方法

本文通过问卷调查、深入访谈、文献研究等方法对新入职辅导员的职业认同状况进行调查研究。职业认同量表采用国内学者刘世勇所编制量表，加上笔者自编维度形成新入职辅导员职业认同状况问卷。

高校辅导员职业认同量表，量表包括24个项目，5个一阶因子，即职业认知、职业情感、职业信念、职业意志和职业行为。经KMO检验，该量表信效度良好。量表采用Likert5分等级量表。1代表"非常不符合"，2代表"比较不符合"，3代表"不确定"，4代表"比较符合"，5代表"非常符合"，所有条目评分均为正向得分，即得分越高，职业认同程度越高。

所有被试者按统一指导与匿名独立完成，数据全部使用SPSS22.0进行处理，采用KMO检验、描述性统计和相关因素分析法进行数据分析。

三 新入职辅导员职业认同现状

(一) 新入职辅导员的基本情况

本研究以288名新入职辅导员作为研究对象，对初测问卷获得的数据进行统计分析，研究对象的基本情况如表1所示。

表1　　　　　　　　　研究对象的基本情况一览表

变量	类别	样本量	百分比(%)	变量	类别	样本量	百分比(%)
性别	男	156	54.17	最高学历/学位	专科	6	2.08
	女	32	45.83		本科	42	14.58
职业类别	教师担任兼职辅导员	24	8.33		硕士	240	83.33
	专职辅导员	192	66.67	年龄	24岁及以下	36	12.50
	公寓辅导员	60	20.83		25—30岁	228	79.17
	其他	12	4.17		31—35岁	18	6.25
编制性质	事业编制	240	83.33		35岁以上	6	2.08
	人事派遣	12	4.17	专业（多选）	思想政治教育学	30	8.20
	劳动合同	30	10.42		教育学	24	6.56
	其他（人事代理）	6	2.08		心理学	12	3.28
学校类型	教育部直属	46	15.97		管理学	48	13.11
	省属本科	156	54.17		文史哲法	60	16.39
	民办本科（或独立学院）	30	10.42		理工科	84	22.95
	高职高专	56	19.44		其他	108	29.51

本研究有效被试数据在新入职辅导员职业认同及其各因子上的平均数和标准差进行了统计，结果见表2。

表2　　　　高校辅导员职业认同及其各因子的平均值和标准差

量表	职业认知	职业情感	职业意志	职业信念	职业行为
$\bar{x}$	4.44	4.23	3.85	4.39	4.37
S	0.77	0.75	0.72	0.76	0.83

如表2所示，新入职辅导员职业认同总体量表平均分 $\bar{x}=4.256$，高于临界值3，说明新入职辅导员的职业认同水平比较高，处于偏中上水平。在职业认同的各个因子上，职业认知、职业信念和职业行为的平均值较高，处于中偏高水平，各因子平均值大小依次为：职业认知>职业信念>职业行为>职业情感>职业意志。

以上数据说明，新入职辅导员职业认同状况良好，对辅导员职业较为认同。新入职辅导员在职业认知和职业信念的得分最高，在职业情感和职业意志的得分较低,特别是职业意志,是五个因子中唯一低于4分的。因子得分的差异说明新入职辅导员对职业的认知较为深刻,一般新入职辅导员工作年限较短,依旧保持着较高的热情和对做好这份职业的执着。但也正因为工作年限较短,工作经验的欠缺,导致了新入职辅导员对这份职业的情感并不深厚,一旦遇到突发情况,对职业的坚持会造成一定的困扰和倦怠。

(二) 新入职辅导员职业认同在人口学变量上的特征

1. 新入职辅导员职业认同在性别上的特征

经单因素方差分析,α = 0.05,得到各因子的显著性 P 值都大于 0.05,说明男女性新入职辅导员在五个因子的得分上并无显著差异。如表 3 所示,男女性新入职辅导员在五个因子的平均分也无较大差异,而男性新入职辅导员的标准差明显高于女性,说明男性新入职辅导员在五个因子上的得分波动较大。综上,性别对新入职辅导员的职业认同并无影响。

在性别维度上,赵岩在相关研究中也指出性别在高校辅导员职业自我概念总分的主效应不显著,在职业自我概念的各个维度上也不显著[1]。徐大真在对新入职高校教师职业认同心理弹性与适应性绩效的关系的研究中也发现性别并未进入回归方程,说明性别对适应性绩效的各维度没有显著的影响[2]。而随着时代的进步,男女性别差异不再显著,因此,性别对新入职辅导员的职业认同并无影响。

表3　　　　　新入职辅导员职业认同在性别上的分布情况

量表与维度	职业认知 ($\bar{x}$ ±S)	职业情感 ($\bar{x}$ ±S)	职业意志 ($\bar{x}$ ±S)	职业信念 ($\bar{x}$ ±S)	职业行为 ($\bar{x}$ ±S)
男	4.34±0.77	4.18±0.75	3.84±0.72	4.36±0.76	4.35±0.83
女	4.56±0.60	4.13±0.59	3.72±0.59	4.25±0.58	4.24±0.68
χ^2	14.456	3.586	6.013	2.829*	12.689
P	0.549	0.273	0.354	0.043	0.514
总体	4.44±0.77	4.23±0.75	3.85±0.72	4.39±0.76	4.37±0.83

---

[1] 赵岩:《高校辅导员职业认同问卷的编制》,学位论文,哈尔滨师范大学,2013年。
[2] 徐大真、韩笑:《新入职高校教师职业认同、心理弹性与适应性绩效的关系》,《信阳师范学院学报》(哲学社会科学版) 2015年第4期。

2. 新入职辅导员职业认同在年龄上的特征

经单因素方差分析，$\alpha = 0.05$，得到各因子的显著性 P 值都大于 0.05，说明不同年龄新入职辅导员在五个因子的得分上并无显著差异。如表 4 所示，四个年龄段的新入职辅导员在五个因子上的平均分都与平均值较为接近，从标准偏差看，24 岁及以下的新入职辅导员在各因子的得分上波动较大，随着年龄的增加，波动减缓，可以看出，新入职辅导员职业认同情况随年龄的增长更为接近。

因为本文主要研究新入职辅导员的职业认同状况，研究人群定位在新入职辅导员，一般都普遍年轻，分布在 25—30 岁之间，所以，年龄对新入职辅导员职业认同影响不是很大。

表 4　　　　　新入职辅导员职业认同在年龄上的分布情况

量表与维度	职业认知 ($\bar{x} \pm S$)	职业情感 ($\bar{x} \pm S$)	职业意志 ($\bar{x} \pm S$)	职业信念 ($\bar{x} \pm S$)	职业行为 ($\bar{x} \pm S$)
24 岁及以下	4.45±0.82	4.27±0,78	3.88±0.78	4.46±0.79	4.43±0.87
25—30 岁	4.50±0.59	4.30±0.58	3.91±0.59	4.46±0.58	4.43±0.68
31—35 岁	4.56±0.53	4.22±0.58	3.82±0.58	4.40±0.57	4.42±0.64
35 岁以上	4.00±0.33	4.00±0.53	4.00±0.51	4.00±0.46	4.00±0.52
χ^2	17.173	1.431*	19.927	16.343	30.888
P	0.598	0.037	0.644	0.584	0.208
总体	4.44±0.77	4.23±0.75	3.85±0.72	4.39±0.76	4.37±0.83

3. 新入职辅导员职业认同在学历上的特征

经单因素方差分析，$\alpha=0.05$，得到各因子的显著性 P 值都小于 0.05，说明不同学历新入职辅导员的职业认同有着显著差异。如表 5 所示，不同学历的新入职辅导员在各因子的得分随着学历的增长，各因子得分也随之增加，表现为专科<本科<硕士，从标准差看亦是如此，随着年龄的增长，标准差逐渐减小，可以得出，学历对新入职辅导员职业认同有影响。

一般来说，高学历的辅导员整体素质相对来说较高，亚当斯公平理论中提出，员工感受到待遇公平时，就会提升满足感和效率[①]。相对而言，比较高的学历是对个人的肯定，且本科、硕士毕业的学生就业前景好，压

---

① 王立岩：《关于亚当斯公平理论的几点思考》，《辽宁经济管理干部学院学报》2011 年第 1 期。

力较小,选择辅导员职业表明对此职业的高度认同,所以,不同学历的新入职辅导员在职业认同的得分上有着显著差异,并随着学历的增长而增长。

表5　　　　　新入职辅导员职业认同在学历上的分布情况

量表与维度	职业认知 ($\bar{x}\pm S$)	职业情感 ($\bar{x}\pm S$)	职业意志 ($\bar{x}\pm S$)	职业信念 ($\bar{x}\pm S$)	职业行为 ($\bar{x}\pm S$)
专科	4.01±0.53	4.11±0.55	4.06±0.53	4.05±0.51	4.00±0.43
本科	4.42±0.85	4,23±0.80	3.82±0.79	4.43±0.82	4.39±0.89
硕士	4.51±0.59	4.32±0.59	3.92±0.59	4.47±0.58	4.44±0.68
χ^2	11.396*	2.532**	11.025*	15.657*	22.836
P	0.049	0.003	0.048	0.037	0.109
总体	4.44±0.77	4.23±0.75	3.85±0.72	4.39±0.76	4.37±0.83

4. 新入职辅导员职业认同在职业类别上的特征

经单因素方差分析,$\alpha=0.05$,得到各因子的显著性 P 值都小于 0.05,说明不同职业类别的新入职辅导员职业认同有着显著差异。如表6所示,不同职业类别的新入职辅导员在各因子的得分差异较为明显,表现为教师担任兼职辅导员>专职辅导员>公寓辅导员>其他,从标准差看,无明显的波动,可以得出,职业类别对新入职辅导员职业认同有影响。

教师兼职辅导员的职业认同度较高,因为既担任教师又担任辅导员,在教职工群体中声望较高,且兼职两个职位,会面临双标准考核,所以,在职业认知和职业信念的得分上较高,双标准考核也意味着压力,因此,教师担任兼职辅导员在职业信念和职业意志偏低。对于公寓辅导员,更多的是处理公寓事务,而众所周知高校公寓事务往往伴随着学生公寓的纠纷问题,相对来说,公寓辅导员的日常事务较为烦琐和难以处理,所以,在职业认同度上得分偏低。

表6　　　　　新入职辅导员职业认同在职业类别上的分布情况

量表与维度	职业认知 ($\bar{x}\pm S$)	职业情感 ($\bar{x}\pm S$)	职业意志 ($\bar{x}\pm S$)	职业信念 ($\bar{x}\pm S$)	职业行为 ($\bar{x}\pm S$)
教师担任 兼职辅导员	4.54±0.60	4.37±0.56	3.96±0.63	4.57±0.54	4.51±0.67

续表

量表与维度	职业认知 ($\bar{x}\pm S$)	职业情感 ($\bar{x}\pm S$)	职业意志 ($\bar{x}\pm S$)	职业信念 ($\bar{x}\pm S$)	职业行为 ($\bar{x}\pm S$)
专职辅导员	4.50±0.60	4.29±0.59	3.89±0.58	4.45±0.58	4.42±0.69
公寓辅导员	4.50±0.63	4.24±0.58	3.79±0.56	4.39±0.56	4.37±0.68
其他	4.44±0.75	4.15±0.65	3.54±0.60	4.43±0.62	4.29±0.80
χ^2	40.299	7.962**	16.385*	16.200*	18.956*
P	0.196	0.007	0.045	0.050	0.026
总体	4.44±0.77	4.23±0.75	3.85±0.72	4.39±0.76	4.37±0.83

5. 新入职辅导员职业认同在编制性质上的特征

经单因素方差分析，$\alpha=0.05$，得到各因子的显著性 P 值都大于 0.05，说明不同编制的新入职辅导员职业认同无显著差异。如表 7 所示，不同编制的新入职辅导员在各因子的得分差异并不明显，相对来说，其他（人事代理）的各因子得分偏低，事业编制的新入职辅导员在职业意志的得分偏低，人事派遣的新入职辅导员在职业信念和行为的得分较高。总体而言，编制对新入职辅导员的职业认同并无影响。

表 7　　　　新入职辅导员职业认同在编制上的分布情况

量表与维度	职业认知 ($\bar{x}\pm S$)	职业情感 ($\bar{x}\pm S$)	职业意志 ($\bar{x}\pm S$) v	职业信念 ($\bar{x}\pm S$)	职业行为 ($\bar{x}\pm S$)
事业编制	4.49±0.61	4.26±0.58	3.76±0.58	4.42±0.58	4.40±0.69
人事派遣	4.67±0.53	4.75±0.53	4.60±0.53	5.00±0.53	5.00±0.53
劳动合同	4.44±0.69	4.47±0.59	4.09±0.59	4.59±0.59	4.23±0.76
其他 （人事代理）	4.17±0.55	4.00±0.43	3.54±0.63	4.15±0.43	5.00±0.46
χ^2	68.931	10.568	18.900	15.063	41.716
P	0.918	0.469	0.627	0.560	0.932
总体	4.44±0.77	4.23±0.75	3.85±0.72	4.39±0.76	4.37±0.83

6. 新入职辅导员职业认同在学校类型上的特征

经单因素方差分析，$\alpha=0.05$，得到各因子的显著性 P 值都小于 0.05，说明不同学校类型的新入职辅导员职业认同有着显著差异。如表 8 所示，不同学校类型的新入职辅导员在各因子的得分上差异较为明显，表现为：教育部直属>省属本科>高职高专>民办本科（或独立学院），教育部直属的新入职辅导员在各因子的得分都普遍偏高，特别是职业认知和职业行为两个因子，而民办本科（或独立学院）在各因子的得分都普遍偏低，从标准差看，并无明显的区别。

教育部直属高校社会声望比较好，是高校辅导员普遍向往的，而且，政策支持条件和待遇相对较好[①]，因此，会出现职业认同度最高。省属本科较低的原因，史雯在研究中指出省属本科院校工作待遇良好但工作压力相对部属高校较大，加之，省属高校的资源有限并倾向于科研，且在政策、资源上对辅导员支持度不够[②]。至于独立院校和高职高专，资源较少、师资力量弱，工作繁杂，压力较大，职业认同度自然而然就低了。所以，学校类型对新入职辅导员职业认同有显著影响。

表8　　　　　新入职辅导员职业认同在学校类型上的分布情况

量表与维度	职业认知 ($\bar{x}\pm S$)	职业情感 ($\bar{x}\pm S$)	职业意志 ($\bar{x}\pm S$)	职业信念 ($\bar{x}\pm S$)	职业行为 ($\bar{x}\pm S$)
教育部直属	4.63±0.43	4.35±0.47	3.96±0.60	4.58±0.39	4.72±0.42
省属本科	4.53±0.61	4.25±0.58	3.88±0.58	4.41±0.48	4.42±0.69
民办本科 （或独立学院）	4.17±0.60	4.05±0.58	3.68±0.58	4.2±0.58	4.04±0.69
高职高专	4.34±0.60	4.29±0.56	3.84±0.63	4.39±0.54	4.39±0.66
χ^2	51.046	3.180**	13.018*	30.259*	33.824*
P	0.595	0.002	0.031	0.045	0.038
总体	4.44±0.77	4.23±0.75	3.85±0.72	4.39±0.76	4.37±0.83

四　对　策

高校辅导员与学生发展息息相关，进一步提升新入职辅导员的职业认同对辅导员队伍的建设有着十分重要的意义。新入职辅导员职业认同状况

---

① 刘世勇、李姣艳、王林清：《高校辅导员职业认同现状研究》，《湖北社会科学》2016年第1期。

② 史雯：《高校辅导员职业认同与工作投入的相关研究——以心理资本为中介》，学位论文，江苏师范大学，2017年。

总体良好，但在职业认知、职业情感、职业意志、职业信念和职业行为五方面评价不一，尤其是职业行为、职业情感及职业意志等方面较低。因学历和学校类型，对所处的政策和待遇相对来说并不满意等原因，从而导致对职业的认同感降低。因此，本文提出以下相应对策：

（一）规范辅导员考核指标体系，提升新入职辅导员自身素质

学历不高的新入职辅导员职业认同较低，这说明辅导员的自身素质是影响职业认同的关键因素，所以新辅导员入职前需要受过专业的辅导员培训，入职后也需要定期接受考核和相关方面的培训和提升。

一名合格的新入职辅导员需要具备良好的职业认知、职业信念、职业意志，具备辅导员工作必需的专业知识，能够将理论与实践相结合，能够在入职前明确职业定位；具有职业化的素养，能够在未来工作中保持积极良好的职业态度，具有较强的职业信念；一名合格的新入职辅导员需要有良好的思想道德品质，能在较大的工作压力下，依旧保持较高的热情和意志。

新辅导员入职后，每年可进行一次辅导员考核，考核的内容主要包括专业知识和职业素养，对辅导员职业有更深入的认知，有较为突出的职业行为和能力，并保持较高的职业情感和信念。

（二）规范辅导员制度体系，提升新入职辅导员的待遇、发展空间和地位

目前高校对于辅导员的重要性认识不高，缺乏对辅导员的发展规划和政策保障，这影响着新入职辅导员的职业认同感。

提升辅导员工作收入和福利待遇，能够对新入职的辅导员形成较好的激励作用，也能够加强新入职辅导员的职业信念和职业情感；建立完整的辅导员发展规划，明确辅导员的发展空间，使辅导员的发展和定位清晰，从而增强职业认知和职业情感，为辅导员队伍的可持续发展打下基础。

新入职的公寓和专职辅导员的职业认同远低于教师兼任辅导员，新入职辅导员的地位往往低于在职教师，但工作辛苦繁忙，自我实现价值需要没有得到充分满足，职业情感和意志较低。建立辅导员职称评审体系，可

设立初级、中级、高级、特级辅导员职称①，建立统一标准来考核评定，也借此提升辅导员的职业认同。

The Current Situation, Influencing Factors and Countermeasures of New Counselors' Career Identity

Ke lele, Gao Yinfang, Wu Xinlin

Abstract: The new counselor is a special group in the counselor team. Their entry time is short and mobility is varied. In order to understand the current situation of new counselors' professional identity and analyze its influencing factors, this paper uses the college School Counselors' Professional Identity Scale to investigate and analyze 288 new counselors. It showed that the overall situation of career identity of new counselors is better, mainly in the aspects of career awareness and professional beliefs. However, different qualifications, career types and school types have a significant impact on the professional identity of the new counselors. This paper proposes the following countermeasures: standardize the evaluation index system of counselors, conduct pre-job training and on-the-job assessment for the new counselors, and improve the quality of the new counselors; standardize the counselor system and title evaluation system to improve the treatment, development space and status of the new counselors.

Key words: New Counselors; Career Identity; Current Situation; Influencing Factors

---

① 张华：《浅谈高校辅导员的职业化培养》，《科技视界》2017年第10期。

高校安全智能化综合管理系统建设实践与思考[*]

张满仓　赵　方　曹树南　金凤杰[**]

摘　要：随着大数据、云计算、人工智能、物联网等新兴技术的日益成熟，高校安防系统的各个模块也从过去单一、独立、分散式的子系统向多功能、多元化、集中式的综合系统发展。如何把安防系统的各个子系统进行有效整合，形成大安防式的智能化网络，使其变成一个类似于人类大脑的中枢神经，一个具有分析能力和判断能力的有机体，是我们急需思考的问题。要真正实现建设智慧平安校园的目标，势必要建设一套完善高效的智能化综合管理系统并使其切实发挥效用。

关键词：新形势；智能化；综合管理系统；效用

一　问题的提出

路不拾遗、夜不闭户是古人对于安全的最高境界的诠释。当前，上海市政府提出建立"平安城市""智慧城市""卓越的全球城市"，建设和谐社会。何为平安？可以指涉及个人、家庭的小平安，也可以指社会、国家的大平安。如何才能实现大平安？需要国家、社会、政府、民众共同参

---

[*] 基金项目：中国高等教育学会保卫学专业委员会2017—2019重点项目"智能化综合管理系统对高校保卫的理论和实践价值"（项目编号：2017-2019 A6）。

[**] 作者简介：张满仓（1974— ），男，上海财经大学保卫处处长；赵方（1980— ），男，上海财经大学保卫处技防负责人；曹树南（1966— ），男，上海财经大学保卫处副处长；金凤杰（1968— ），男，上海财经大学保卫干部。

与其中，采用多种防范措施，协调调动各种防范要素为社会和民众提供点、线、面、体上多层次和多维度的防护。[①] 上海市教委在《上海高校校园安全技术防范工作"十三五"发展规划》[②] 中提出了持续推进上海高校安防系统可持续发展战略，形成符合上海特色、具有高校特点的、适应上海教育事业综合改革和高校育人管理工作需求的高校安全技防体系。进一步加强技防系统基础建设，实现校园技防监控全覆盖，提高技防实战应用水平，加快"大安防、大数据、大集成、大应用、大联动、大平台"建设，做到"建设标准化、管理规范化、应用智能化、处置系统化、运维专业化、资源一体化"，形成"全域覆盖、全面监控、全网共享、全时可用、全天可控、全程可溯"的高校公共安全监控体系，力求进一步提升本市高校技防管理、应用和服务水平。高校技防管理系统在维护校园安全稳定、预防和打击违法犯罪活动、突发事件应急处置等方面发挥了重要作用。

1979年，公安部在石家庄召开"全国刑事技术预防专业工作会议"，正式提出了"安全技术防范"的概念。在这之后，随着社会的发展和科技的进步，安防防范的理论和技术创新也得到了快速的提升，尤其是近些年，高校的技防建设也朝着数字化、高清化、覆盖化、网络化、智能化的方向发展，各个高校也陆续出现了多个技防系统，如视频监控系统[③]、门禁系统、红外周界系统等。

而随着科技的不断进步，部分高校的技防建设已经越来越不能适应社会的发展，有些高校技防设备各自独立运行，各个系统之间无关联性，未能做到有机整合，导致最终的实际安全防范效果大打折扣。建立应急事件的快速响应机制对校园安全建设显得尤为重要，考虑到经费问题，从实际效果来看，建立统一的智能化综合管理系统的投入性价比也远远高于几个分散硬件系统的简单堆积，如何用较少的投入取得较大的效果，是每个高校安全管理者需要思考的问题。要真正实现建设智慧平安校园的目标，力求做到事前预防、事中处置、事后追溯的事件响应和处置机制，势必要建设一套完善高效的智能化综合管理系统并能切实发挥作用。

---

① 吕海涛：《安全防范系统效能评估关键技术研究》，博士学位论文，武汉大学，2014年。

② 上海市教育委员会：《上海高校校园安全技术防范工作"十三五"发展规划》，2017年6月。

③ 赵刚：《高校技防建设的现状与前景》，《才智》2016年第33期。

在这种背景下，为推进高校安全环境整体提升，为师生员工创造更安全、更和谐的校园环境，上海市教委推进高校安全环境示范点建设项目，并安排2000万元专项资金予以支持。重点推进了松江大学城应急联动系统二期工程、可视应急指挥系统、重点实验室防控系统、"三道防线"建设、可视化消防管理系统、校园安全综合防控管理平台、高校校园安全服务平台、校内交通智能化管理等多个项目建设。通过部分高校承建示范点项目，在高校安全工作中先行先试，并将建设和使用经验在全市高校中予以推广。本文以上海财经大学为例，对高校安全智能化综合管理系统的建设进行研究。

二 智能化综合管理系统的总体构想与建设思路

（一）总体构想

随着高校办学要求的不断提高以及高校对"平安校园"综合安防管理系统联动体系建设步伐的不断加快，部分高校原有的校园安全防范管理体系的设备与系统已经无法满足现有的需要和发展，原有的技防设施各自分散、独立运行，在遇到问题的时候不能做到有效的整合和兼容，效率不高。近些年来，学校保卫处以"智慧平安校园"建设为理念，对技防建设、使用、管理进行顶层设计，从全局统筹规划，创新实践，分步实施，用现代化技术手段，将校内各个网络平台互联互通，连接整合成一个大的指挥中心。建立"智能化综合管理"可视化系统，把很多个模块接入这个平台，如人脸识别、消防水压检测、火警报警、车辆违停、电子围栏报警、手机一键报警等，一旦报警，信号会联动到安保监控中心大屏，能够让安保人员在第一时间发现并进行处置和管理，最终实现提高综合治安管理的水平和处置能力。监控指挥中心集多种资源、多应用，立足高起点，采用"灵活分控、集中监控、统筹调度"的方式来实现平安校园的管理模式。

（二）建设思路

为适应视频安防监控系统的发展趋势，规范本市数字安防监控系统技术要求，2013年上海市公安局技防办颁布了《上海数字视频安防监控系统基本技术要求》①，并在之后下发了《关于〈数字视频安防监控系统基本技术要求〉的补充说明（一）》，对《数字监控技术要求》做了进一步的完善和补充。

基于这个标准，在"智能化综合管理"系统平台建设之初，学校考虑到这个系统应该有事先预防、事中处理、事后取证的功能，要具备把各个子系统进行整合、分析和处理的功能，并且具备开放性、拓展性和兼容性，以便今后有新的模块接入，为日后系统升级拓展做好铺垫。要做到事前预防意味着要具备多角度、多层次的信息采集和分析能力，能够把采集到的信息进行汇总和整理，及时为决策者提供决策依据。事中处理意味着利用智能化综合管理平台及时进行指挥和人员、车辆等各种资源的调度，把危机事件迅速平息，把损失减少到最小。事后取证需要通过智能化管理系统的回放、定位、存储功能，为收集犯罪证据、各类案件的侦破提供有力依据。在设计时还需要精细化考量，对管理的各个子系统和目标进行准确的定量分析，对各项指标和任务进行明确分工，将管理责任具体化、明确化。

学校重点开发建设的平安校园智能化综合管理系统，集成各个安防子系统，以及基于分布式数据库技术和 SaaS 营运等模式。目前，平安校园智能化综合管理系统一期、二期均已建设完成，主要功能包括：报警联动展示平台、Web 后台管理系统、GIS 数字地图、报警通知模块和子系统接入模块。平安校园智能管理平台功能相互配合联动，实现了校园技防建设的消防智能管理、治安智能管理和交通智能管理等。

三　智能化综合管理系统建设与成效

（一）系统建设

学校智能化管理系统主要包括智慧消防系统、宿舍火灾报警系统、人脸识别系统、手机 App "一键报警"系统、车辆违停系统、110 联动报警系统。

1. 智慧消防系统

"智能化综合管理"系统对于消防管理的作用尤为明显，高校消防报

---

① 本刊讯：《上海对〈数字监控技术要求〉作调整》，《中国公共安全》2013 年第 17 期。

警点位多，有些报警设备因为天气、温度、水汽雾气、设备老化等原因误报率较高，在无法确定是真实火警还是误报的情况下，校园机动巡逻队按工作要求必须前往查看，以免造成更大的损失，但高误报率造成有效劳动的效率降低，在人手紧张的情况下部分高校难免会放松警惕，而且，仅凭一个报警信息很难在第一时间了解现场的实际情况，所以传统消防安全管理系统已无法满足高校对智慧校园安全管理信息化发展的要求。以上海财经大学为例，截至 2019 年 8 月 30 日，学校火灾报警系统（FAS 系统）共接入终端数量 51 个，共接入独立建筑或独立主机数量 79 个，接入点位 18989 个，其中烟感 12822 个、温感 527 个、手报 1160、消报 1383 个、模块 3097 个。火警信息以及误报信息的主要来源是烟感，学校 FAS 系统中以烟感作为主要火警信息源之一的楼宇 79 栋、安装烟感 74 栋、未安装 5 栋。

从数据可以看出，上海财经大学各类消防报警点位已接近 2 万个，建立一个"智能化综合管理"系统迫在眉睫。在初期建设系统时就考虑到，当系统发生报警时，报警信息能够在监控指挥中心的大屏上显示，能够清楚地显示报警点所在的具体楼宇、楼层、房间，并自动关联周边摄像头，同时，显示出报警点泵房水压情况、消防设施情况、周边道路情况，自动生成应急处置预案。能够做到多系统、多模块同时发挥作用，便于工作人员掌握第一手翔实资料，提高处置效率、节省时间，实现"传统消防"向"现代消防"的转变。

2. 宿舍火灾报警系统

6 月 18 日 10 时许，保卫处监控中心"智能化管理"系统火灾巡查模块突然报警，监控中心值班人员迅速通过报警系统查明系学生宿舍 11 号楼 423 寝室烟感报警，立刻呼叫校卫队巡逻队员赶往现场。10：03，保卫干部和巡逻队员赶到，发现 4 楼楼道变电箱起火，迅速使用干粉灭火器扑灭，随后，赶至 423 寝室，发现寝室现场浓烟滚滚，且有明火，马上呼叫增援，通知监控中心拨打 119 报警，组织楼宇全体人员有序疏散。10：05，保卫处增援人员赶到，使用 3 楼、4 楼的墙式消火栓，对着火寝室明火喷水进行扑灭。10：16，消防官兵及沪东高校派出所民警同时到达现场，其时火势已经基本扑灭，整栋楼宇人员全部撤离至安全地带。消防官兵随即对寝室内的余火进行了扑灭。

校园火警向来是安全工作的重中之重，火灾的发生大多数是因为人们的火灾防范意识不强，对于宿舍的消防管理也要做到首先责任落实到人，做到"谁主管、谁负责，谁当班、谁负责"。要完善各种规则制度，加大对违章电器的查处和收缴力度。要加强宣传和队伍建设，让学生深刻认识到火灾的危害和严重性。同时我们也要认识到，对于一些线路老化、电器设备故障仅凭人力难以管控，各部门在日常的排查中需更注重安全风险评估，建立起完善的消防智能化管理体系，智能消防报警系统能够为应急事件的处置争取到宝贵的时间。在本案例中，火警发生后"智能化管理"系统火灾巡查模块第一时间弹屏报警，能够清楚地显示报警点所在的具体楼宇、楼层、房间，并自动关联周边摄像头，同时，显示出报警点泵房水压情况、消防设施情况、周边道路情况，自动生成应急处置预案。做到多系统、多模块同时发挥作用，便于工作人员掌握第一手翔实资料，提高处置效率、节省时间，增加了工作的有效性。值班人员接报后立即进行了处置，从 10 时许触发报警到 10：16 分消防官兵赶到之前，保卫处人员用了几分钟就将火势控制住并扑灭，高效的"智能化管理"系统起到非常重要的作用。

3. 人脸识别系统

为验证人脸识别系统的有效性和可靠性，学校先在国定校门、武川校门、武东校门等主要大门出入口安装了人脸识别进出闸机进行试点，闸机除了具备刷脸功能以外，还具备刷身份证、校园卡片及电子校园卡的功能，微信电子校园卡是和微信企业号认证相连的，师生在领取该卡时，需要首先通过微信企业号平台认证，方能顺利激活卡片。系统建设好后，师生可以利用微信电子校园卡进行身份识别进出校园。在试点取得一定效果的基础上，现已启动全校的人脸识别系统建设，覆盖区域为全校所有校区的教学楼、宿舍楼、办公楼共计 366 个点位。

为进一步保障大型赛事及活动期间馆内的安全秩序，学校在综合体育馆四个出入口各安装 2 套人脸识别智慧通道安检管理系统，该系统的识别准确率高达 99% 以上。通过当前先进的人脸识别技术可以避免人工肉眼判定所存在的各种弊端，在辨别人员身份信息的同时，记录进出场人员的相关信息，完善安全管理制度，营造一个安全的校园环境。不仅如此，两个入口处的行李 X 光安检机也安装完成，馆内工作人员再也不用仅凭肉眼去排查嫌疑违禁品，能将大流量期间随身物品所带来的安全风险降到最低，切实保障活动安全。

与此同时，学校还将人脸识别系统接入校园智慧人车通道管理平台，并与各宿舍门禁系统、校园一卡通数据无缝对接。校内人员可通过人脸识别、刷校园卡、电子校园卡或身份证，系统自动判断人卡一致后方可通行；来访人员提前录入人脸信息可人脸识别通过，或刷身份证系统自动判断人证合一后通行。

4. 手机 App"一键报警"系统

手机 App"一键报警"系统为师生的报警、求助、医疗服务开辟了一条绿色通道，受到了广大师生的好评，自上线以来，学校企业公众号、团委、学生会组织也在大力推广，目前手机"一键报警"系统总下载人数已达 5000 人次，其中苹果 Ios 系统下载量 3500 次，安卓系统下载量 1500 余次。师生报警求助百余次，保卫处在接到"一键报警"信号后及时了解报案人情况，第一时间呼叫机动队、巡逻队赶赴现场进行处置和提供帮助。

学生在校内如遇到突发状况需要求助时，可以通过校内 110 报警、师生求助、校外 110 等方式进行求助，但施助人员未必能直接了解现场的具体情况，手机 App"一键报警"就给他们提供了便利，学生通过手机 App"一键报警"进行求助时，可以通过 App 把现场的实时画面及视频传到云端，工作人员在平台上可以直接看到现场情况，平台也能通过特定算法定位到离报警点最近的摄像头，并能够进行周边摄像头的联动，当警情到达平台时能立刻调出现场视频录像，显示出警情位置、报警信息及处置预案，这样能够给求助方和施助方双方都提供很大的便捷性。同时，考虑到有些同学身体不适需要更加专业的指导，App 还开发了医疗求助报警功能，由医疗中心的校医给予细致的帮助。

这个项目是由学校保卫处、教技中心、医疗服务健康中心三家部门联合推出，目的是为了更加方便的服务师生，构建一条师生报警、求助、防劫的绿色通道，提升校园安全管理水平和突发事件的处置能力。当然在使用过程中也有一些注意事项，如"一键报警"是面向师生服务的校园内部应用程序，是社会报警手段的一种补充性应用，不能替代 110、120、119 的报警功能；为保证接警质量，"一键报警"受理同时段仅允许一人接入，需广大师生严肃对待、不要滥用，以免挤占有限的接警资源；"一键报警"是基于网络的应用程序，可能因网络线路繁忙或故障导致无法联通接报警端，如出现类似问题，还需师生直接拨打 110、120、119 报警，或拨打 65904110（校内报警）；"一键报警"为校园内部应用，报警有效区域仅限于国定路校区、武东路校区、武川路校区内的报警。

5. 车辆违停系统

学校在主干道设有车辆违停系统，如果车辆进入违停区域超过 3 分钟，"智能化管理"系统会自动报警并在监控指挥中心弹大屏，数据和车辆报备系统联动，如果是本校车辆，会给车主发短信提醒，如果是外校车辆没有车主信息，值班人员也会通知巡逻人员前往查看。

学校的几个大型活动场馆建成后，承接过多项大型活动和赛事，学生艺术中心自 2017 年 4 月份建成使用以来，已经举办大型演出 30 场、彩排 80 次，迎接过国家领导人的视察。综合体育馆自投入使用以来，已举办包括上海财经大学百年校庆、上海市第十六届运动会开幕式、世界空手道联合会 2020 年东京奥运会积分赛等各类大型赛事及活动 17 场。在这种背景下，校园交通的通畅就显得尤为重要，通过"智能化综合管理"系统的车辆违停模块，可以对车辆违停进行实时监控，便于掌握校内交通的第一手资料。

6. 110 联动报警系统

目前学校配备 26 套 110 联动报警系统，覆盖区域为各个宿舍，宿舍如突发状况，宿舍管理员可以通过此系统与保卫处取得联系，保卫处也会在第一时间进行处理。依据上海市教育委员会重点推进建设示范点要求，学校建设了校园 110 联动报警系统，此系统可以和保卫处指挥中心及公安 110 进行联通。所有联动报警系统全部整合接入到校总监控中心进行管理。使用方法是在宿舍楼一楼入口处找到此装置，按下红色框内的圆形报警按钮，接通后会有保卫处总监控中心专人负责来处理报警信息，并会给报警人提供及时的帮助。

（二）建设成效

学校智能化安全技术防范系统自建设以来，为预防、震慑犯罪，减少财产损失，通过在校园公共部位、出入口、重要路段、重要教学场所等地点建设安全防范子系统，并将所有系统数据实时传输到监控中心和其他相关部门，保障师生员工的人身安全。学校自 2012 年至今，逐步建设了电子围栏报警系统 3500 米，作为第一道安全防线；红外周界报警系统 240 余对、监控系统总数 2310 路、各校门出入口处配备"智慧人车道闸"系统作为第二道安全防线；各教学楼、宿舍楼配备门禁系统、110联动楼宇对讲系统、防火防盗应急门逃生系统作为第三道防线；并建设有智能化管理平台、校园安保综合服务系统、一键报警系统等指挥平台。所有的技防子系统全部接入到监控指挥中心管理，所有校区的报警、监控系统实现联网。

学校安防建设取得了可喜的成绩：学校被中央综治委评为2015—2016年度平安校园建设"一等奖"，连续获评上海市"安全文明单位"；第六宿舍楼、武东路校区食堂、行政楼、学生艺术中心、校史馆分别荣获2012、2015、2016、2017、2018年度上海市高校安全示范点；保卫处荣获2016、2018年度高校治安安全示范点；学校还多年荣获上海市平安示范单位。智能化综合系统建成后，学校的治安环境也进一步得到改善，发案率逐年降低。据上海市公安局文保分局提供的数据，2018年下半年度学校盗窃立案数为零。2019年上半年警情汇总数在上海高校沪东片区也处于较低水平。

四　未来展望

随着大数据、物联网技术的不断发展，科技进步给日常生活带来了很大的便利，各种技术手段的运用也使得技防工作效率得到了极大提高。从学校校园安防建设的实际需求来看，未来需要在如下五个方面进一步努力。

（一）智能化安防综合管理平台的建设

第一，在原有智能管理平台一期、二期的基础上通过升级，将在单一处理逻辑和单事件联动基础上，根据不同的报警事件，定制出不同的场景画面，实现多场景联动，展现更多现场信息，并将采用三维方式搜索和跟踪大大提高对复杂场景的应对，优化整个平台的操作体验及功能扩展。功能覆盖四校区，实现综合安防应用全覆盖。

第二，开发智能门禁联动系统。对所有的电子门禁集中统一管理和监控，集中分配，统一授权，还可监控异常刷卡、延时报警、设备异常和暴力开门等情况。与消防和监控系统实现联动。

第三，开发智能消防水压联动系统。实现对水压设备的数据采集、监控、联动报警等功能，同时，还可以基于GIS地图显示地理位置信息、数据记录、报表汇总等功能。

第四，开发智能电力监测联动系统。实现对校园中建筑的用电安全进行实时监测，24小时不间断地对埋在墙里墙外、地上地下的配电线路及连接在配电线路中的各种用电设备进行扫描，回传电压、电流、漏电电流等数据，进而通过诊断分析联动报警。

第五，开发安防智能运维系统。建立消防、技防设备基础数据库，供日常查询、记录、管理使用；对设备维保、维修工作的记录和跟踪可形成数据报表，同时将现有工作进行数字化管理，形成线上的工作流闭环。

（二）振动光缆周界报警系统

学校现有红外周界报警系统已使用8年，维修率高且效果不明显，计划安装新型周界报警系统：振动光缆周界报警。在师生宿舍公寓楼外、财务室、保密室、水电机房外等部位配置振动光缆周界报警系统，实现重点区域的主动防御功能，报警信号统一传输到监控中心管理，为安保人员提供重要情况数据。

（三）视频结构化系统

部署视频结构化系统，可对监控实况或者录像进行智能化分析，可实现语义化搜索或者以图搜图等操作，快速定位嫌疑目标，提高效率。

（四）数字化校园管理系统建设方案

随着互联网技术的发展、针对当前学院教学及安全管理模式进行进一步的创新升级，开发本系统的目的，就是要解决目前学生在校学习与生活的行为定位轨迹的分析、进出校园的安全防范以及课堂学生出勤监管和对上课玩手机的限制。通过对学生的行为分析和行为管控，提高管理效率，提高学生的学习质量，根据学生行为轨迹的数据分析，起到防患于未然，提升校园的安全水平建设。

（五）智能视频人脸定位轨迹分析

1. 重点人员轨迹搜索

动态人像卡口可以在非配合条件下从监控视频图像中获取人脸信息，

汇聚形成"路人库",包括人像图片和场景图片。通过将重点关注人员的人脸图像在"路人库"中搜索,得到目标人员的行踪轨迹,了解某个人近期是否去过机场、港口等地,从而了解目标嫌疑人是否为外来人员,或者是否已经离境。

2. 实现动态路人轨迹

动态人像系统完成了路人汇聚后,可以通过人像轨迹跟踪功能,实现对关注目标的时空锁定与追踪。获得一个人的动态轨迹之后,可以对其出现的时空特性,例如热点区域、同行人员、尾随人员进行分析判断,从而,获得更多的关注对象线索信息。

总之,鉴于当前日益复杂的社会环境,高校应通过进一步加强"智能化综合"系统平台建设,利用平台进一步提高高校安全防范能力,提高维护安全稳定工作和校园安全管理工作的科学性、有效性,及时消除安全隐患,有效预防和打击各类违法犯罪活动,为推进"智慧平安校园"建设提供坚实有力的基础。

Practice and Thinking on the Construction of Intelligent Comprehensive Management System for University Security

Zhang Mancang, Zhao Fang, Cao Shunan, Jin Fengjie

Abstract: With the gradual maturity of emerging technologies such as big data, cloud computing, artificial intelligence and internet, various modules of security system at colleges and universities have also been developed from single, independent and decentralized subsystems to multi-functional, diversified and centralized comprehensive systems. In that case, we need to think about urgently how to integrate each subsystem of the security system effectively and establish a large security type intelligent network for turning it into a central nervous system similar to the human brain, and an organic entity which has the ability to analyze and judge. To achieve the goal of building a smart and safe campus truly, it is necessary to build a set of perfect and efficient intelligent comprehensive management system and make it function effectively in practice.

Key words: New Situation; Intelligence; Comprehensive Management System; Effectiveness

后校庆时代校友服务实践工作探析

付明伟　马卓媛[*]

摘　要：在后校庆时代，许多高校校友工作都会进入一个较大的回落期，如何进一步优化平台建设、丰富校友服务内涵、增强服务能力、提升服务品质，成为经历过校庆的高校校友会亟待解决的新问题。本文基于上海财经大学校友工作实践，借鉴国内外知名高校的校友服务工作经验，分析国内高校校友服务工作存在的不足，探寻校友服务工作新举措。

关键词：校友会；校友工作；校友服务

一　背景

在国民教育体系中，高等教育的地位十分关键，它不仅能够促进我国经济的快速发展，推动科学技术的创新，同时也是我国社会进步的一大助推力。改革开放以来，我国一直致力于高等教育的改革与发展工作，取得了诸多成就。与此同时，社会对人才的需求对高等教育的内涵式发展也提出新的要求。为了进一步促进我国高等教育的发展，国家于 2015 年年底颁布《统筹推进世界一流大学和一流学科建设总体方案》[①]，在这一方案中对构建全球一流高校以及一流学科的基本思想、目标以及实施方案等内容进行了确定。

---

[*] 作者简介：付明伟（1990—　），男，上海财经大学合作发展处科员；马卓媛（1989—　），女，上海财经大学合作发展处科员。

[①] 国务院：《统筹推进世界一流大学和一流学科建设总体方案》，《人民日报》2015 年 11 月 6 日。

高校的持续发展离不开国家提供的政策与财力支持，同时也需要丰富的校友资源。注重发挥校友会平台的独特作用已经成为国内外教育界的共识，对校友资源进行全面开发和有效利用，推动高校发展，是当前国内高校的一大关键性任务。如各高校在办学方向确定、教育费用使用、学科构建、招生就业等工作中向校友征求意见。一些大学也站在战略发展的视角进行考虑，高度重视校友资源管理，并与学校可持续发展工作进行挂钩。一些高校还设置了负责校友资源管理工作的部门或聘用专职校友工作人员，并在国内外成立了各种类型的校友组织。

目前，我国在校友资源管理工作上取得的成就是有目共睹的，然而相对于其他发达地区而言仍然有很多不足之处需要改善。例如，部分大学在进行校友资源管理工作的过程中忽视校友的多样化需求，只片面强调对校友资源的开发和利用，但实际上校友支持母校发展是基于对母校的情感，而服务是凝聚校友感情的重要的措施[1]；服务也是校友工作的本质要求，是开发校友资源的理性选择[2]。越来越多的人认为，高等院校的校友工作不能仅仅为学校发展争取资源，而应该将校友工作定位为服务。校友工作要以校友为本，要持续重视、支持校友成长，把服务校友始终作为核心工作，将校友是否得到全面持续的发展作为评价校友工作开展是否满足要求的一大标准。

上海财经大学作为中国第一所国立商科大学，在中国现代高等教育史上具有独特的地位。上海财经大学历来重视校友工作，早在1932年就成立了国立上海商学院毕业同学会。近年来，在学校党政领导的重视下，在校内外校友工作者的积极参与下，校友工作在多个领域取得了良好成效。同时，校友工作的开展，也有力地支持了学校在师资队伍、校园文化、学生培养等方面的建设。上海财经大学校友会以"服务校友发展，服务母校发展"为宗旨，并通过多年的校友服务实践，逐步形成了以服务校友为核心的工作体系。2017年是上海财经大学建校一百周年，上海财经大学校友会以校庆筹备为契机，广泛联络校友，拓展校友组织体系，完善校友服务平台，在组织建设、文化建设上都取得较快发展，校友服务水平显著提升，校友工作整体达到一个新的高度。但在后校庆时代，许多高校校

---

[1] 张健、法晓艳：《大学和校友交互服务模型研究》，《黑龙江高教研究》2016年第10期。
[2] 袁先海：《服务：高校开发校友资源的理性选择》，《中国电力教育》2009年第7期。

友工作都会进入一个较大的回落期，如何进一步优化平台建设，丰富校友服务内涵，增强服务能力，提升服务品质，成为经历过校庆的高校校友会亟待解决的新问题。

本文进行研究的目的是在对国内外高校校友服务工作进行学习和研究的基础上，以上海财经大学校友工作主要机制以及状况作为出发点，对服务开展过程中存在的不足之处进行分析，剖析根本原因，并提出相关对策和建议。

高校校友工作往往强调的是校友应该回报母校的单方面关系，并没有清楚地意识到校友资源可以成为服务工作中的关键突破点，把校友依然作为学校服务重点对象，对其进行教育培养。事实上，校友与母校之间存在的关系是多样化的，不能仅仅体现在单方索取上，对校友资源的开发与维护实际上等同于一种投资，对母校自身的发展也具有重要意义。所以说，对大学校友服务系统进行改进能够有效促进高校教学实践工作的开展，并改变校友和母校以往的单一性关系。

从校友工作实践的角度出发，本文将以上海财经大学的校友服务工作为切入点，与国内外其他高校校友工作实践相结合，研究高校校友服务体系优化问题，努力构建上海财经大学校友服务体系的总体优化方案，对于上海财经大学科学高效地开展校友服务工作、规范校友服务工作流程、充分利用校友资源的影响提升本校的社会声誉、准确定位校友与母校间的互动关系、合理配置本校的有限教育资源、转变传统的办学理念、拓展办学渠道、凝聚核心竞争力等方面都将产生重要的实践指导意义。

二 国内外高校校友服务工作现状

（一）国内高校

经过多年的发展，国内高校的校友服务工作在完善校友组织建设、打造校友品牌活动、建立校友服务平台、构建校友服务体系等方面不断进步，目前的工作重点主要围绕着满足校友情感需求和发展需求两个方面展开。通过做好事务性服务解决具体问题、做好联谊类服务解决情感问题、做好平台类服务解决共享问题、做好咨询类服务解决发展问题。[1]

1. 服务校友情感需求

（1）信息资讯服务

及时了解母校相关新闻资讯是校友对母校情感需求的基础，国内各高校校友会组织依托于校友资讯期刊汇编、新闻网站、微信公众号推送等方式，将与母校和校友相关的信息及时传递给广大校友。如浙江大学校友会通过期刊、新闻网的方式加强信息传递的效率；西安科技大学通过搭建文化平台和交流数据库以加强高校校友的联络工作；兰州大学校友会加强信息化服务、提高作为沟通中介的水平和能力。这些信息资讯服务让校友及时了解到母校发展动态，缩短了校友和母校的距离，加强了校友与母校间的联系交流与合作对接，提高了校友对母校的向心力。

（2）返校接待服务

校友返校是校友对母校情感升华的绝佳契机。目前国内各大高校都在充分利用校友返校的机会，为广大校友做好服务工作。例如中国人民大学、华东师范大学等的校友会，积极组织秩年返校、校庆返校等大型校友返校活动，在校友返校时提供场地、接待、引导、就餐、校名纪念品等，让校友备感"回家"的温暖。同济大学校友会特设校友之家，布置温馨、功能齐全，用来接待日常返校的校友及组织小型的校友活动，受到校友的广泛好评。

（3）文化活动服务

当校友组织的发展已经具备一定规模后，举办形式多样、各具特色的校友文化活动，也是母校服务于校友的重要表现。如上海财经大学依托高尔夫、马拉松、舞蹈等俱乐部举办了各种以兴趣爱好为主题的文化活动；复旦大学不仅服务于校友，还考虑到了复二代的需求，举办复二代专题音乐会；华南理工大学举办华二代IEEE电子探索营；中山大学举办校友科技文化节等。通过各具特色的校友文化活动的举办，从多角度、多维度、多层次强化对校友的服务体系，加强校友与母校的情感联络。

2. 服务校友发展需求

（1）学术论坛服务

许多校友毕业后，仍然希望通过母校的各种学术资源提升自身能力，

---

[1] 蔡晓天：《浅析如何做好校友服务工作》，《商场现代化》2012年第7期。

了解行业前沿动态。因此举办学术论坛是国内各高校校友会重点项目之一，依托学校专业特色和学术特长，邀请行业专家教授、业界精英校友共同交流，为广大校友提供了了解前沿学术成果和行业最新动态的重要渠道及平台。如上海财经大学校友高峰论坛、中央财经大学举办"数字货币及区块链分享"主题沙龙活动、北京大学举办2018北京大学全球金融论坛等，在知识交流的同时也拓展了校友的人脉，促进校友更好的职业发展。

（2）继续教育服务

继续教育的需求是学术研讨需求的一个延伸，毕业后部分校友会希望在母校继续进修，全面提升自身专业水平。进修的形式除了学位课程的修读以外，国内高校校友会也在通过各种形式来不断提升校友的继续教育水平，使得校友在这一方面的需求得以实现。例如，清华大学校友会开展的"清华校友学堂"活动，对校友论坛资源进行整合，线上线下一起为校友提供继续教育的充分的资源，服务于校友发展。

（3）职业发展服务

为校友的职业发展做好服务是近年来国内高校校友会拓展而来的新的服务举措。这主要包括举办校友企业专场校园招聘会，在为校友企业提供人才输送的同时，助力毕业生职业生涯的良好发展。如浙江工商大学、北京联合大学、电子科技大学、南京邮电大学等高校举办校友企业专场招聘会。个别高校目前也开始尝试搭建桥梁，给已经有工作经验的校友提供更好的工作机会，促进校友个人职业的提升。例如上海财经大学校友会成立的固定收益校友俱乐部、创投校友会等以行业为特色的校友组织，给同行业的校友搭建了更多交流的契机。

（二）国外高校

以欧美高校为代表的国外高校校友服务，服务项目多样化、服务深入且比较成体系，包含校友生活的方方面面，为广大校友带来了切实的便利，促进了校友与母校之间的情感，同时也有效提升了学校的捐赠水平。

在服务校友情感需求方面，哥伦比亚大学校友会网站上除了有校友俱乐部还有校友社区，可供校友自由交流；网站上专门设置了优惠和折扣板块，给校友提供各种优惠特权。

哈佛大学充分利用校友卡，将校友优惠和"玩卡"结合，给校友提供优惠的同时也提供乐趣。哈佛的校友卡有少量"会员"名额，类似抽奖的机制，被抽到的校友毕业后可以凭借校友卡在校内商店购买一些比较有纪念意义的礼物、回学校上课和培训、得到免费的优惠或服务，免费参加学校组织的校友活动等，以此激活了校友与学校的互动。

此外哈佛大学校友会在每一年当中都会为校友举办多达五十余个旅行活动，校友们可以利用活动机会与同校教职工共同进行旅行交流，周期通常为一周至两周。项目类型各式各样，通过旅行来促进校友生活热情的提升，同时始终保持对学习的热爱，并为他们提供良好的交流机会。

在服务校友发展层面，国外大学对校友的职业发展更为关注，并且给校友职业发展提供了很多切实的帮助。耶鲁大学网站的学习板块为那些想继续学习的校友提供了一些途径，这里的学习不仅指在校内学习，也包括社区学习、旅行中学习等，帮助校友在毕业后也可不断地进步。

哈佛大学校友事务与发展部门为校友提供在线服务。除了提供常规的找到校友、报名参与活动外，还能够通过系统与校友在线进行沟通，针对校友提供方便有效的在线指导服务。无论是对于毕业生来说还是对于即将更换岗位的校友而言，这都能为他们提供更多的职业建议。现阶段，哈佛校友中已有多达一万七千名志愿者将自己在职业中的经验进行了共享。[①]

三　上海财经大学校友服务工作存在的问题

上海财经大学一直以来都在开展校友服务工作，经过不断创新和改进，校友服务工作与以往相比已经发生了翻天覆地的变化。特别是校庆的磨炼，校友服务工作水平得到了全面的提升。然而受到历史以及现实等各种因素的影响，学校的校友服务情况整体还是不够乐观，特别是在同国外知名高校进行对比后更是显示出明显的差距。站在系统论的角度上分析，主要存在下面一些问题。

---

① 黄长喜：《美国高校校友工作对我国高校校友工作的启示》，《吉林省教育学院学报》2017年第10期。

（一）校友服务工作缺乏全局性

从组织建设上来看，上海财经大学校友会目前已有 79 个备案校友组织，校友人数近 20 万，分布在全球各个大洲和国家。但是在实际服务联络层面，目前总会实际能联系到的校友还是少数，所服务的对象过于片面，没有覆盖那些毕业不久的学生以及正处于事业起步阶段的校友。

（二）校友服务工作缺乏多样性

随着互联网技术的发展，校友服务已经从单纯的线下活动发展到线上、线下相结合，微信、公众号、直播等形式均发展为承载校友服务的媒介。与此同时，校友在需求上的变化也一直存在，且会根据类型的不同产生需求上的差异。对当前情况进行分析可以发现，校友总会所包含的服务仅限于组织建设、文化建设两大块，虽然百年校庆后上财校友会以学院和各备案组织为抓手，校友服务种类日益增多，但依然不能满足校友的多样化、精细化服务需求。

（三）校友服务工作针对性不足

人的需求是由五个类型所组成，分别为生理、安全、社交、尊重以及自我实现的需求，这些需求是根据从低到高的顺序所排列的，当然每个人在需求层次上也会存在差异。目前我校校友会针对不同行业、年龄、兴趣爱好的校友，已经有了初步的区分，但依然不能根据需求的层次从服务的个性化和普遍性的角度来把握，更加针对性地为校友提供服务。

（四）校友工作队伍建设不完善，缺乏相应的激励机制

上海财经大学校友工作队伍目前已经基本建成以总会秘书处为组织中枢、以学院校友工作办公室为抓手、以各校友备案组织会长秘书长为依托的组织架构形式。但是在校友服务需求日益增加、校友工作瓶颈难以突破的情况下，全面提升校友会工作队伍水平、扩充人员规模、加强工作规范化流程化建设是当下非常迫切的一个需求。同时应加强校友工作的激励机制建设，让更多的热心校友及兼职人员也愿意加入到校友工作这一队队中。

表1　　　　　中美部分高校校友工作人员数量对比表①

编号	高校校友会	专职服务人员数量	兼职服务人员数量
1	上海财经大学校友会	5	0
2	兰州大学校友会	4	0
3	北京大学校友会	4	4
4	清华大学校友会	7	3
5	南京大学校友会	6	2
6	浙江大学校友会	6	1
7	哈佛大学校友会	269	居多
8	哥伦比亚大学校友会	200余人	居多
9	霍普金斯大学校友会	173	170
10	加州伯克利大学校友会	80多人	大量
11	戴维斯大学校友会	14	近千人
12	斯坦福大学校友会	150	大量

四　校友服务工作新措施探析

(一) 夯实工作基础，提升校友服务全局性

1. 加强制度建设，促进规范管理

许多高校的校友工作只注重具体的服务工作，却没有充分认识到完善的制度才是校友会长远发展和提升服务质量的基础。为避免后校庆时代校友工作陷入低潮，校友会应持续加强制度建设，为校友服务工作提供有力的支撑。制度建设应该在三方面着力：一是完善校友工作规章制度，参照国家对社团管理的相关要求和规章制度，健全内部管理体制，完善校友工作考核评价机制，使校友会各项工作均能做到有章可循、有章可依；二是做好校友组织规范管理，各备案校友组织的筹建、组织机构换届等工作要在校友总会指导下，按章程等规范运行，确保校友工作规范有序开展；三是充分发挥理事会理事以及专门委员会各位委员在校友工作上的决策咨询作用，提升理事成员参与校友工作的热情以及兴趣。

---

① 赵新：《LG大学校友工作管理体系研究》，硕士学位论文，山东大学，2008年。

2. 健全校友组织架构，以校友组织为根本为校友提供服务

校友组织是高校联系校友的纽带，高校的校友服务工作很大程度上也是由校友组织来提供的，健全的组织是更好地为校友服务的依托。校友会应积极推进校友组织向纵深发展，完善多维度的校友组织体系，以类型多样的校友组织为校友提供丰富服务。通过上海财经大学校友工作的实践，我们发现，行业/兴趣类校友组织一般比较活跃，联络校友人数多，活动频次高，服务校友的效果也最好。区域性校友组织则受到自身条件的限制，在服务校友方面呈现出参差不齐的效果。例如，江苏、浙江等规模较大的区域备案校友组织，因人数较多，较难组织大多数校友都较为感兴趣的活动，而中西部规模较小的校友组织因人数限制又很难组织活动，这就需要校友总会对不同类型的校友组织根据其特点进行分类指导。引导规模较大的备案校友组织设立次级校友组织，将所在区域的校友根据行业/兴趣再进行细分，由次级组织根据校友特点开展有针对性的校友活动；同时，鼓励东部较大的校友组织区域与中西部较小规模的校友组织联合开展活动，带动校友组织服务校友能力的整体提升。

3. 健全校友工作机制，提高服务成效

现阶段，在高校校友工作队伍人数普遍较少的情况下，高校校友会更加需要通过健全校友工作制度对校友组织进行备案，构建校友重视、全员参与、多方联动的校友工作格局，以实现校友服务质量的提升。一是要完善校、院两级分层联动的工作机制，充分发挥院系积极性，协同开展校友工作。各学院应设立校友工作办公室，招聘专职校友工作人员；条件暂不允许的学院也应安排兼职老师负责校友工作。二是要加强各校友会负责人之间交流互访，分享各校友组织在机构管理、工作开展、经费使用等方面的经验，增进了解、协同发展、共同提高。三是要完善备案校友组织联络人制度，积极吸收热心青年校友参与到校友工作中，充实校友工作力量，增强队伍凝聚力，提升服务水平；同时规范备案组织联络人的管理，明确联络人工作职责，确保校友组织联络人都能切实发挥其与校友总会和其他校友组织沟通联络的重要作用。

（二）推进校友文化建设，提升校友服务的多样性和针对性

1. 优化平台建设，增强服务能力，提升服务品质

高校校友服务工作应走出由校友总会服务直接服务全体校友的误区，

充分认识到其工作重点是搭建优质服务平台，通过优化平台来为更多校友提供更加优质的服务。这就需要校友会依托校内外资源推动以"学术研讨、情感交流、合作互助、感恩回馈"为主题的四大校友服务平台的优化升级，创新开展各类校友活动，营造积极向上的校友文化氛围。一是举办校友高峰论坛等学术论坛，汇聚校友智慧，为校友分享经济社会热点问题、行业前沿动态的最新成果；二是以"校友之家"为基地，举办校友文化沙龙，定期举行兴趣爱好类的文化活动，丰富校友文化生活；三是编辑校友杂志，通过线上、线下结合的形式将校友的风采故事传播出去，弘扬校友文化；四是开展"一会一品牌"等特色校友活动，针对不同区域、不同年龄层的校友开展不同的校友活动，并逐步建立起校友总会与各校友会组织协同互动的服务校友的工作机制，提高校友服务品质。

2. 打造特色品牌，充实服务项目，丰富服务内容

面对校友人数多、地域行业分布广、年龄跨度大的问题，校友会应以校友需求为导向，加强校友会资源整合功能，借助网上调研、校友走访等手段了解校友需求，有针对性地打造特色服务品牌，为校友提供多样化、专业化、精品化的服务，满足不同类型校友的不同层次需求，助力校友个人及其企业的发展，增加校友的参与度和获得感。例如，通过"校友精品生活""校友学堂"等相关活动，把校友会所涵盖的服务扩展至校友的日常生活学习、终身学习和职业发展的方方面面，为校友们的事业拓展和继续深造提供便利和支持。同时，加强校友或校友单位的项目合作，在校友之间牵线搭桥，帮助校友寻找合作伙伴。为校友及其企业开展培训指导、提供人才培养，帮助校友实现深造的愿望，增加校友的获得感，提高校友对母校的凝聚力、向心力。

3. 应用信息技术，构建服务网络，促进服务创新

随着科技的发展，信息技术渗透到人们的生活和工作，传统的校友服务模式弊端开始显现，在网络时代，校友会应该与时俱进地借助信息技术，结合新媒体等新兴平台进行校友工作信息化建设的探索和实践，建立更加完善的校友服务渠道，促进校友和母校相互间的沟通和往来，推动校友服务工作的优化升级。一是进一步完善"校友综合服务系统"，为校友搭建互动交流的网络平台。校友会应整合校内学术资源，以"校友综合服务系统"的技术优势为"校友学堂"等线上项目提供平台支撑，为世界各地校友继续教育提供便利，帮助校友实现深造的愿望，增加校友的获

得感，提高校友对母校的凝聚力、向心力。校友会还应细化服务，将"秩年返校""学历证明办理"等常规服务完全纳入"校友综合服务系统"，让校友通过手机就能够在线享受校友会提供的"一站式"服务。充分利用校友服务系统的便利性，加强与校友或校友单位的项目合作，在校友之间牵线搭桥，帮助校友寻找合作伙伴，向校友提供更加便捷、人性化的服务。二是要积极升级新媒体平台建设。校友会应严格按照相关文件的要求，加强对校友微信群的管理，确保校友微信群发挥引领正面舆论导向的作用，为广大校友打造一个良好的交流互动平台。校友会还应以互联网思维做好校友会微信公众号和服务号的运营工作，增加校友关注，使之成为校友与母校沟通联络的重要渠道，更密切地凝聚海内外校友。同时也应做好校友线上行为数据的分析，了解校友不同类型的需求，创新服务内容，为校友提供精准的高质量服务，让校友们更加真切地感受到母校和校友会的温暖和关怀。

Analysis of Alumni Service Practice in the Post-anniversary Era

Fu Mingwei, Ma Zhuoyuan

Abstract: In the post-anniversary era, many alumni associations of universities show a relatively long period of decline. How to further optimize the platform construction, enrich the connotation of alumni service, enhance service capacity and improve service quality are new problems that need to be solved urgently by alumni associations of universities that have experienced the anniversary. Based on the alumni service practice of Shanghai University of Finance and Economics, this paper draws lessons from the experience of alumni service practice at well-known universities at home and abroad, analyzes the shortcomings and explores new measures of alumni service practice.

Key words: Alumni Associations; Alumni Ork; Alumni Services

征稿启事

《财经高教研究》是由上海财经大学主办、中国社会科学出版社出版的以财经教育研究为主的学术刊物。本刊致力于教育学术前沿研究，在彰显经济、管理学科特色的同时，也关注和反映其他学科的研究进展，促进学科融合。

本刊主要栏目有：教育理论、教育经济、教改前沿、学科建设、教师发展、文化传承、比较教育、商学教育、高教管理、课程思政、在线教育等。

本刊坚持学术质量第一的原则，实行稿件匿名评审制度，优稿优酬。稿件字数以8000—15000字为宜。敬请作者来稿时提供：（1）题目（中英文）；（2）内容摘要（中文200字左右，英文100单词左右）；（3）关键词（3—5个，中英文）；（4）作者简介（含姓名、出生年份、性别、工作单位、职务职称、学历学位、研究方向、通信地址、邮政编码、联系电话、电子邮箱）；（5）正文；（6）注释及参考文献。参考文献用序号①、②、③等表示。所有参考文献的引用格式均以《信息与文献　参考文献著录规则（GB/T 7714—2015）》为准。

作者切忌一稿多投，如发现抄袭、冒名等违反著作权法相关规定的，文责由作者自负。

通讯地址：上海市国定路777号上海财经大学高等教育研究所，200433

投稿邮箱：gjs@sufe.edu.cn

联系电话：021-65903473

《财经高教研究》编辑部
2020年1月